최대리

전산회계1급
(기출문제)

최남규 편저

도서출판 최대리

들어가기 전에

1. 본서의 특징
① 실제 기출문제의 Data를 2022년에 맞게 재구성 하였다.
② 실제 기출문제의 지문을 현행 일반기업회계기준 및 세법에 맞게 재구성 하였다.
③ 서브노트 및 자세한 해설을 달아 최종 마무리를 할 수 있도록 하였다.
④ 와우패스(wowpass.com)의 합격환급반(합격시 수강료 전액 환급) 과정으로 부담없이 최대리와 함께 공부하실 수 있습니다.

2. 프로그램 다운받아 설치하기

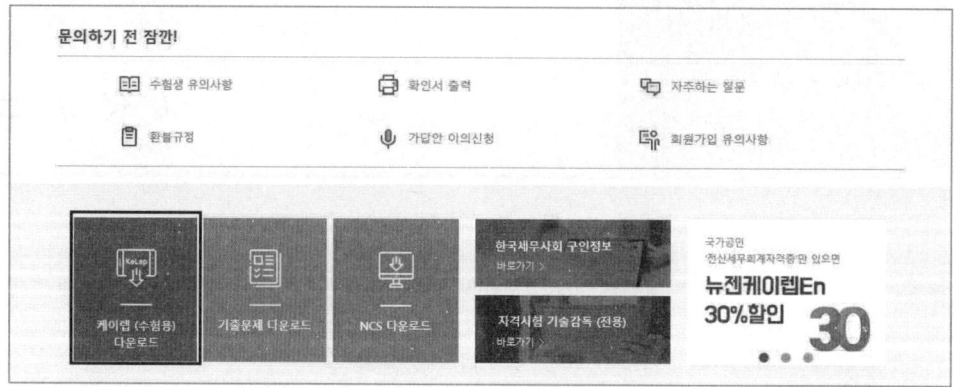

① 한국세무사회 자격시험 홈페이지(http://license.kacpta.or.kr)에 접속하여 좌측 하단에 케이렙(수험용) 다운로드 베너를 클릭하여 프로그램을 바탕화면에 저장하고 더블클릭하여 설치한다.
② 본서(1쇄) 출간 시점 현재의 저장된 파일의 이름은 KcLepSetup_2021.08.26이다. 추후에 업데이트되면 새로운 버전을 다시 다운받아 설치한다.

※ 설치동영상 : 네이버 카페(최대리 전산회계)의 [도서출판 최대리]>[DATA 자료실]에서 제공 ※

http://cafe.naver.com/choidairi

네이버 카페의 [도서출판 최대리] > [정오표] 게시판을 꼭 확인해 주세요.

본서를 구입하신 후에도 **네이버 카페 최대리 전산회계**(http://cafe.naver.com/choidairi)에서 자격시험 및 교재와 관련된 궁금증을 언제든지 도움 받을 수 있으며, 추후에 일부 개정된 내용이 발표되면 네이버 카페 [도서출판 최대리]>[개정 자료실] 게시판에서 관련 자료를 문서로 정리하여 제공해 드리는 사후서비스를 제공하고 있습니다. 최선을 다했으나 미처 발견하지 못한 오류는 없는지 두려움이 남습니다. 부족한 부분은 독자 여러분의 격려와 충고를 통해 계속하여 보완해 나갈 것을 약속드립니다.

본서가 전산세무 및 전산회계 자격취득을 희망하는 여러분에게 좋은 지침서가 될 것으로 확신하며, 수험생 여러분의 앞날에 합격의 영광이 있기를 기원합니다.

2022. 2.

최남규

2022년 전산세무회계자격시험 시행공고

2022년도 시행 국가공인 전산세무회계자격시험과 한국세무사회인증 세무회계자격시험의 시행계획을 다음과 같이 공고합니다.

1. 시험일정

회 별	등 급	인터넷 원서접수	시험일자	합격자 발표
제100회	전 산 세 무 (1·2급) 전 산 회 계 (1·2급)	01.05. ~ 01.11.	02.13(일)	03.03.
제101회		03.10. ~ 03.16.	04.10(일)	04.27.
제102회		05.03. ~ 05.09.	06.04(토)	06.23.
제103회		07.06. ~ 07.12.	08.06(토)	08.25.
제104회		08.31. ~ 09.06.	10.02(일)	10.20.
제105회		11.02. ~ 11.08.	12.03(토)	12.22.

2. 시험시간

종 목	전산세무회계			
등 급	전산세무 1급	전산세무 2급	전산회계 1급	전산회계 2급
시험시간	15:00 ~ 16:30	12:30 ~ 14:00	15:00 ~ 16:00	12:30 ~ 13:30
	90분	90분	60분	60분

3. 시험종목 및 평가범위

종목	등급		평가범위
전산세무회계	전산세무 1급	이론	재무회계(10%), 원가회계(10%), 세무회계(10%)
		실무	재무회계 및 원가회계(15%), 부가가치세(15%), 원천제세(10%), 법인세무조정(30%)
	전산세무 2급	이론	재무회계(10%), 원가회계(10%), 세무회계(10%)
		실무	재무회계 및 원가회계(35%), 부가가치세(20%), 원천제세(15%)
	전산회계 1급	이론	회계원리(15%), 원가회계(10%), 세무회계(5%)
		실무	기초정보의 등록·수정(15%), 거래자료의 입력(30%), 부가가치세(15%), 입력자료 및 제장부 조회(10%)
	전산회계 2급	이론	회계원리(30%)
		실무	기초정보의 등록·수정(20%), 거래자료의 입력(40%), 입력자료 및 제장부 조회(10%)

⇨ 세부적인 평가범위는 홈페이지의 "수험정보"의 "개요 및 요강"란을 참고하기 바람.

4. 시험장소

서울, 부산, 대구, 광주, 대전, 인천, 울산, 춘천, 원주, 안양, 안산, 수원, 평택, 의정부, 청주, 천안, 당진, 포항, 구미, 안동, 창원, 김해, 진주, 전주, 순천, 목포, 제주 등
- 상기지역은 상설시험장이 설치된 지역이나 응시인원이 일정 인원에 미달할 때는 인근지역을 통합하여 실시함.
- 상기지역 내에서의 시험장 위치는 응시원서 접수결과에 따라 시험시행일 일주일 전부터 한국세무사회 홈페이지에 공고함.

5. 시험방법

이론시험(30%)은 객관식 4지 선다형 필기시험으로, 실무시험(70%)는 PC에 설치된 전산세무회계프로그램을 이용한 실기시험으로 함.

⇨ 수험용 프로그램 : 전산세무회계 자격시험용 표준프로그램 KcLep(케이렙)

6. 합격자 결정기준

- 전산세무 1급·2급, 전산회계 1급·2급 : 100점 만점에 70점 이상

7. 응시자격

제한 없음.

8. 원서접수

- 접수기간 : 각 회별 원서접수기간 내 접수
- 접수방법 : 한국세무사회 국가공인자격시험 홈페이지(http://license.kacpta.or.kr)로 접속하여 단체 및 개인별 접수(회원가입 및 사진등록)
- 응시료 납부방법 : 원서접수시 공지되는 입금기간 내에 금융기관을 통한 계좌이체

종 목	전산세무회계			
등 급	전산세무 1급	전산세무 2급	전산회계 1급	전산회계 2급
응시료	25,000원	25,000원	25,000원	25,000원

9. 합격자발표

- 해당 합격자 발표일에 한국세무사회 홈페이지에 공고하며, 자동응답전화(060-700-1921)를 통해 확인할 수 있음.
- 자격증은 홈페이지의 [자격증발급] 메뉴에서 신청가능하며, 취업희망자는 한국세무사회의 인력뱅크를 이용하시기 바람.

10. 기타 사항

기타 자세한 사항은 한국세무사회 자격시험 홈페이지(http://license.kacpta.or.kr)를 참고하거나 전화로 문의바람.

문의 : TEL (02) 521-8398,   FAX (02) 521-8396

차 례

제98회 기출문제(이론+실무)	9
제98회 기출문제(이론+실무) 특별시험	27
제97회 기출문제(이론+실무)	45
제97회 기출문제(이론+실무) 특별시험	63
제96회 기출문제(이론+실무)	81
제96회 기출문제(이론+실무) 특별시험	99
제95회 기출문제(이론+실무)	115
제95회 기출문제(이론+실무) 특별시험	133
제94회 기출문제(이론+실무)	151
제94회 기출문제(이론+실무) 특별시험	169
제93회 기출문제(이론+실무)	187
제93회 기출문제(이론+실무) 특별시험	207
제92회 기출문제(이론+실무)	225
제92회 기출문제(이론+실무) 특별시험	243
제91회 기출문제(이론+실무)	261
제91회 기출문제(이론+실무) 특별시험	279
제90회 기출문제(이론+실무)	297
제88회 기출문제(이론+실무)	315
제87회 기출문제(이론+실무)	333
제86회 기출문제(이론+실무)	351

데이터 설치하기

> **본 작업 전에 프로그램(KcLep)이 설치되어 있어야 합니다.**
> KcLep 길라잡이

❶ 네이버 카페 최대리 전산회계(http://cafe.naver.com/choidairi)에 접속한다.
❷ [도서출판 최대리]>[DATA 자료실] 게시판에서 "[2022] 최대리 전산회계1급(기출문제) Data"의 첨부파일(1)을 다운받는다.
❸ 다운받은 파일을 마우스 오른쪽 클릭하고 보조창에서 "2022 최대리 전산회계1급(기출문제....."에 압축풀기(W)를 클릭한다.
❹ 압축이 풀린 폴더를 더블클릭하고 그 속에 숫자 4자리 폴더(3860 ~ 3981)를 복사해서 로컬 디스크(C:)에 KcLepDB > KcLep 폴더 속에 붙여 넣는다.
❺ 케이렙 프로그램을 실행하고 [로그인] 화면 [종목선택]란에 "전산회계1급", [드라이브]란에 "C:KcLepDB", [회사코드]란에서 기 등록된 회사를 하나 선택한다.
　※ 등록된 회사가 하나도 없는 경우에는 [로그인] 화면에서 회사등록 버튼을 누르고 상단 툴바의 F4 회사코드재생성 버튼을 클릭한다.
❻ [재무회계]>[기초정보관리]>[회사등록] 메뉴에서 상단 툴바의 F4 회사코드재생성 버튼을 클릭한다.
❼ [전체메뉴]로 돌아와서 우측 상단에 회사 버튼을 클릭한다. 「회사변경」 보조창에서 기출문제의 회차에 맞는 회사코드를 선택하고 변경을 클릭한다.

　　〔한마디〕 … 본서의 기출문제는 자격시험 원본의 데이터의 내용 중 꼭 필요한 부분만을 2022년에 맞게 직접 입력하여 재 구성한 문제이다. 따라서 문제 풀이 중에 보이는 화면의 내용은 원본과 동일하게 작업되어 있어 자격시험에 적응력을 높이도록 하였다. 채점 프로그램이 공급되지 않으므로 [이론시험]은 교재에 답을 표시하고 답안과 비교하고, [실무시험]은 프로그램에 입력한 내용을 답안과 비교하여 채점하도록 한다.

　　〔두마디〕 … 다 풀어본 후 다시 풀어보고자 할 경우에는 위 ❹번부터 작업을 다시하면 된다.

> 데이터 설치하기가 잘 안되시는 분은 네이버 카페의 [도서출판 최대리]
> > [DATA 자료실] 게시판에서 "[2022] 최대리 전산회계1급(기출문제) Data" 게시물속에 첨부된 동영상을 수강하세요.

제 98회 기출문제 (이론+실무)

- 회사코드 : 3980
- 회 사 명 : ㈜동진상사
- 제한시간 : 60분

이 론 시 험

다음 문제를 보고 알맞은 것을 골라 [이론문제 답안작성] 메뉴에 입력하시오. (※ 객관식 문항당 2점)

01 다음은 재무회계 개념체계에 대한 설명이다. 회계정보의 질적특성 중 목적적합성과 관련이 없는 것은?

① 적시성
② 중립성
③ 예측가치
④ 피드백가치

02 다음 중 현금및현금성자산 금액을 모두 합하면 얼마인가?

- 선일자수표 : 500,000원
- 타인발행 당좌수표 : 400,000원
- 당좌예금 : 500,000원
- 차용증서 : 800,000원
- 취득 당시 만기가 2개월인 양도성예금증서 : 600,000원

① 800,000원 ② 1,100,000원 ③ 1,200,000원 ④ 1,500,000원

03 부산의 5월초 상품재고액은 500,000원이며, 5월의 상품매입액은 350,000원, 5월의 매출액은 600,000원이다. 매출총이익률이 20%라고 한다면, 5월말 상품재고액은 얼마인가?

① 250,000원 ② 370,000원 ③ 480,000원 ④ 620,000원

04 결산마감시 당기분 감가상각누계액으로 4,000,000원을 계상하였다. 재무제표에 미치는 영향을 바르게 설명한 것은?

① 자본이 4,000,000원 감소한다.
② 자산이 4,000,000원 증가한다.
③ 당기순이익이 4,000,000원 증가한다.
④ 부채가 4,000,000원 증가한다.

05 다음 중 무형자산의 인식 및 최초측정에 대한 설명으로 가장 틀린 것은?

① 무형자산을 최초로 인식할 때에는 원가로 측정한다.
② 다른 종류의 무형자산이나 다른 자산과의 교환으로 무형자산을 취득하는 경우에는 무형자산의 원가를 교환으로 제공한 자산의 공정가치로 측정한다.
③ 무형자산을 창출하기 위한 내부 프로젝트를 연구단계와 개발단계로 구분할 수 없는 경우에는 그 프로젝트에서 발생한 지출은 모두 개발단계에서 발생한 것으로 본다.
④ 내부적으로 창출한 무형자산의 원가는 그 자산의 창출, 제조, 사용준비에 직접 관련된 지출과 합리적이고 일관성있게 배분된 간접 지출을 모두 포함한다.

06 다음 중 유가증권의 분류에 대한 설명으로 가장 틀린 것은?

① 유가증권은 취득한 후에 만기보유증권, 단기매매증권, 그리고 매도가능증권 중의 하나로 분류한다.
② 만기가 확정된 채무증권으로서 상환금액이 확정되었거나 확정이 가능한 채무증권을 만기까지 보유할 적극적인 의도와 능력이 있는 경우에는 매도가능증권으로 분류한다.
③ 지분증권과 만기보유증권으로 분류되지 아니하는 채무증권은 단기매매증권과 매도가능증권 중의 하나로 분류한다.
④ 단기매매증권은 주로 단기간 내의 매매차익을 목적으로 취득한 유가증권으로서 매수와 매도가 적극적이고 빈번하게 이루어지는 것을 말한다.

07 다음은 충당부채와 우발부채에 대한 설명이다. 일반기업회계기준으로 판단했을 때 적합한 설명이 아닌 것은?

① 퇴직급여충당부채는 충당부채에 해당한다.
② 우발부채는 일반기업회계기준상 재무제표에 부채로 인식하여야 한다.
③ 충당부채는 당해 의무를 이행하기 위한 자원유출 가능성이 매우 높아야 한다.
④ 충당부채는 그 의무 이행에 소요되는 금액을 신뢰성 있게 추정할 수 있어야 한다.

08 다음 중 일반기업회계기준에 의한 수익인식기준으로 맞는 것은?

① 상품권 판매 : 상품권을 판매한 시점
② 할부판매 : 고객이 매입의사표시를 한 시점
③ 위탁판매 : 수탁자가 제3자에게 판매한 시점
④ 시용판매 : 상품 인도시점

09 다음 중 종합원가계산의 특징으로 가장 옳은 것은?

① 직접원가와 간접원가로 나누어 계산한다.
② 단일 종류의 제품을 연속적으로 대량 생산하는 경우에 적용한다.
③ 고객의 주문이나 고객이 원하는 형태의 제품을 생산할 때 사용되는 방법이다.
④ 제조간접원가는 원가대상에 직접 추적할 수 없으므로 배부기준을 정하여 배부율을 계산하여야 한다.

10 다음은 당기에 영업을 시작한 ㈜합격의 자료이다. 다음의 자료를 이용하여 재료비와 가공비의 완성품환산량을 계산하면 각각 얼마인가? (단, 원재료는 초기에 전량 투입되고 가공비는 공정전체에 걸쳐 균등하게 발생함)

- 당기착수량 : 500개
- 기말재공품 수량 : 200개(완성도 50%)
- 당기완성품 수량 : 300개

	재료비	가공비		재료비	가공비
①	300	300	②	300	400
③	500	300	④	500	400

11 다음은 원가의 행태에 대한 그래프이다. 변동비와 관계있는 도표로 알맞게 짝지어진 것은?

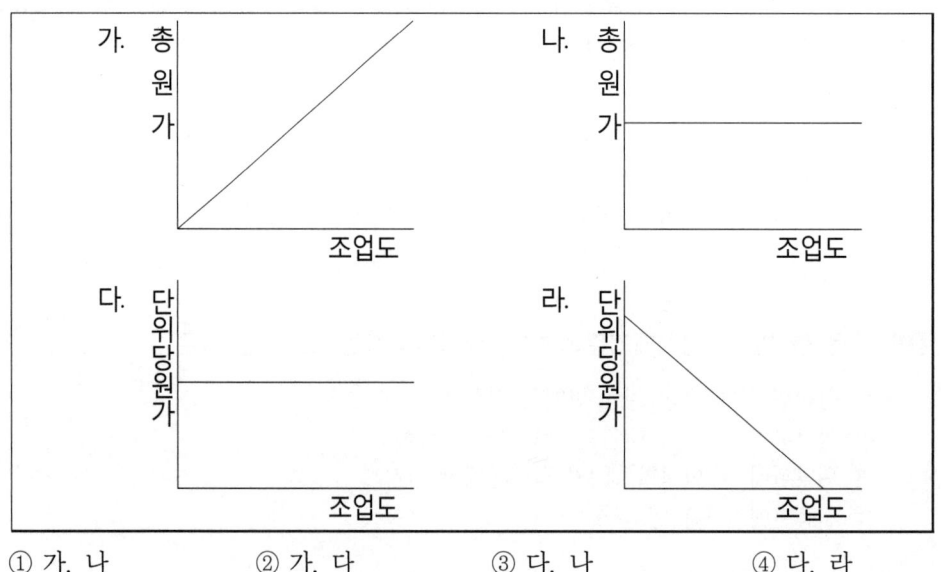

① 가, 나   ② 가, 다   ③ 다, 나   ④ 다, 라

12 다음 중 보조부문원가 배분방법에 대한 설명으로 가장 옳은 것은?

① 단계배분법은 보조부문의 배분순서와 상관없이 원가를 계산한다.
② 상호배분법은 보조부문간의 용역수수관계를 고려하는 배분방법이다.
③ 직접배분법은 정확한 계산 방법이지만, 계산이 매우 복잡하다.
④ 단계배분법은 각 보조부문에서 발생한 원가를 제조부문에 직접배분하는 방법이다.

13 우리나라 부가가치세의 특징과 가장 관련이 없는 것은?

① 국세
② 간접세
③ 개별소비세
④ 소비지국 과세원칙

14 다음은 부가가치세법상 면세포기와 관련된 설명이다. 맞게 설명한 것은?

① 면세포기는 관할세무서장의 승인을 얻어야 한다.
② 면세사업자는 면세포기 신고일로부터 3년간은 부가가치세를 면제받지 못한다.
③ 면세사업자는 모든 재화, 용역에 대하여 면세포기가 가능하다.
④ 면세사업자가 면세를 포기해도 매입세액공제가 불가능하다.

15 다음은 ㈜한국의 과세자료이다. 부가가치세 과세표준은 얼마인가? 단, 거래금액에는 부가가치세가 포함되어 있지 않다.

- 외상판매액 : 2,000,000원
- 대표이사 개인목적으로 사용한 제품(원가 80,000원, 시가 120,000원) : 80,000원
- 비영업용 소형승용차(2,000cc) 매각대금 : 100,000원
- 화재로 인하여 소실된 제품 : 200,000원

① 2,080,000원   ② 2,120,000원   ③ 2,220,000원   ④ 2,380,000원

실 무 시 험

㈜동진상사(회사코드 : 3980)은 스포츠의류를 제조하여 판매하는 중소기업이며, 당기(제7기) 회계기간은 2022.1.1. ~ 2022.12.31.이다. 전산세무회계 수험용 프로그램을 이용하여 다음 물음에 답하시오.

문제1 다음은 기초정보관리 및 전기분 재무제표에 대한 자료이다. 각각의 요구사항에 대하여 답하시오. (10점)

1. 다음 자료를 보고 [거래처등록] 메뉴에 등록하시오. (3점)

- 거래처코드 : 01212
- 거래처명 : ㈜세무전자
- 유형 : 동시
- 사업자등록번호 : 206-86-31522
- 대표자 : 김기태
- 업태 : 도소매
- 종목 : 가전제품
- 사업장주소 : 서울시 강남구 양재대로 55길 19

※ 주소입력시 우편번호 입력은 생략해도 무방함.

2. 거래처별 초기이월 채권과 채무 잔액은 다음과 같다. 자료에 맞게 추가입력이나 정정 및 삭제하시오. (3점)

계정과목	거래처	잔액	계
단기대여금	우진상사	7,500,000원	12,000,000원
	㈜가나상사	3,200,000원	
	다라상사	1,300,000원	
단기차입금	마바상사	5,500,000원	16,000,000원
	자차상사	10,500,000원	

3. 전기분 손익계산서를 검토한 결과 다음과 같은 오류가 발견되었다. 전기분 손익계산서, 전기분 잉여금처분계산서, 전기분 재무상태표 중 관련된 부분을 수정하시오. (4점)

계정과목	틀린 금액	올바른 금액	내용
상여금(803)	5,000,000원	3,400,000원	입력오류

문제2 다음 거래 자료를 [일반전표입력] 메뉴에 추가 입력하시오(일반전표입력의 모든 거래는 부가가치세를 고려하지 말 것). (18점)

입력시 유의사항

- 일반적인 적요의 입력은 생략하지만, 타계정 대체거래는 적요번호를 선택하여 입력한다.
- 채권·채무와 관련된 거래는 별도의 요구가 없는 한 반드시 기 등록되어 있는 거래처코드를 선택하는 방법으로 거래처명을 입력한다.
- 제조경비는 500번대 계정코드를 판매비와관리비는 800번대 계정코드를 사용한다.
- 회계처리과목은 별도제시가 없는 한 등록되어 있는 계정과목 중 가장 적절한 과목으로 한다.
  – 이하 모든 회차에서 위 내용은 동일하므로 그 표시를 생략합니다. –

---

1. 7월 12일 ㈜우리서점에서 영업부 업무관련 도서를 70,000원에 구입하고 보통예금으로 지급하였다. (3점)

2. 7월 28일 ㈜해운에 대한 외상매출금 4,700,000원과 외상매입금 5,800,000원을 상계처리하기로 하고 나머지 잔액은 당사의 당좌수표를 발행하여 지급하였다. (3점)

3. 7월 31일 지난 3월 단기 시세차익을 목적으로 취득하였던 ㈜한국의 주식 2,000주(1주당 액면가 5,000원, 1주당 구입가 10,000원)를 24,000,000원에 처분하고 보통예금으로 입금 받았다. (3점)

4. 8월 1일 당사는 본사건물 신축을 위한 차입금의 이자비용 7,000,000원을 현금으로 지급하고, 금융비용은 전액 자본화하기로 하였다. 이 건물의 착공일은 전전기 1월 13일이며, 완공일은 당기 11월 30일이다. (3점)

5. 9월 30일 제2기 예정 부가가치세 신고를 위해 부가세대급금 8,000,000원과 부가세예수금 11,300,000원을 상계처리하고 관련 회계처리를 하시오(단, 거래처입력은 생략하고, 총액을 상계처리). (3점)

6. 12월 19일 제품 생산에 필요한 원재료를 매입하기 위해서 ㈜우리공장과 계약을 체결하고, 계약금 2,000,000원을 보통예금에서 지급하였다. (3점)

문제3 다음 거래 자료를 [매입매출전표입력] 메뉴에 입력하시오. (18점)

입력시 유의사항

- 일반적인 적요의 입력은 생략하지만, 타계정 대체거래는 적요번호를 선택하여 입력한다.
- 채권, 채무와 관련된 거래는 별도의 요구가 없는 한 기 등록되어 있는 거래처코드를 선택하는 방법으로 거래처명을 입력한다.
- 제조경비는 500번대 계정코드를 판매비와관리비는 800번대 계정코드를 사용한다.
- 회계처리시 계정과목은 별도제시가 없는 한 등록되어 있는 계정과목 중 가장 적절한 과목으로 한다.
- 입력화면 하단의 분개까지 처리하고, 전자세금계산서는 전자입력으로 반영한다.
   – 이하 모든 회차에서 위 내용은 동일하므로 그 표시를 생략합니다. –
---

1. 7월 21일 비사업자인 이순옥씨에게 제품을 99,000원(부가가치세 포함)에 현금 매출하고 현금영수증을 발급하지 않았다. (3점)

2. 9월 4일 원재료 매입처의 사무실 이전을 축하하기 위해 프리티화원에서 200,000원의 축하화환을 주문하고, 보통예금계좌에서 이체하고 현금영수증(지출증빙용)을 발급받았다. (3점)

	프리티화원	
114-91-21113		김화원
서울 송파구 문정동 101-2 TEL : 3289-8085		
홈페이지 http://www.kacpta.or.kr		
	현금(지출증빙)	
구매 20□/09/04/13 : 06 거래번호 : 0004-0027		
상품명	수량	금액
축하화환 2041815650198	1	200,000원
	물 품 가 액	200,000원
	부 가 세	0원
합 계		200,000원
받은금액		200,000원

3. 9월 15일 당사는 제품을 제조하기 위해 ㈜한국에서 기계장치를 50,000,000원(부가가치세 별도)에 10개월 할부로 구매하고 전자세금계산서를 발급받았다. 할부대금은 다음 달부터 지급한다. (3점)

4. 10월 10일 ㈜광고에 제품을 15,000,000원(부가가치세 별도)에 판매하고 전자세금계산서를 발급하였다. 제품에 대한 판매대금은 보통예금계좌로 입금 받았다. (3점)

5. 10월 18일 업무용 비품으로 사용하던 냉장고(취득가액 2,800,000원, 처분시 감가상각누계액 1,600,000원)를 ㈜미래에 현금 1,100,000원(부가가치세 포함)을 받아 처분하고 전자세금계산서를 발급하였다. (3점)

6. 11월 28일 본사 신축을 위해 구입하는 토지 취득에 대한 법률자문 및 등기대행 용역을 ㈜국민개발로부터 제공받았다. 용역에 대한 수수료 3,000,000원(부가가치세 별도)은 현금으로 지급하고 전자세금계산서를 발급받았다. (3점)

문제4 [일반전표입력] 및 [매입매출전표입력] 메뉴에 입력된 내용 중 다음과 같은 오류가 발견되었다. 입력된 내용을 확인하여 정정하시오. (6점)

1. 7월 10일 세금과공과로 처리한 금액(100,000원)은 임직원들에게 6월 15일에 급여를 지급하면서 원천징수한 소득세를 납부한 것으로 확인되었다. (3점)

2. 9월 27일 본사업무에 사용하는 개별소비세 과세대상 자동차(2,500cc)에 대해 ㈜가제트수리에서 수리하면서 550,000원(부가가치세 포함)을 현금으로 결제하고 전자세금계산서를 발급받았다. 해당 금액에 대하여 매입세액공제대상으로 처리하였다. (3점)

문제5 결산정리사항은 다음과 같다. 해당 메뉴에 입력하시오. (9점)

1. 구입 당시 자산으로 계상한 공장 소모품(단가 50,000원, 20개) 중 기말 현재 6개가 재고로 남아 있다(사용분에 대해 비용처리 할 것). (3점)

2. 기말 현재 보유하고 있는 감가상각대상자산은 다음과 같다. 해당 자산을 [고정자산 등록] 메뉴에 등록하고 계산된 상각범위액을 감가상각비로 반영하시오. (3점)

  - 계정과목 : 기계장치
  - 코드번호 : 101
  - 전기말감가상각누계액 : 9,000,000원
  - 내용연수 : 5년
  - 취득년월일 : 2020년 7월 27일
  - 취득원가 : 30,000,000원
  - 경비구분 : 제조
  - 감가상각방법 : 정률법

3. 당기 법인세비용을 7,000,000원으로 가정하여 계상한다(단, 법인세 중간예납세액은 조회하여 입력할 것). (3점)

문제6 다음 사항을 조회하여 답안을 [이론문제 답안작성] 메뉴에 입력하시오. (9점)

1. 1기 확정(4월 ~ 6월) 부가가치세 신고기간 중 카드로 매출된 공급대가는 얼마인가? (3점)

2. 상반기(1월 ~ 6월)에 접대비(판매비와관리비)가 가장 많이 발생한 월과 금액은? (3점)

3. 5월말 현재 외상매입금 잔액이 가장 큰 거래처명과 그 금액은 얼마인가? (3점)

한마디 … 본서에서는 기출문제의 세금계산서 및 영수증 등에 표시되는 당해 연도(2022년) 표시를 20□년으로 표시하도록 하겠습니다.

이론시험 답안 및 해설 (제98회)

답안					
	1. ②	2. ④	3. ②	4. ①	5. ③
	6. ②	7. ②	8. ③	9. ②	10. ④
	11. ②	12. ②	13. ③	14. ②	15. ③

01 회계정보의 질적특성 중 목적적합성과 관련 있는 것은 ㉠ 예측가치, ㉡ 피드백가치, ㉢ 적시성이며, 신뢰성과 관련 있는 것은 ⓐ 검증가능성, ⓑ 중립성, ⓒ 표현의 충실성이다.

02 현금및현금성자산은 현금(통화, 통화대용증권)과 예금(당좌예금, 보통예금) 및 현금성자산(취득 당시 만기일이 3개월 이내인 금융상품)으로 한다. 타인발행 당좌수표는 통화대용증권에 해당한다.

타인발행 당좌수표 + 당좌예금 + 만기 2개월인 양도성예금증서 = 현금및현금성자산
└ 400,000 + 500,000 + 600,000 = 1,500,000원

[해설] 선일자수표는 수표에 기재된 발행일(예 2월 1일)이 실제 발행일(예 1월 1일)보다 앞선 수표를 말하며, 이는 거래의 성격에 따라 매출채권(받을어음) 또는 미수금으로 처리한다.

03 매출총이익(매출액 - 매출원가) ÷ 매출액 = 매출총이익률(%)
└ (600,000 - 매출원가) ÷ 600,000 = 0.2
└ (600,000 - 매출원가) = 0.2 × 600,000
└ 600,000 - 120,000 = 매출원가   ∴ 매출원가는 480,000원

5월초 상품재고액 + 5월의 상품매입액 - 5월말 상품재고액 = 매출원가
└ 500,000 + 350,000 - 5월말 상품재고액 = 480,000

∴ 5월말 상품재고액은 370,000원

04 분개 : (차) 감가상각비   4,000,000 / (대) 감가상각누계액   4,000,000
            (비용의 증가)   (자산 차감항목)

[해설] 비용이 증가하여 당기순이익이 감소하고, 자산이 감소하여 자본이 감소한다. 부채에는 변동이 없다.

05 무형자산을 창출하기 위한 내부 프로젝트를 연구단계와 개발단계로 구분할 수 없는 경우에는 그 프로젝트에서 발생한 지출은 모두 연구단계에서 발생한 것으로 본다.

[해설] 일반기업회계기준 제11장 무형자산
   11.10 무형자산을 최초로 인식할 때에는 원가로 측정한다.
   11.14 다른 종류의 무형자산이나 다른 자산과의 교환으로 무형자산을 취득하는 경우에는 무형자산의 원가를 교환으로 제공한 자산의 공정가치로 측정한다.

11.18 무형자산을 창출하기 위한 내부 프로젝트를 연구단계와 개발단계로 구분할 수 없는 경우에는 그 프로젝트에서 발생한 지출은 모두 연구단계에서 발생한 것으로 본다.

11.22 내부적으로 창출한 무형자산의 원가는 그 자산의 창출, 제조, 사용준비에 직접 관련된 지출과 합리적이고 일관성있게 배분된 간접 지출을 모두 포함한다.

06 만기가 확정된 채무증권으로서 상환금액이 확정되었거나 확정이 가능한 채무증권을 만기까지 보유할 적극적인 의도와 능력이 있는 경우에는 만기보유증권으로 분류한다.

[해설]

구 분	당좌자산	투자자산	
	단기매매증권	매도가능증권	만기보유증권
지분증권	O	O	X
채무증권	O	O	O

07 우발부채는 일반기업회계기준상 재무제표에 부채로 인식하지 않는다.

[해설] 일반기업회계기준 제14장 충당부채, 우발부채 및 우발자산

14.3 충당부채는 과거사건이나 거래의 결과에 의한 현재의무로서, 지출의 시기 또는 금액이 불확실하지만 그 의무를 이행하기 위하여 자원이 유출될 가능성이 매우 높고 또한 당해 금액을 신뢰성 있게 추정할 수 있는 의무를 말한다.

14.4 충당부채는 다음의 요건을 모두 충족하는 경우에 인식한다.
  (1) 과거사건이나 거래의 결과로 현재의무가 존재한다.
  (2) 당해 의무를 이행하기 위하여 자원이 유출될 가능성이 매우 높다.
  (3) 그 의무의 이행에 소요되는 금액을 신뢰성 있게 추정할 수 있다.

14.5 우발부채는 부채로 인식하지 아니한다. 의무를 이행하기 위하여 자원이 유출될 가능성이 아주 낮지 않는 한, 우발부채를 주석에 기재한다.

08 위탁판매 : 위탁자는 수탁자가 해당 재화를 제3자에게 판매한 시점에 수익을 인식한다.

[해설] ① 상품권 판매의 매출수익 : 물품 등을 제공 또는 판매하여 상품권을 회수한 때에 인식하며, 상품권 판매시는 선수금으로 처리한다.
② 대가가 분할되어 수취되는 할부판매 : 이자부분을 제외한 판매가격에 해당하는 수익을 판매시점에 인식한다.
④ 시용판매 : 매입자가 매입의사표시를 한 날에 수익을 인식한다.

09 ①, ③, ④는 개별원가계산에 대한 설명이다.

10 [1] 물량흐름 파악

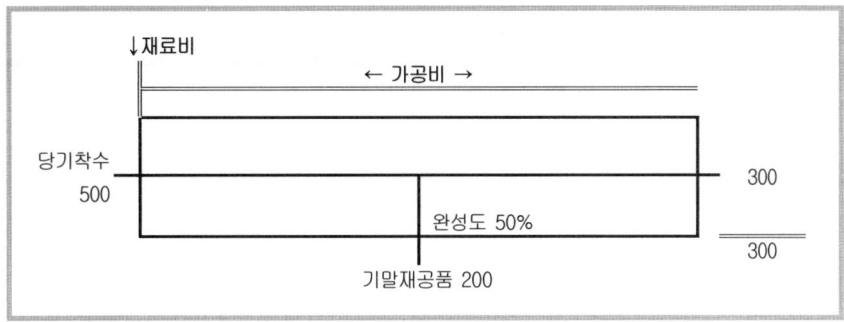

[2] 완성품환산량 계산
(1) 재료비 : 당 기 완성 : 300개 (기초재공품 0개 + 당기착수 300개)
　　　　　 기말재공품 : 200개
　　　　　 합　　　계 : 500개
(2) 가공비 : 당 기 완성 : 300개 {(기초재공품 0개) + (당기착수 300개×100%)}
　　　　　 기말재공품 : 100개 (200개×50%)
　　　　　 합　　　계 : 400개

11 가.는 변동비 그래프, 다.는 단위당변동비 그래프, 나.는 고정비 그래프이다.

12 ① 단계배분법은 보조부문의 배분순서에 따라 원가를 계산한다.
　 ③ 직접배분법은 부정확한 계산방법이지만, 계산이 간편하다.
　 ④ 각 보조부문에서 발생한 원가를 제조부문에 직접배분하는 방법은 직접배분법이다.

13 부가가치세는 일반소비세이다.

14 ① 면세포기는 승인을 요하지 않는다.
　 ③ 면세포기는 ㉠영세율의 적용 대상이 되는 것과 ㉡학술 등 연구단체가 그 연구와 관련하여 실비 또는 무상으로 공급하는 재화 또는 용역의 공급의 경우에 한하여 가능하다.
　 ④ 면세포기를 하면 거래징수당한 매입세액을 공제받을 수 있게 된다.

15 외상판매액 + 개인적 공급(시가) + 소형승용차 매각대금 = 과세표준
　└ 2,000,000 + 120,000 + 100,000 = 2,220,000원

[해설] 제품을 재해로 인하여 소실한 경우에는 재화의 공급으로 보지 않는다.

최대리 전산회계 1급(기출문제)

실무시험 답안 및 해설 (제98회)

 문제1 기초정보관리

1. 거래처등록
[기초정보관리]>[거래처등록]에서 『일반거래처』 탭을 선택하고, 코드 1212번으로 거래처를 등록한다.

2. 거래처별 초기이월
[전기분재무제표]>[거래처별초기이월]에서 화면 좌측에 "단기대여금·단기차입금"을 각각 선택하고, 화면 우측에 다음과 같이 입력한다.
① 단기대여금 : 119.㈜가나상사 2,200,000원 ➡ 3,200,000원으로 수정 입력
② 단기차입금 : 130.자차상사 10,000,000원 ➡ 10,500,000원으로 수정 입력

3. 전기이월작업
① [전기분손익계산서]에서 [803.상여금]란을 3,400,000원으로 수정 입력하고, [당기순이익]란 88,700,000원을 확인한다.
② [전기분잉여금처분계산서]에서 상단 툴바의 를 클릭하고, [당기순이익]란 88,700,000원과 [미처분이익잉여금]란 126,600,000원을 확인한다.
③ [전기분재무상태표]에서 [375.이월이익잉여금]란을 126,600,000원으로 수정 입력한다.

 문제2 일반전표입력

1. 7월 12일 : (차) 826.도서인쇄비   70,000 / (대) 103.보통예금   70,000

2. 7월 28일 : (차) 251.외상매입금   5,800,000 / (대) 108.외상매출금   4,700,000
     (거래처 : ㈜해운)   (거래처 : ㈜해운)
                                        (대) 102.당좌예금   1,100,000

3. 7월 31일 : (차) 103.보통예금   24,000,000 / (대) 107.단기매매증권   20,000,000
                                        (대) 906.단기매매증권처분이익   4,000,000

4. 8월 1일 : (차) 214.건설중인자산   7,000,000 / (대) 101.현금   7,000,000

   [해설] 이자비용을 자본화 한다는 의미는 당기비용으로 처리하지 않고 해당 자산의 취득원가로 처리한다는 의미이다. 따라서 본사건물 신축을 위한 차입금의 이자비용은 건설중인자산 계정으로 처리한다.

5. 9월 30일 : (차) 255.부가세예수금   11,300,000 / (대) 135.부가세대급금   8,000,000
                                                    (대) 261.미지급세금   3,300,000

   [출제위원] 물품 등을 매입하고 대금을 미지급한 것은 아니므로, 납세의무가 확정되었으나 아직 납부하지 아니한 세금에 대해서는 미지급세금 계정으로 회계처리 하는 것이 맞습니다.

6. 12월 19일 : (차) 131.선급금   2,000,000 / (대) 103.보통예금   2,000,000
              (거래처 : ㈜우리공장)

문제3 매입매출전표입력

1. 7월 21일 : 유형(14.건별)/ 품목(제품)/ 수량( )/ 단가( )/ 공급가액(90,000)/ 부가세(9,000)/ 공급처명(이순옥)/ 분개(1.현금)
   (입금) 255.부가세예수금   9,000
   (입금) 404.제품매출   90,000

   [해설] 공급가액란에 공급대가(99,000원)를 입력하면 공급가액과 세액이 자동으로 분리되어 입력된다.

2. 9월 4일 : 유형(62.현면)/ 품목(축하화환)/ 수량( )/ 단가( )/ 공급가액(200,000)/ 부가세( )/ 공급처명(프리티화원)/ 분개(3.혼합)
   (차변) 513.접대비   200,000
   (대변) 103.보통예금   200,000

3. 9월 15일 : 유형(51.과세)/ 품목(기계장치)/ 수량( )/ 단가( )/ 공급가액(50,000,000)/ 부가세(5,000,000)/ 공급처명(㈜한국)/ 전자(1 : 여)/ 분개(3.혼합)
   (차변) 135.부가세대급금   5,000,000
   (차변) 206.기계장치   50,000,000
   (대변) 253.미지급금   55,000,000

4. 10월 10일 : 유형(11.과세)/ 품목(제품)/ 수량( )/ 단가( )/ 공급가액(15,000,000)/ 부가세(1,500,000)/ 공급처명(㈜광고)/ 전자(1 : 여)/ 분개(3.혼합)
   (대변) 255.부가세예수금   1,500,000
   (대변) 404.제품매출   15,000,000
   (차변) 103.보통예금   16,500,000

5. 10월 18일 : 유형(11.과세)/ 품목(냉장고)/ 수량( )/ 단가( )/ 공급가액(1,000,000)/ 부가세(100,000)/ 공급처명(㈜미래)/ 전자(1 : 여)/ 분개(3.혼합)
   (대변) 255.부가세예수금   100,000
   (대변) 212.비품   2,800,000
   (차변) 213.감가상각누계액   1,600,000
   (차변) 101.현금   1,100,000
   (차변) 970.유형자산처분손실   200,000

6. 11월 28일 : 유형(54.불공)/ 품목(수수료)/ 수량( )/ 단가( )/ 공급가액(3,000,000)/ 부가세(300,000)/ 공급처명(㈜국민개발)/ 전자(1 : 여)/ 불공제사유(6)/ 분개(1.현금)
   (출금) 201.토지   3,300,000

   [해설] 토지 조성 등을 위한 자본적 지출에 관련된 매입세액으로서 다음 중 어느 하나에 해당하는 것은 공제되지 않는다.
   ① 토지의 취득 및 형질변경, 공장부지 및 택지의 조성 등에 관련된 매입세액
   ② 건축물이 있는 토지를 취득하여 그 건축물을 철거하고 토지만을 사용하는 경우에는 철거한 건축물의 취득 및 철거비용에 관련된 매입세액
   ③ 토지의 가치를 현실적으로 증가시켜 토지의 취득원가를 구성하는 비용에 관련된 매입세액

문제4 오류수정

1. [전표입력]>[일반전표입력]에서 7월 10일 전표를 다음과 같이 수정 입력한다.
   수정 전 : (차) 817.세금과공과   100,000 / (대) 101.현금   100,000
   수정 후 : (차) 254.예수금   100,000 / (대) 101.현금   100,000

2. [매입매출전표입력]에서 9월 27일 전표를 다음과 같이 수정 입력한다.
   수정 전 : 유형(51.과세)/ 품목( )/ 수량( )/ 단가( )/ 공급가액(500,000)/ 부가세(50,000)/ 공급처명(㈜가제트수리)/ 전자(1 : 여)/ 분개(1.현금)
   (출금) 135.부가세대급금   50,000
   (출금) 822.차량유지비   500,000

   수정 후 : 유형(54.불공)/ 품목( )/ 수량( )/ 단가( )/ 공급가액(500,000)/ 부가세(50,000)/ 공급처명(㈜가제트수리)/ 전자(1 : 여)/ 불공제사유(3)/ 분개(1.현금)
   (출금) 822.차량유지비   550,000

   [해설] 비영업용 소형승용자동차의 구입과 임차 및 유지비용은 매입세액이 공제되지 않는다.

문제5 결산정리

1단계 [일반전표입력] 메뉴에서 수동분개
[전표입력]>[일반전표입력]에서 결산일자(12월 31일)로 수동분개를 한다.

1. 12월 31일 : (차) 530.소모품비　　　　700,000　　/　(대) 173.소모품　　　　700,000
   [해설] 소모품 사용액 : 50,000원 × (20개 - 6개) = 700,000원
   [따따데] … 종전에는 "122.소모품"이었으나 "173.소모품"으로 기본값이 변경되었다.

2. [고정자산및감가상각]>[고정자산등록]에서 기계장치를 등록하고 [12.상각범위액]란의 금액 9,471,000원을 확인한다.

2단계 [결산자료입력] 메뉴에서 해당란에 입력
[결산/재무제표]>[결산자료입력]에서 기간(1월 ~ 12월)을 입력한다.

▶ 일반감가상각비 : [기계장치 9,471,000원] ☞(제조경비)

▶ 법인세등 : [선납세금 1,000,000원] [추가계상액 6,000,000원]

3단계 [일반전표입력] 메뉴에 결산분개 추가
입력이 완료되면 상단 툴바의 [F3전표추가]를 클릭하고 대화창에서 [예(Y)]를 클릭하여, [일반전표입력]에 결산분개를 추가한다.

문제6 장부조회

1. [장부관리]>[매입매출장]에서 조회기간(4월 1일 ~ 6월 30일)/ 구분(2.매출)/ 유형(17.카과)을 입력하고 [합계]란의 분기누계를 확인한다.

   > 답안 : 2,200,000원

2. [총계정원장]에서 『월별』 탭을 선택하고 기간(1월 1일 ~ 6월 30일)/ 계정과목(813.접대비 ~ 813.접대비)을 입력하고 [차변]란의 금액을 확인한다.

   > 답안 : 2월, 22,100,000원

3. [거래처원장]에서 『잔액』 탭을 선택하고 기간(5월 1일 ~ 5월 31일)/ 계정과목(251.외상매입금)/ 거래처(모든 거래처)를 입력하고 [잔액]란의 금액을 확인한다.

> 답안 : 사랑상사, 63,000,000원

특별회차
제 98회 기출문제 (이론+실무)

도전
36.94%
합격률

- 회사코드 : 3981
- 회 사 명 : 금정가구㈜
- 제한시간 : 60분

이 론 시 험

다음 문제를 보고 알맞은 것을 골라 [이론문제 답안작성] 메뉴에 입력하시오. (※ 객관식 문항당 2점)

01 다음 중 재무상태표에 대한 설명으로 가장 적절한 것은?
① 기업의 자산, 부채, 자본을 보여주며 유동성이 큰 항목부터 배열한다.
② 자산과 부채의 유동성과 비유동성을 구분하지 않는다.
③ 자산과 부채는 상계하여 처리하는 것을 원칙으로 한다.
④ 일정기간 동안의 기업에 대한 경영성과를 나타내는 보고서이다.

02 다음 중 물가가 지속적으로 상승하는 경우 매출총이익 및 기말재고자산 금액이 가장 높게 평가되는 재고자산평가방법으로 올바른 것은? (단, 기초재고자산 수량과 기말재고자산 수량은 동일하다고 가정함)

	매출총이익	기말재고자산금액		매출총이익	기말재고자산금액
①	후입선출법	선입선출법	②	선입선출법	후입선출법
③	후입선출법	후입선출법	④	선입선출법	선입선출법

03 다음 중 유형자산의 취득원가에 포함되는 항목이 아닌 것은?
① 취득세
② 설치원가 및 조립원가
③ 설계와 관련하여 전문가에게 지급하는 수수료
④ 관리 및 기타 일반간접원가

04 시장성 있는 ㈜진성의 주식 10주를 장기투자 목적으로 1주당 50,000원에 매입하고 거래수수료 5,000원을 포함하여 보통예금으로 결제하였다. 기말 공정가치는 1주당 52,000원이다. 일반기업회계기준에 따라 회계처리 하는 경우 다음 중 맞는 것은?
① 매도가능증권의 취득가액은 500,000원이다.
② 매도가능증권의 취득시점 분개는 아래와 같다.
　(차) 매도가능증권　　　　505,000원 / (대) 보통예금　　　　505,000원
③ 매도가능증권평가이익은 20,000원이다.
④ 매도가능증권평가손익은 당기손익에 반영한다.

05 다음 퇴직급여와 관련하여 당기에 인식할 퇴직급여 비용은?

> ㈜전산은 퇴직금추계액의 100%를 퇴직급여충당금부채로 설정하는 법인으로 전기말 5,000,000원을 퇴직급여충당부채로 설정하였으며, 당기 7월 30일에 7,000,000원의 퇴직급여를 지급하였으며, 기말 현재 종업원의 퇴직으로 지급해야할 퇴직금추계액은 8,000,000원이다.

① 8,000,000원   ② 10,000,000원   ③ 12,000,000원   ④ 15,000,000원

06 다음 중 자본에 대한 설명으로 가장 옳지 않은 것은?

① 이익잉여금은 기업과 주주간의 자본거래에서 발생한 이익을 말한다.
② 현물출자로 취득한 자산은 공정가치를 취득원가로 한다.
③ 자본조정은 자본에 차감하거나 가산하여야 하는 임시적 계정을 말한다.
④ 주식의 발행은 할증발행, 액면발행 및 할인발행이 있으며, 어떠한 발행을 하여도 자본금은 동일하다.

07 다음 중 수익적 지출을 자본적 지출로 회계처리한 경우의 효과로 옳지 않은 것은?

① 자산과소   ② 비용과소
③ 이익과대   ④ 자본과대

08 다음 중 회계상의 거래와 가장 관련이 없는 것은?

① 화재, 도난에 의한 자산의 소멸   ② 채권, 채무의 발생
③ 자산의 가치 감소   ④ 종업원의 고용계약

09 제조원가 중 원가행태가 다음과 같은 원가의 예로 가장 부적합한 것은?

생산량	1,000개	2,000개	2,500개
총원가	1,000,000원	1,000,000원	1,000,000원

① 공장 화재보험료 ② 임차료
③ 정액법에 따른 감가상각비 ④ 제품 포장비용

10 다음 중 보조부문원가의 배분방법에 대한 설명으로 가장 옳지 않은 것은?

① 상호배분법은 계산과정이 복잡한 단점이 있다.
② 상호배분법은 보조부문원가 배분방법 중 가장 정확성이 높은 방법이다.
③ 단계배분법은 보조부문원가 배분방법 중 배분순위를 고려하여 배분한다.
④ 직접배분법은 보조부문 상호간의 용역 수수를 완전히 고려하여 배분한다.

11 다음은 어떤 원가 계산에 대한 설명인가?

> 제품 단위별로 제조되는 제품 수량과 형태에 관해 제조지시서에 기입된 것을 근간으로 제조지시서별로 개별적인 원가를 집계하여 계산하는 방법이다. 이것은 다품종소량생산의 경우 가능한 방법이며, 주문생산이나 반복적이지 않은 제품의 생산방식에 적용한다.

① 개별원가계산   ② 표준원가계산   ③ 종합원가계산   ④ 변동원가계산

12 다음 자료에서 선입선출법에 의한 직접재료비의 완성품환산량을 계산하면 얼마인가?

- 기초재공품 : 15,000단위(완성도 : 40%)
- 기말재공품 : 10,000단위(완성도 : 60%)
- 당기착수량 : 35,000단위
- 완성품수량 : 40,000단위
- 직접재료비는 공정초기에 전량 투입되고, 가공비는 공정전반에 걸쳐 균등하게 발생함

① 35,000단위   ② 40,000단위   ③ 46,000단위   ④ 50,000단위

13 다음은 부가가치세법상 납세의무자에 대한 설명이다. 가장 옳은 것은?

① 간이과세자는 직전 1역년 공급대가가 8,000만원 미만인 법인사업자를 말한다.
② 영리를 추구하지 않는다면 재화 또는 용역을 공급하여도 사업자에 해당하지 않는다.
③ 사업자가 아니라면 재화를 수입하는 경우 부가가치세 납세의무가 발생하지 않는다.
④ 영세율을 적용받는 사업자도 납세의무자에 해당된다.

14 다음 자료에서 부가가치세법상 일반과세자의 부가가치세 과세표준은 얼마인가? 단, 다음의 금액에는 부가가치세액이 포함되어있지 않다.

• 총매출액	5,000,000원	• 매출환입액	500,000원
• 총매입액	3,000,000원	• 금전지급 판매장려금	200,000원

① 4,500,000원 ② 4,300,000원 ③ 3,600,000원 ④ 1,700,000원

15 다음 간이과세자 중 세금계산서 발급의무가 있는 사업자는?

① 직전 연도의 공급대가의 합계액이 5,000만원인 목욕탕업을 운영하는 간이과세자
② 직전 연도의 공급대가의 합계액이 3,000만원인 여관업을 운영하는 간이과세자
③ 직전 연도의 공급대가의 합계액이 7,000만원인 제조업을 운영하는 간이과세자
④ 직전 연도의 공급대가의 합계액이 4,000만원인 미용실을 운영하는 간이과세자

실 무 시 험

금정가구㈜(회사코드 : 3981)는 사무용가구등을 제조·판매하는 중소기업이며, 당기(제9기) 회계기간은 2022.1.1. ~ 2022.12.31.이다. 전산세무회계 수험용 프로그램을 이용하여 다음 물음에 답하시오.

문제1 다음은 기초정보관리 및 전기분 재무제표에 대한 자료이다. 각각의 요구사항에 대하여 답하시오. (10점)

1. 해외 진출을 위해 ㈜로즈퍼니처와 협약을 맺었다. 다음의 내용을 [거래처등록] 메뉴에 등록하시오. (3점)

- 코드 : 1200
- 구분 : 매출
- 거래처명 : ㈜로즈퍼니처
- 대표자명 : 박장미
- 사업자등록번호 : 128-81-42248
- 업태 : 도소매
- 종목 : 가구
- 주소 : 서울 중구 남대문로 112 (우편번호 주소 생략)

2. 전기말 거래처별 채권·채무의 잔액은 다음과 같다. [거래처별초기이월] 메뉴에 수정·추가입력 하시오. (3점)

계정과목	거래처	금액
외상매출금	㈜성신	30,000,000원
	㈜유은	45,000,000원
외상매입금	㈜시티	25,000,000원
	㈜민국	23,000,000원

3. 전기분 손익계산서의 임차료 10,000,000원은 제조공장 임차료로 판명되었다. 전기분 원가명세서 및 전기분 손익계산서를 수정하시오. (4점)

문제2 다음 거래 자료를 [일반전표입력] 메뉴에 추가 입력하시오(일반전표입력의 모든 거래는 부가가치세를 고려하지 말 것). (18점)

1. 8월 7일 매출거래처 ㈜대들보의 사업장 이전행사에 참석하여 200,000원의 축의금을 현금으로 지급하였다. (3점)

2. 9월 1일 1주당 액면금액이 5,000원인 보통주를 주당 6,000원씩 1,000주를 발행하고 대금은 현금으로 받았다. 주식발행비로 200,000원을 현금 지급하였다(기존 주식할인발행차금 300,000원이 존재함). (3점)

3. 9월 10일 다음과 같이 8월분 국민연금보험료를 보통예금에서 이체하여 납부하였다. (3점)

   - 회사부담분 : 400,000원(영업부직원), 700,000원(생산부직원)
   - 종업원부담분 : 1,100,000원(급여지급시 이 금액을 차감하고 지급함)
   - 회사부담분 국민연금보험료는 세금과공과로 회계처리 한다.

4. 9월 30일 이자수익 900,000원 중 원천징수세액 138,600원을 제외한 나머지 금액이 보통예금계좌에 입금되었다(단, 원천징수세액은 자산으로 처리할 것). (3점)

5. 10월 13일 제품창고에 보관중인 제품 1단위(원가 40,000원)를 공장(생산시설) 경비 직원의 생일선물로 무상 제공하였다. (3점)

6. 10월 15일 거래처인 ㈜서울기업으로부터 받아 보관 중인 받을어음 3,000,000원을 거래은행인 대한은행에 할인하고 할인료 100,000원을 제외한 금액은 받은 즉시 보통예금에 입금하였다(매각거래로 회계처리 할 것). (3점)

문제3 다음 거래 자료를 [매입매출전표입력] 메뉴에 입력하시오. (18점)

1. 7월 16일 ㈜세무에 판매한 제품에 하자가 있어 환입 받고 수정전자세금계산서를 발급하였다. 대금은 전액 외상매출금과 상계처리 하였다. (단, 외상매출금 계정과 제품매출 계정에서 (−)의 금액으로 상계처리 한다.) (3점)

품명	환입수량	단가	공급가액	부가가치세
제품	10	20,000원	200,000원	20,000원

2. 9월 7일 업무용 승용차(2,500cc) 사고로 인해 중부정비소에서 엔진을 교체하였다. 이는 자본적 지출에 해당하는 것으로 엔진교체비용 4,400,000원(부가가치세 별도)은 당사 발행 약속어음을 지급하고 전자세금계산서를 발급받았다. (3점)

3. 10월 3일 양촌통상㈜에 제품을 판매하고 다음의 전자세금계산서를 발급하였다. 대금은 9월 27일에 현금으로 수령한 계약금을 제외하고, 잔액 중 2,000,000원은 동사가 발행한 수표로, 나머지는 외상으로 하였다. (3점)

전자세금계산서(공급자 보관용)						승인번호		xxxxxxxx	
공급자	등록번호	621 − 87 − 12342			공급받는자	등록번호	114 − 81 − 81238		
	상호(법인명)	금정가구㈜	성명(대표자)	금나라		상호(법인명)	양촌통상㈜	성명(대표자)	남상오
	사업장주소	부산 금정구 금정로 219번길 3				사업장주소	서울 송파구 거마로 6		
	업태	제조업	종목	가구외		업태	제조	종목	전자부품
	이메일					이메일			
작성일자		공급가액		세액		수정사유			
20□. 10. 3.		5,000,000		500,000					

월	일	품목	규격	수량	단가	공급가액	세액	비고
10	3	제품A		50	100,000	5,000,000	500,000	

합계금액	현금	수표	어음	외상미수금	이 금액을	영수/청구 함
5,500,000	500,000	2,000,000		3,000,000		

4. 10월 5일 공장에서 사용하던 실험용 기계(취득원가 *15,000,000원*, 감가상각누계액 *10,470,750원*)를 한진통상㈜에 *5,500,000원*(부가가치세 별도)에 매각하고 전자세금계산서를 발급하였다. 대금 중 *1,050,000원*은 현금으로 받고 나머지 잔액은 1개월 후에 받기로 하였다. (3점)

5. 10월 17일 다음과 같이 ㈜해피가구에 제품을 판매하였다. 외상매출금 중 현금으로 받지 못한 부분은 기존 해피가구에게 지급하여야 할 외상매입금과 상계하기로 하였다. (3점)

전자세금계산서(공급자 보관용)						승인번호		xxxxxxxx	
공급자	등록번호	621-87-12342			공급받는자	등록번호	621-87-25639		
	상 호 (법인명)	금정가구㈜	성 명 (대표자)	금나라		상 호 (법인명)	㈜해피가구	성 명 (대표자)	김빛나
	사업장주소	부산 금정구 금정로 219번길 3				사업장주소	서울시 마포구 상암로 331		
	업 태	제조업	종목	가구외		업 태	도매업	종 목	가구
	이메일					이메일			
작성일자	공 급 가 액		세 액		수정사유				
20□. 10. 17.	5,000,000		500,000						
월	일	품 목	규격	수량	단 가	공 급 가 액	세 액	비 고	
10	17	의자		100	50,000	5,000,000	500,000		
합계금액	현 금		수 표		어 음	외상미수금	이 금액을	영수 청구	함
5,500,000	3,3000,000					2,200,000			

6. 10월 30일 매출거래처 직원 신수빈씨의 결혼식을 축하하기 위해 플라워화원에서 화환(공급가액 *110,000원*)을 구입하고 전자계산서를 발급받았다. 대금은 다음 달에 지급하기로 하였다. (3점)

문제4 [일반전표입력] 및 [매입매출전표입력] 메뉴에 입력된 내용 중 다음과 같은 오류가 발견되었다. 입력된 내용을 확인하여 정정하시오. (6점)

1. 8월 14일 비품 구입에 대해 ㈜삼성에서 프린터를 구입하면서 *330,000원*(부가가치세 포함)을 전자세금계산서를 발급받고 자기앞수표로 지급하였으나 당좌수표를 발행하여 지급한 것으로 잘못 처리하였다. (3점)

2. 8월 20일 영업부 건물 출입구 대형 유리문이 파손되어 ㈜현대유리에서 수리한 뒤 수리비(공급가액 4,500,000원, 부가가치세 별도)를 보통예금에서 이체 지급하고 전자세금계산서를 발급받았다. 회계처리시 수익적 지출로 해야 할 것을 자본적 지출로 잘못 처리하였다. (3점)

문제5 결산정리사항은 다음과 같다. 해당 메뉴에 입력하시오. (9점)

1. 기말 현재 당사가 장기투자목적으로 보유한 매도가능증권 ㈜각각오 주식의 취득원가, 전년도말 및 당해연도말 공정가액은 다음과 같다. (3점) (수정)

주식명	계정과목	전기 취득원가	전기말 공정가액	당기말 공정가액
㈜각각오	매도가능증권	5,000,000원	4,000,000원	6,600,000원

2. 무형자산인 특허권에 대한 당기 상각비는 3,000,000원이다. (3점)

3. 퇴직급여추계액이 다음과 같을 때 퇴직급여충당부채를 설정하시오. 회사는 퇴직급여추계액의 100%를 퇴직급여충당부채로 설정하고 있다. (3점)

구분	퇴직금추계액	설정 전 퇴직급여충당부채 잔액
생산팀	100,000,000원	20,000,000원
관리팀	200,000,000원	50,000,000원

문제6 다음 사항을 조회하여 답안을 [이론문제 답안작성] 메뉴에 입력하시오. (9점)

1. 상반기(1월 ~ 6월) 중 원재료 매입액이 가장 큰 달과 가장 적은 달의 차액은 얼마인가? (3점)

2. 부가가치세 1기 확정(4월 ~ 6월) 신고기간의 납부세액 혹은 환급세액은 얼마인가? (3점)

3. 제1기 부가가치세 예정신고기간(1월 ~ 3월)의 과세표준 금액은 얼마인가? (3점)

이론시험 답안 및 해설 (제98회 특별)

답안					
	1. ①	2. ④	3. ④	4. ②	5. ②
	6. ①	7. ①	8. ④	9. ④	10. ④
	11. ①	12. ①	13. ④	14. ①	15. ③

01 ② 자산은 1년을 기준으로 유동자산과 비유동자산으로 분류하고, 부채는 1년을 기준으로 유동부채와 비유동부채로 분류한다.
③ 자산과 부채는 원칙적으로 상계하여 표시하지 않는다.
④ 일정기간 동안 기업의 경영성과에 대한 정보를 제공하는 재무보고서는 손익계산서이다.

02 물가상승시 기말재고자산 크기 : 선입선출법 > 이동평균법 > 총평균법 > 후입선출법
물가상승시 매출총이익 크기 : 선입선출법 > 이동평균법 > 총평균법 > 후입선출법

03 관리 및 기타 일반간접원가는 유형자산의 취득원가에 포함되지 않는다.

04 매도가능증권은 계약당사자가 되는 때(매매일) 재무상태표에 인식하며, 최초 인식시 공정가치로 측정한다. 이때 취득과 직접 관련되는 거래원가는 최초 인식하는 공정가치에 가산한다.

[해설] ① 매도가능증권의 취득가액은 505,000원이다.
③ 매도가능증권평가이익 : 520,000 - 505,000 = 15,000원
④ 매도가능증권평가손익은 자본(기타포괄손익누계액) 항목으로 분류한다.

05 7월 30일 : (차) 퇴직급여충당부채   5,000,000 / (대) 자산   7,000,000
            퇴직급여   2,000,000

기말분개 : (차) 퇴직급여   8,000,000 / (대) 퇴직급여충당부채   8,000,000

[해설] ● 퇴직금을 지급할 경우에는 퇴직급여충당부채에서 지급하는 것으로 처리하고, 퇴직급여충당부채를 초과하여 지급하는 경우 그 초과액은 퇴직급여로 처리한다.
● 퇴직금추계액(8,000,000) - 퇴직급여충당금 잔액(0) = 기말설정액 8,000,000원

06 이익잉여금이란 손익계산서에 보고된 손익과 다른 자본 항목에서 이입된 금액의 합계액에서 주주에 대한 배당, 자본금으로의 전입 및 자본조정 항목의 상각 등으로 처분된 금액을 차감한 잔액이다.

[해설] ① 자본잉여금은 기업과 주주간의 자본거래에서 발생한 이익을 말한다.

07 수익적 지출(비용으로 처리)을 자본적 지출(자산으로 처리)로 잘못 처리한 경우, 자산이 과대계상 되고 비용이 과소계상 된다. 자산이 과대계상 되면 자본이 과대계상 되고, 비용이 과소계상 되면 당기순이익이 과대계상 된다.

08 종업원의 고용계약은 회계상의 거래에 해당하지 않는다.

09 조업도(생산량) 수준의 변동에 관계없이 관련범위 내에서는 항상 원가총액이 일정하게 발생하는 원가는 고정원가이다.

[해설] ④ 제품 포장비용의 경우 제품 생산량에 따라 직접적으로 비례하여 변동하는 원가이다.

10 직접배분법은 보조부문 상호간에 용역을 주고받은 관계를 완전히 무시하고, 모든 보조부문비를 제조부문에 제공하는 용역비율에 따라 제조부문에만 직접배분하는 방법이다.

[해설] ④ 보조부문 상호간의 용역 수수를 완전히 고려하여 배분하는 방법은 상호배분법이다.

11 개별원가계산에 대한 설명이다.

12 [1] 물량흐름 파악(선입선출법)

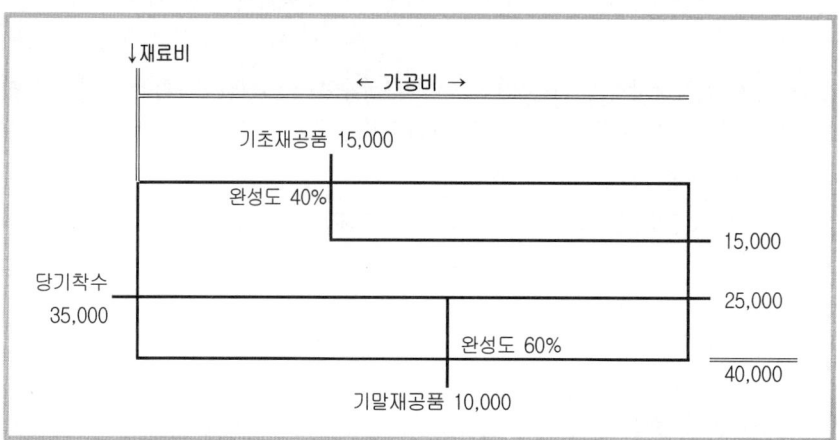

[2] 완성품환산량 계산

　　재료비 : 당 기 완성 : 25,000단위 (기초재공품 0단위 + 당기착수 25,000단위)
　　　　　　<u>기말재공품 : 10,000단위</u>
　　　　　　합　　계 : 35,000단위

13 ① 간이과세자는 직전 1역년 공급대가가 8,000만원 미만인 개인사업자를 말한다.
　　② 사업목적이 영리이든 비영리이든 관계없이 사업자에 해당한다.

③ 재화를 수입하는 자는 사업자가 아니라도 납세의무가 있다.

14. 총매출액 - 매출환입액 = 과세표준
└ 5,000,000 - 500,000 = 4,500,000원

[해설] 환입된 재화의 가액(매출환입액)은 과세표준에 포함하지 않으므로 총매출액에서 차감하고, 금전지급 판매장려금은 과세표준에서 공제하지 않으므로 총매출액에서 차감하지 않는다.

15. 직전 연도 공급대가의 합계액이 4,800만원 이상인 간이과세자로서 영수증만을 발급해야 하는 자(소매업, 음식점업, 숙박업, 미용, 욕탕 및 유사서비스업 등)가 아닌 경우에는 세금계산서 발급의무가 면제되지 않는다.

실무시험 답안 및 해설 (제98회 특별)

문제1 기초정보관리

1. 거래처등록
[기초정보관리]>[거래처등록]에서 『일반거래처』 탭을 선택하고, 코드 1200번으로 거래처를 등록한다.

2. 거래처별 초기이월
[전기분재무제표]>[거래처별초기이월]에서 화면 좌측에 "외상매출금·외상매입금"을 각각 선택하고, 화면 우측에 다음과 같이 입력한다.
① 외상매출금 : 107.㈜성신 20,000,000원 → 30,000,000원으로 수정 입력
　　　　　　　 114.㈜유은 35,000,000원 → 45,000,000원으로 수정 입력
② 외상매입금 : 102.㈜시티 5,000,000원 → 25,000,000원으로 수정 입력
　　　　　　　 109.㈜민국 23,000,000원 추가 입력

3. 전기이월작업
① [전기분원가명세서]에서 "519.임차료 10,000,000원"을 입력하고, [당기제품제조원가]란 295,622,500원을 확인한다.
② [전기분손익계산서]에서 [455.제품매출원가]란에 커서를 놓고 키보드의 Enter↵ 키를 치고 「매출원가」 보조창의 [당기제품제조원가]란을 295,622,500원으로 수정 입력한다. "819.임차료 10,000,000원"을 삭제하고, [당기순이익]란 21,750,000원을 확인한다.
③ [전기분잉여금처분계산서]에서 [당기순이익]란 21,750,000원을 확인하고, [미처분이익잉여금]란 236,600,000원을 확인한다.
④ [전기분재무상태표]에서 [375.이월이익잉여금]란을 236,600,000원으로 수정 입력한다.

문제2 일반전표입력

1. 8월 7일 : (차) 813.접대비　　　200,000　　/　(대) 101.현금　　　200,000

2. 9월 1일 : (차) 101.현금　　　　6,000,000　／　(대) 331.자본금　　　5,000,000
　　　　　　　　　　　　　　　　　　　　　　(대) 101.현금　　　　 200,000
　　　　　　　　　　　　　　　　　　　　　　(대) 381.주식할인발행차금　500,000
　　　　　　　　　　　　　　　　　　　　　　(대) 341.주식발행초과금　 300,000

[해설] 주식발행초과금이 발생할 당시에 장부상 주식할인발행차금 미상각액이 존재하는 경우에는 발생된 주식발행초과금의 범위 내에서 주식할인발행차금 미상각액을 우선 상계한다.

　　　또는 : (차) 101.현금　　　　5,800,000　／　(대) 331.자본금　　　5,000,000
　　　　　　　　　　　　　　　　　　　　　　(대) 381.주식할인발행차금　500,000
　　　　　　　　　　　　　　　　　　　　　　(대) 341.주식발행초과금　 300,000

[출제위원] 문제의 지문에서 총액 또는 순액으로 인식하여야 한다는 별도의 제시가 없으므로 차변과 대변의 현금을 상계하지 아니하고 총액으로 구분하여 인식한 분개도 정답으로 인정합니다.

3. 9월 10일 : (차) 254.예수금　　　1,100,000　／　(대) 103.보통예금　 2,200,000
　　　　　　　(차) 817.세금과공과　 400,000
　　　　　　　(차) 517.세금과공과　 700,000

4. 9월 30일 : (차) 136.선납세금　　　138,600　／　(대) 901.이자수익　　 900,000
　　　　　　　(차) 103.보통예금　　 761,400

5. 10월 13일 : (차) 511.복리후생비　　40,000　／　(대) 150.제품　　　　 40,000
　　　　　　　　　　　　　　　　　　　　　　　(적요 : 8.타계정으로 대체액)

[해설] 제품이 판매되지 않고 다른 용도로 사용되었으므로 반드시 적요(8)를 입력하고, 다른 용도로 사용된 제품의 원가를 장부에서 제거한다.

6. 10월 15일 : (차) 956.매출채권처분손실　100,000　／　(대) 110.받을어음　 3,000,000
　　　　　　　(차) 103.보통예금　　2,900,000　　　　　(거래처 : ㈜서울기업)

문제3 매입매출전표입력

1. 7월 16일 : 유형(11.과세)/ 품목(제품)/ 수량(-10)/ 단가(20,000)/ 공급가액(-200,000)/ 부가세(-20,000)/ 공급처명(㈜세무)/ 전자(1 : 여)/ 분개(2.외상)
　　(차변) 108.외상매출금　　　　-220,000
　　(대변) 255.부가세예수금　　　　　-20,000
　　(대변) 404.제품매출　　　　　　 -200,000

2. 9월 7일 : 유형(54.불공)/ 품목(엔진교체비용)/ 수량( )/ 단가( )/ 공급가액(4,400,000)/ 부가세(440,000)/ 공급처명(중부정비소)/ 전자(1 : 여)/ 불공제사유(3)/ 분개(3.혼합)

(차변) 208.차량운반구   4,840,000
(대변) 253.미지급금   4,840,000

[해설] 비영업용 소형승용자동차의 구입과 임차 및 유지비용은 매입세액이 공제되지 않는다.

3. 10월 3일 : 유형(11.과세)/ 품목(제품A)/ 수량(50)/ 단가(100,000)/ 공급가액(5,000,000)/ 부가세(500,000)/ 공급처명(양촌통상㈜)/ 전자(1 : 여)/ 분개(3.혼합)
(대변) 255.부가세예수금   500,000
(대변) 404.제품매출   5,000,000
(차변) 259.선수금   500,000
(차변) 101.현금   2,000,000
(차변) 108.외상매출금   3,000,000

4. 10월 5일 : 유형(11.과세)/ 품목(실험용 기계)/ 수량( )/ 단가( )/ 공급가액(5,500,000)/ 부가세(550,000)/ 공급처명(한진통상㈜)/ 전자(1 : 여)/ 분개(3.혼합)
(대변) 255.부가세예수금   550,000
(대변) 206.기계장치   15,000,000
(차변) 207.감가상각누계액   10,470,750
(차변) 101.현금   1,050,000
(차변) 120.미수금   5,000,000
(대변) 914.유형자산처분이익   970,750

5. 10월 17일 : 유형(11.과세)/ 품목(의자)/ 수량(100)/ 단가(50,000)/ 공급가액(5,000,000)/ 부가세(500,000)/ 공급처명(㈜해피가구)/ 전자(1 : 여)/ 분개(3.혼합)
(대변) 255.부가세예수금   500,000
(대변) 404.제품매출   5,000,000
(차변) 101.현금   3,300,000
(차변) 251.외상매입금   2,200,000

6. 10월 30일 : 유형(53.면세)/ 품목(화환)/ 수량( )/ 단가( )/ 공급가액(110,000)/ 부가세( )/ 공급처명(플라워화원)/ 전자(1 : 여)/ 분개(3.혼합)
(차변) 813.접대비   110,000
(대변) 253.미지급금   110,000

문제4 오류수정

1. [전표입력]>[매입매출전표입력]에서 8월 14일 전표를 다음과 같이 수정 입력한다.
    수정 전 : 유형(51.과세)/ 품목(프린터)/ 수량( )/ 단가( )/ 공급가액(300,000)/ 부가세(30,000)/ 공급처명(㈜삼성)/ 전자(1 : 여)/ 분개(3.혼합)

(차변) 135.부가세대급금   30,000
(차변) 212.비품   300,000
(대변) 102.당좌예금   330,000

수정 후 : 유형(51.과세)/ 품목(프린터)/ 수량( )/ 단가( )/ 공급가액(300,000)/ 부가세(30,000)/ 공급처명(㈜삼성)/ 전자(1 : 여)/ 분개(1.현금)
(출금) 135.부가세대급금   30,000
(출금) 212.비품   300,000

2. [매입매출전표입력]에서 8월 20일 전표를 다음과 같이 수정 입력한다.
수정 전 : 유형(51.과세)/ 품목(본사 출입문수리)/ 수량( )/ 단가( )/ 공급가액(4,500,000)/ 부가세(450,000)/ 공급처명(㈜현대유리)/ 전자(1 : 여)/ 분개(3.혼합)
(차변) 135.부가세대급금   450,000
(차변) 202.건물   4,500,000
(대변) 103.보통예금   4,950,000   (거래처 : 국민은행)

수정 후 : 유형(51.과세)/ 품목(본사 출입문수리)/ 수량( )/ 단가( )/ 공급가액(4,500,000)/ 부가세(450,000)/ 공급처명(㈜현대유리)/ 전자(1 : 여)/ 분개(3.혼합)
(차변) 135.부가세대급금   450,000
(차변) 820.수선비   4,500,000
(대변) 103.보통예금   4,950,000   (거래처 : 국민은행)

문제5 결산정리

1단계 [일반전표입력] 메뉴에서 수동분개
[전표입력]>[일반전표입력]에서 결산일자(12월 31일)로 수동분개를 한다.

12월 31일 : (차) 178.매도가능증권   2,600,000   /   (대) 395.매도가능증권평가손실   1,000,000
                                                    (대) 394.매도가능증권평가이익   1,600,000

 매도가능증권평가이익이 발생할 당시 매도가능증권평가손실이 존재하는 경우 우선 상계한다.
  당기 : 6,600,000 - 4,000,000 = 2,600,000원(매도가능증권평가이익)
  전기 : 4,000,000 - 5,000,000 = -1,000,000원(매도가능증권평가손실)

2단계 [결산자료입력] 메뉴에서 해당란에 입력
[결산/재무제표]>[결산자료입력]에서 기간(1월 ~ 12월)을 입력한다.

▶ 퇴직급여(전입액) : 80,000,000원 (생산팀)
 생산팀 : 100,000,000 - 20,000,000 = 80,000,000원

▶ 퇴직급여(전입액) : 150,000,000원 啣(관리팀)

[해설] 관리팀 : 200,000,000 - 50,000,000 = 150,000,000원

▶ 무형자산상각비 : [특허권 3,000,000원]

③단계 [일반전표입력] 메뉴에 결산분개 추가

입력이 완료되면 상단 툴바의 F3전표추가를 클릭하고 대화창에서 예(Y)를 클릭하여, [일반전표입력]에 결산분개를 추가한다.

문제6 장부조회

1. [장부관리]>[총계정원장]에서 『월별』 탭을 선택하고 기간(1월 1일 ~ 6월 30일)/ 계정과목(153.원재료 ~ 153.원재료)을 입력하고 [차변]란의 금액을 확인한다.

● 답안 : 58,000,000원

[해설] 2월(71,400,000) - 6월(13,400,000) = 58,000,000원

2. [부가가치]>[신고서/부속명세]>[부가가치세신고서]에서 『일반과세』 탭을 선택하고 조회기간(4월 1일 ~ 6월 30일)을 입력하고 [차가감하여 납부할세액(27)]란의 세액을 확인한다.

● 답안 : 2,855,100원

3. [부가가치세신고서]에서 『일반과세』 탭을 선택하고 조회기간(1월 1일 ~ 3월 31일)을 입력하고 과세표준 및 매출세액 [합계(9)]란의 금액을 확인한다.

● 답안 : 340,666,365원

제 97회 기출문제 (이론+실무)

도전
36.62%
합격률

- 회사코드 : 3970
- 회 사 명 : 석모기계㈜
- 제한시간 : 60분

이 론 시 험

다음 문제를 보고 알맞은 것을 골라 [이론문제 답안작성] 메뉴에 입력하시오. (※ 객관식 문항당 2점)

01 다음 중 분개의 구조상 차변요소가 아닌 것은?
① 자본의 감소
② 자산의 감소
③ 비용의 발생
④ 부채의 감소

02 다음 중 재무상태표에 유동부채로 분류되는 것은?
① 예수금
② 장기차입금
③ 사채
④ 임대보증금

03 다음은 ㈜세무의 결산일 현재 기준 보유자산의 잔액이다. 결산을 통해 재무상태표에 현금및현금성자산으로 표시될 금액은?

- 통화 : 303,000원
- 매출채권 : 22,000원
- 우편환 : 6,000원
- 단기매매증권 : 40,000원
- 단기금융상품(취득일부터 만기가 3개월 이내임) : 150,000원

① 459,000원
② 449,000원
③ 475,000원
④ 453,000원

04 다음 자료를 정률법으로 감가상각 할 경우 1차 회계연도(×1년 1월 1일 ~ 12월 31일)에 재무상태표에 계상될 감가상각누계액은 얼마인가?

- 취득원가 : 3,750,000원(취득일 : ×1년 1월 1일)   • 내용연수 : 5년   • 상각률 : 0.451

① 1,691,250원
② 660,000원
③ 1,100,000원
④ 1,320,000원

05 다음 중 무형자산에 해당하지 않은 것을 모두 고른 것은?

> a. 특허권　　　b. 내부적으로 창출된 영업권　　　c. 광업권
> d. 전세권　　　e. 저작권

① a, e　　　② b, e　　　③ b, d　　　④ c, e

06 다음 중 충당부채를 부채로 인식하기 위한 요건에 대한 설명으로 가장 옳지 않은 것은?

① 과거사건이나 거래의 결과로 현재의무가 존재한다.
② 그 의무의 이행에 소요되는 금액을 신뢰성 있게 추정할 수 있다.
③ 우발부채도 충당부채에 포함되므로 재무상태표에 부채로 인식하여야 한다.
④ 당해 의무를 이행하기 위하여 자원이 유출될 가능성이 매우 높다.

07 회사가 증자할 때 발행가액이 액면가액을 초과하여 발행한 경우 그 차액은 어느 것에 해당되는가?

① 이익준비금　　　② 이익잉여금
③ 자본잉여금　　　④ 자본조정

08 ㈜무릉의 재무상태가 다음과 같을 때, 기말자산은 얼마인가?

기 초		기 말		총수익	총비용
부채	자본	자산	부채		
400,000원	160,000원	(?)	450,000원	300,000원	240,000원

① 110,000원　　② 170,000원　　③ 540,000원　　④ 670,000원

09 다음의 원가분류 중 추적가능성에 따른 분류가 아닌 항목은?
① 직접재료비　　　　　　　　② 간접재료비
③ 직접노무비　　　　　　　　④ 제조경비

10 다음의 원가자료에서 기초원가, 가공원가, (당기총)제조원가의 금액 순으로 옳게 연결된 항목은?

> • 원재료매입액 : 350,000원　　• 직접재료비 : 400,000원　　• 간접재료비 : 50,000원
> • 직접노무비 : 250,000원　　　• 공장전력비 : 150,000원　　• 공장건물 임차료 : 50,000원

① 400,000원, 250,000원, 900,000원　　② 400,000원, 500,000원, 900,000원
③ 650,000원, 500,000원, 900,000원　　④ 650,000원, 500,000원, 1,250,000원

11 다음 중 개별원가계산에 관한 설명으로 옳지 않은 것은?
① 직접비와 제조간접비의 구분이 중요하다.
② 건설업, 조선업 등 다품종소량생산 업종에서 주로 사용되는 원가계산 방법이다.
③ 제품별로 원가계산을 하게 되므로 원가를 직접비와 간접비로 구분하여 공통원가인 간접비는 합리적인 방법에 의하여 제품별로 배부한다.
④ 완성품환산량의 계산이 원가계산의 핵심과제이다.

12 기초재공품 20,000개(완성도 30%), 당기완성품 수량은 130,000개, 기말재공품은 50,000개(완성도 10%)이다. 평균법하에서 가공비에 대한 완성품환산량은 얼마인가? (단, 재료는 공정초에 전량 투입되고, 가공비는 공정전반에 걸쳐 균등하게 투입됨)

① 110,000개　　② 129,000개　　③ 135,000개　　④ 180,000개

13 우리나라 부가가치세법에 대한 설명 중 가장 거리가 먼 항목은?

① 세부담의 역진성을 완화하기 위해 면세제도를 두고 있다.
② 소비지국 과세원칙에 따라 수입하는 재화에는 부가가치세가 과세된다.
③ 사업자가 아닌 자가 일시적으로 재화를 공급하는 경우, 부가가치세 납부의무가 없다.
④ 부가가치세의 과세대상은 크게 재화와 용역의 공급 그리고 재화와 용역의 수입으로 구분된다.

14 부가가치세법상 재화의 공급으로 보지 아니하는 거래를 모두 고른 것은?

> a. 저당권 등 담보 목적으로 부동산을 제공하는 것
> b. 사업장별로 그 사업에 관한 모든 권리와 의무를 포괄적으로 승계시키는 사업의 양도
> c. 매매계약에 의한 재화의 인도
> d. 폐업시 잔존재화(해당 재화의 매입 당시 매입세액공제 받음)
> e. 상속세를 물납하기 위해 부동산을 제공하는 것

① a, d ② b, c, e ③ a, b, e ④ a, b, d, e

15 다음 중 부가가치세법상 대손세액공제에 관한 설명 중 틀린 것은?

① 부가가치세가 과세되는 재화 또는 용역의 공급과 관련된 채권이어야 한다.
② 부도발생일로부터 3개월 이상 지난 수표, 어음, 중소기업의 외상매출금은 대손세액공제 대상이다.
③ 확정신고와 함께 대손금액이 발생한 사실을 증명하는 서류를 제출하여야 한다.
④ 대손이 확정되면 공급자는 대손이 확정된 날이 속하는 과세기간의 매출세액에서 대손세액을 차감한다.

실 무 시 험

석모기계㈜(회사코드 : 3970)는 기계설비를 제조하여 판매하는 중소기업이며, 당기(제7기) 회계기간은 2022.1.1. ~ 2022.12.31.이다. 전산세무회계 수험용 프로그램을 이용하여 다음 물음에 답하시오.

문제1 다음은 기초정보관리 및 전기분 재무제표 자료이다. 각각의 요구사항에 대하여 답하시오. (10점)

1. 다음 자료를 보고 [거래처등록] 메뉴에서 등록하시오. (3점)

- 회사명 : ㈜가나전자(거래처코드 : 01056)
- 대표자 : 이은성
- 업태 : 제조, 도소매
- 사업장 주소 : 서울특별시 서초구 신반포로47길 118 101호
- 유형 : 매입
- 사업자등록번호 : 129-86-78690
- 종목 : 전자제품

※ 주소 입력시 우편번호 입력은 생략해도 무방함.

2. 다음 자료를 보고 거래처별 초기이월을 수정 또는 입력하시오. (3점)

계정과목	거래처	전기로부터 이월된 금액	올바른 금액
받을어음	㈜송강산업	300,000원	3,000,000원
	㈜강림상사	2,800,000원	12,800,000원
미지급금	㈜더라벨	6,100,000원	3,600,000원
	㈜통진흥업	-	2,500,000원

3. 전기분 손익계산서를 검토한 결과 다음과 같은 오류가 발견되었다. [전기분재무제표] 메뉴에서 관련된 부분을 모두 수정하시오. (4점)

- 오류내용 : 생산부 직원의 회식비 지출액 2,400,000원이 영업부의 복리후생비(811)로 반영되어 있음.

문제2 다음 거래 자료를 [일반전표입력] 메뉴에 추가 입력하시오(일반전표입력의 모든 거래는 부가가치세를 고려하지 말 것). (18점)

1. 7월 7일 매출 거래처인 ㈜달라일러가 회생계획인가결정을 받음에 따라 ㈜달라일러에 대한 외상매출금 12,000,000원을 대손처리 하였다. 대손발생일 직전의 외상매출금에 대한 대손충당금 잔액은 5,000,000원이다. (3점)

2. 7월 15일 매출거래처인 ㈜희망기계의 외상매출금 6,500,000원에 대하여 다음의 전자어음을 받고, 나머지 금액은 보통예금으로 받았다. (3점)

    전 자 어 음

    석모기계㈜ 귀하
    00520151020123456789

    금   오백만원정   5,000,000원

    위의 금액을 귀하 또는 귀하의 지시인에게 지급하겠습니다.

    지급기일 당기 8월 20일   발행일 당기 7월 15일
    지 급 지 신한은행   발행지
                                    주 소 서울 성북구 돈암로 10
    지급장소 영등포지점   발행인 (주)희망기계

3. 7월 20일 보유 중인 자기주식 12,000주를 처분하였다. 자기주식 12,000주에 대한 장부가액은 12,000,000원이고 12,000주 전부를 11,500,000원에 처분하고 그 대가를 전부 보통예금으로 입금 받았다. (단, 자기주식처분이익 계정의 잔액이 300,000원 있고, 처분수수료는 없는 것으로 가정한다.) (3점)

4. 8월 5일 신주 20,000주를 발행하여 건물을 취득하였다. 주당 액면가액은 5,000원이며 발행시점의 공정가액은 주당 8,000원이다. (3점)

5. 11월 19일 영업부서에서 홍보물을 배포하기 위해 고용한 일용직 근로자에게 일당 120,000원을 현금으로 지급하였다. (3점)

6. 12월 5일 영업부서 임직원의 퇴직금에 대하여 확정기여형(DC형) 퇴직연금에 가입하고 있으며, 12월분 퇴직연금 5,300,000원을 당사 보통예금계좌에서 이체하여 납부하였다. (3점)

문제3 다음 거래 자료를 [매입매출전표입력] 메뉴에 입력하시오. (18점)

1. 8월 3일 판매부서 사무실로 사용하기 위해 입주해있는 ㈜에이스오피스텔의 관리실로부터 7월분 관리비 중 면세품목에 대하여 전자계산서(공급가액 30,000원, 부가가치세 0원)를 발급받고 보통예금에서 바로 지급하였다. (3점)

2. 8월 21일 새로운 기계로 교체하기 위하여 ㈜한국자원에 기존에 사용하던 기계장치(취득원가 80,000,000원, 감가상각누계액 77,000,000원)를 2,200,000원(부가가치세 포함)에 매각하면서 전자세금계산서를 발급하였으며, 대금은 전액 ㈜한국자원이 발행한 약속어음으로 받았다. (3점)

3. 10월 15일 다음 자료를 보고 적절한 회계처리를 하시오(단, 수표 1,000,000원은 모두 당좌수표임). (3점)

전자세금계산서					승인번호	xxxxxxxxx		
공급자	등록번호	130 - 85 - 56442			공급받는자	등록번호	506 - 81 - 94325	
	상호(법인명)	㈜무릉	성명(대표자)	이학주		상호(법인명)	석모기계㈜	성명(대표자)	임병수
	사업장주소	경기도 의정부시 신곡로 1588				사업장주소	경기도 남양주시 경춘로 855-11	
	업태	제조	종목	기계		업태	제조, 도소매	종목	기계설비
	이메일					이메일		
작성일자	공급가액		세액		수정사유			
20□. 10. 15.	3,300,000		330,000					
월	일	품목	규격	수량	단가	공급가액	세액	비고
10	15	A원재료		100	33,000	3,300,000	330,000	
합계금액	현금		수표		어음	외상미수금	이 금액을 영수/청구 함	
3,630,000			1,000,000			2,630,000		

4. 11월 30일 ㈜렌트로부터 11월 1일에 임차 개시한 영업부직원의 거래처 방문용 차량(배기량 2,000cc인 4인승 승용차)과 관련하여 11월분 임차료(공급가액 600,000원, 부가가치세 60,000원)에 대한 전자세금계산서를 수취하였다. 11월분 임차료는 12월 10일에 보통예금에서 자동 이체될 예정이다. (3점)

5. 12월 12일 구매확인서에 의하여 유성산업㈜에 C제품(100단위, @150,000원)을 판매하고 영세율 전자세금계산서를 발급하였다. 대금은 10일 후에 받기로 하였다. (3점)

6. 12월 30일 중국에 소재한 NewYork.com으로부터 수입한 원재료와 관련하여 인천세관으로부터 전자수입세금계산서(공급가액 40,000,000원, 부가가치세 4,000,000원)를 발급받았고, 이와 관련한 부가가치세는 당좌수표로 납부하였다. (3점)

문제4 [일반전표입력] 및 [매입매출전표입력] 메뉴에 입력된 내용 중 다음과 같은 오류가 발견되었다. 입력된 내용을 확인하여 정정하시오. (6점)

1. 8월 10일 이자수익 300,000원 중 원천징수세액인 46,200원을 제외한 나머지 금액인 253,800원이 보통예금으로 입금되어 입금된 금액에 대해서만 회계처리 하였다. (원천징수세액은 자산으로 처리하고 하나의 전표로 입력하시오.) (3점)

2. 12월 10일 원재료 매입시 현금으로 지급한 운송비 110,000원(부가가치세 포함)을 신규직원의 실수로 일반전표에 입력하였다. 운송은 일양택배가 하였으며, 별도의 전자세금계산서를 발급받았다. (3점)

문제5 결산정리사항은 다음과 같다. 해당 메뉴에 입력하시오. (9점)

1. 9월 5일에 판매부서에서 사용할 A4용지 10박스를 110,000원(부가가치세 포함)에 구입하고 공급가액인 100,000원에 대하여 소모품으로 회계처리 하였다. 결산일 현재 판매부서에는 A4용지 4박스가 남아 있다. 이에 대한 기말 수정분개를 입력하시오. (3점)

2. 5월 1일 공장화재보험료 1년분(당기 5월 1일 ~ 차기 4월 30일) 3,600,000원을 보통예금으로 납부하면서 전액 보험료(제조경비)로 회계처리 되어있다(단, 보험료는 월할 계산하며 거래처입력은 생략함). (3점)

3. 기중에 현금시재가 부족하여 현금과부족으로 계상하였던 차변금액 20,000원에 대하여 결산일 현재에도 그 차이원인을 알 수 없어 당기 비용(영업외비용)으로 처리하였다. (3점)

문제6 다음 사항을 조회하여 답안을 [이론문제 답안작성] 메뉴에 입력하시오. (9점)

1. 제1기 확정신고기간(4월 ~ 6월)의 차가감하여 납부할 부가가치세액은 얼마인가? (단, 제1기 예정신고기간(1월 ~ 3월)의 부가가치세 예정신고미환급세액은 2,000,000원이 있다.) (3점)

2. 상반기(1월 ~ 6월) 중 접대비(판)가 가장 많이 발생한 월과 그 월의 접대비 금액은 얼마인가? (3점)

3. 6월말 현재 유동부채는 전월말 대비 얼마가 증가(또는 감소)되었는가? 단, 양수로 입력하시오. (3점)

✓ 이론시험 답안 및 해설 (제97회)

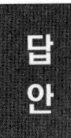

1. ②	2. ①	3. ①	4. ①	5. ③
6. ③	7. ③	8. ④	9. ④	10. ③
11. ④	12. ③	13. ④	14. ③	15. ②

01 자산의 감소는 대변요소이다.

[해설] 거래요소의 결합관계
   (차변) 자산의 증가 ××× / (대변) 자산의 감소 ×××
   (차변) 부채의 감소 ××× / (대변) 부채의 증가 ×××
   (차변) 자본의 감소 ××× / (대변) 자본의 증가 ×××
   (차변) 비용의 발생 ××× / (대변) 수익의 발생 ×××

02 예수금은 유동부채로 분류되고, 나머지는 비유동부채로 분류된다.

03 현금및현금성자산은 현금(통화, 통화대용증권)과 예금(당좌예금, 보통예금) 및 현금성자산(취득 당시 만기일이 3개월 이내인 금융상품)으로 한다. 우편환은 통화대용증권에 해당한다.

   통화 + 우편환 + 단기금융상품 = 현금및현금성자산
   └ 303,000 + 6,000 + 150,000 = 459,000원

04 정률법 연 감가상각비 : 미상각잔액 × 정률
   └ 3,750,000 × 0.451 = 1,691,250원

05 내부적으로 창출한 영업권은 원가를 신뢰성 있게 측정할 수 없을 뿐만 아니라 기업이 통제하고 있는 식별가능한 자원도 아니기 때문에 무형자산으로 인식하지 않는다. 전세권은 기타비유동자산에 해당한다.

06 우발부채는 충당부채에 포함되지 않으며, 재무상태표에 부채로 인식하지 않는다.

[해설] 일반기업회계기준 제14장 충당부채, 우발부채 및 우발자산
   14.4 충당부채는 다음의 요건을 모두 충족하는 경우에 인식한다.
      (1) 과거사건이나 거래의 결과로 현재의무가 존재한다.
      (2) 당해 의무를 이행하기 위하여 자원이 유출될 가능성이 매우 높다.
      (3) 그 의무의 이행에 소요되는 금액을 신뢰성 있게 추정할 수 있다.

14.5 우발부채는 부채로 인식하지 아니한다. 의무를 이행하기 위하여 자원이 유출될 가능성이 아주 낮지 않는 한, 우발부채를 주석에 기재한다.

07 주식을 할증발행하는 경우에 발행가액이 액면가액을 초과하는 부분은 주식발행초과금으로 자본잉여금에 해당한다.

08 총수익(300,000) - 총비용(240,000) = 순이익 60,000원

기초자본(160,000) + 순이익(60,000) = 기말자본 220,000원

기말부채(450,000) + 기말자본(220,000) = 기말자산 670,000원

09 원가는 제품 및 부문에의 추적가능성에 따라 직접비(직접재료비, 직접노무비, 직접제조경비)와 간접비(간접재료비, 간접노무비, 간접제조경비)로 분류하고

[해설] ④ 원가는 발생형태에 따라 재료비, 노무비, 제조경비로 분류한다.

10 직접재료비(400,000) + 직접노무비(250,000) = 기초원가 650,000원

직접노무비 + 제조간접비(간접재료비, 공장전력비, 공장건물 임차료) = 가공원가
└ 250,000 + (50,000 + 150,000 + 50,000) = 500,000원

직접재료비(400,000) + 가공원가(500,000) = 당기총제조원가 900,000원

11 개별원가계산의 핵심과제는 제조간접비의 배부이고, 종합원가계산의 핵심과제는 완성품환산량의 계산이다

12 [1] 물량흐름 파악(평균법)

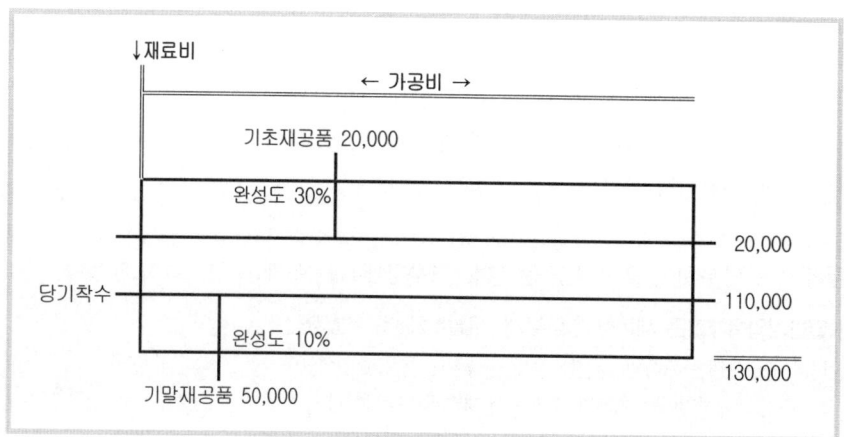

[2] 완성품환산량 계산

　　가공비 : 당 기 완성 : 130,000개 (기초재공품 20,000개 + 당기착수 110,000개)
　　　　　　기말재공품 :   5,000개 (50,000개 × 10%)
　　　　　　합　　　계 : 135,000개

13 부가가치세의 과세대상은 크게 재화와 용역의 공급 그리고 재화의 수입으로 구분된다.

14 c. 매매계약에 의한 재화의 인도는 재화의 실질적 공급이고, d. 폐업시 잔존재화는 재화의 간주공급이다.

　[해설] 재화의 공급으로 보지 않는 경우
　　① 재화를 담보로 제공하는 것 : 질권·저당권 또는 양도담보의 목적으로 동산·부동산 및 부동산상의 권리를 제공하는 것은 재화의 공급으로 보지 않는다.
　　② 사업을 양도하는 것 : 사업장별로 그 사업에 관한 모든 권리와 의무를 포괄적으로 승계시키는 것은 재화의 공급으로 보지 않는다.
　　③ 법률에 따라 조세를 물납하는 것 : 사업용 자산을 상속세및증여세법·지방세법 및 종합부동산세법에 따라 물납하는 것은 재화의 공급으로 보지 않는다.
　　④ 국세징수법에 따른 공매, 민사집행법에 따른 경매에 따라 재화를 인도하거나 양도하는 것은 재화의 공급으로 보지 않는다.

15 부도발생일로부터 6개월 이상 지난 수표 또는 어음상의 채권 및 중소기업의 외상매출금은 대손세액공제 대상이다.

실무시험 답안 및 해설 (제97회)

문제1 기초정보관리

1. 거래처등록
[기초정보관리]>[거래처등록]에서 『일반거래처』 탭을 선택하고, 코드 1056번으로 거래처를 등록한다.

2. 거래처별 초기이월
[전기분재무제표]>[거래처별초기이월]에서 화면 좌측에 "받을어음·미지급금"을 각각 선택하고, 화면 우측에 다음과 같이 입력한다.
 ① 받을어음 : 106.㈜송강산업 300,000원 ➡ 3,000,000원으로 수정 입력
     115.㈜강림상사 2,800,000원 ➡ 12,800,000원으로 수정 입력
 ② 미지급금 : 158.㈜더라벨 6,100,000원 ➡ 3,600,000원으로 수정 입력
     203.㈜통진흥업 2,500,000원 추가 입력

3. 전기이월작업
 ① [전기분원가명세서]에서 [511.복리후생비]란을 8,300,000원으로 수정 입력하고, [당기제품제조원가]란 439,400,000원을 확인한다.
 ② [전기분손익계산서]에서 [455.제품매출원가]란에 커서를 놓고 키보드의 Enter↵ 키를 치고 「매출원가」 보조창의 [당기제품제조원가]란을 439,400,000원으로 수정 입력한다. [811.복리후생비]란을 7,400,000원으로 수정 입력하고, [당기순이익]란 29,479,000원을 확인한다.
 ③ [전기분잉여금처분계산서]에서 [당기순이익]란 29,479,000원을 확인하고, [미처분이익잉여금]란 123,000,000원을 확인한다.
 ④ [전기분재무상태표]에서 [375.이월이익잉여금]란 123,000,000원을 확인한다.

문제2 일반전표입력

1. 7월 7일 : (차) 109.대손충당금   5,000,000 / (대) 108.외상매출금   12,000,000
     (차) 835.대손상각비   7,000,000   (거래처 : ㈜달라일러)

2. 7월 15일 : (차) 110.받을어음   5,000,000   / (대) 108.외상매출금   6,500,000
           (거래처 : ㈜희망기계)   (거래처 : ㈜희망기계)
       (차) 103.보통예금   1,500,000

3. 7월 20일 : (차) 103.보통예금   11,500,000   / (대) 383.자기주식   12,000,000
       (차) 343.자기주식처분이익   300,000
       (차) 390.자기주식처분손실   200,000

   [해설] 자기주식처분손실 발생시에 장부상 자기주식처분이익 계정 잔액이 존재하는 경우에는 자기주식처분이익
        의 범위내에서 자기주식처분이익과 우선 상계한다.

4. 8월 5일 : (차) 202.건물   160,000,000   / (대) 331.자본금   100,000,000
                                                       (대) 341.주식발행초과금   60,000,000

   [해설] 현물을 제공받고 주식을 발행한 경우에는 제공받은 현물의 공정가치를 주식의 발행금액으로 한다. 다만,
        이 문제에서는 제공받은 현물(건물)의 공정가치를 제시해 주지 않았기 때문에, 발행시점의 공정가액을
        주식의 발행금액으로 할 수밖에 없는 문제가 된다.

5. 11월 19일 : (차) 805.잡급   120,000   / (대) 101.현금   120,000

   [출제위원] 일용근로자에게 일당을 지급한 것은 상시근로자에 대한 급여가 아니므로 급여로 회계처리하지 않습니다.
           또한 홍보물을 배포하기 위한 것이기는 하지만 "배포"라는 행위에 대한 인건비 성격이므로 광고선전비가
           아니라 잡급이라는 인건비 계정과목을 사용하는 것이 타당합니다.

6. 12월 5일 : (차) 806.퇴직급여   5,300,000   / (대) 103.보통예금   5,300,000

문제3 매입매출전표입력

1. 8월 3일 : 유형(53.면세)/ 품목(관리비)/ 수량( )/ 단가( )/ 공급가액(30,000)/ 부가세( ) / 공
   급처명(㈜에이스오피스텔)/ 전자(1 : 여)/ 분개(3.혼합)
   (차변) 837.건물관리비   30,000
   (대변) 103.보통예금   30,000

2. 8월 21일 : 유형(11.과세)/ 품목(기계장치)/ 수량( )/ 단가( )/ 공급가액(2,000,000)/ 부가세
   (200,000)/ 공급처명(㈜한국자원)/ 전자(1 : 여)/ 분개(3.혼합)
   (대변) 255.부가세예수금   200,000
   (대변) 206.기계장치   80,000,000
   (차변) 207.감가상각누계액   77,000,000
   (차변) 120.미수금   2,200,000
   (차변) 970.유형자산처분손실   1,000,000

3. 10월 15일 : 유형(51.과세)/ 품목(A원재료)/ 수량(100)/ 단가(33,000)/ 공급가액(3,300,000)/ 부가세(330,000)/ 공급처명(㈜무릉)/ 전자(1 : 여)/ 분개(3.혼합)
   (차변) 135.부가세대급금   330,000
   (차변) 153.원재료   3,300,000
   (대변) 102.당좌예금   1,000,000
   (대변) 251.외상매입금   2,630,000

4. 11월 30일 : 유형(54.불공)/ 품목(임차료)/ 수량( )/ 단가( )/ 공급가액(600,000)/ 부가세(60,000)/ 공급처명(㈜렌트)/ 전자(1 : 여)/ 불공제사유(3)/ 분개(3.혼합)
   (차변) 819.임차료   660,000
   (대변) 253.미지급금   660,000
   [해설] 비영업용 소형승용자동차의 구입과 임차 및 유지비용은 매입세액이 공제되지 않는다.

5. 12월 12일 : 유형(12.영세)/ 품목(C제품)/ 수량(100)/ 단가(150,000)/ 공급가액(15,000,000)/ 부가세( )/ 공급처명(유성산업㈜)/ 전자(1 : 여)/ 영세율구분(3)/ 분개(2.외상)
   (차변) 108.외상매출금   15,000,000
   (대변) 404.제품매출   15,000,000

6. 12월 30일 : 유형(55.수입)/ 품목(원재료)/ 수량( )/ 단가( )/ 공급가액(40,000,000)/ 부가세(4,000,000)/ 공급처명(인천세관)/ 전자(1 : 여)/ 분개(3.혼합)
   (차변) 135.부가세대급금   4,000,000
   (대변) 102.당좌예금   4,000,000

 문제4 오류수정

1. [전표입력]>[일반전표입력]에서 8월 10일 전표를 다음과 같이 수정 입력한다.
   수정 전 : (차) 103.보통예금   253,800 / (대) 901.이자수익   253,800

   수정 후 : (차) 103.보통예금   253,800 / (대) 901.이자수익   300,000
            (차) 136.선납세금   46,200

2. [매입매출전표입력]에서 다음과 같이 추가 입력하고, [일반전표입력]에서 12월 10일 잘못 입력된 전표를 삭제한다.
   12월 10일 : 유형(51.과세)/ 품목(운송비)/ 수량( )/ 단가( )/ 공급가액(100,000)/ 부가세(10,000)/ 공급처명(일양택배)/ 전자(1 : 여)/ 분개(1.현금)
   (출금) 135.부가세대급금   10,000
   (출금) 153.원재료   100,000

문제5 결산정리

1단계 [일반전표입력] 메뉴에서 수동분개
[전표입력]>[일반전표입력]에서 결산일자(12월 31일)로 수동분개를 한다.

1. 12월 31일 : (차) 830.소모품비   60,000 / (대) 173.소모품   60,000

2. 12월 31일 : (차) 133.선급비용   1,200,000 / (대) 521.보험료   1,200,000
   [해설] 보험료 선급분 : 3,600,000 × (차기 4개월/총 12개월) = 1,200,000원

3. 12월 31일 : (차) 980.잡손실   20,000 / (대) 141.현금과부족   20,000

2단계 [결산자료입력] 메뉴에서 해당란에 입력
– 입력할 내용은 없음 –

3단계 [일반전표입력] 메뉴에 결산분개 추가
입력이 완료되면 상단 툴바의 F3 전표추가 를 클릭하고 대화창에서 예(Y) 를 클릭하여, [일반전표입력]에 결산분개를 추가한다.

[해설] [결산자료입력] 메뉴에 추가로 입력할 내용이 없는 경우 2단계와 3단계는 채점대상이 아니므로 생략가능하다.

문제6 장부조회

1. [부가가치]>[신고서/부속명세]>[부가가치세신고서]에서 『일반과세』 탭을 선택하고 조회기간(4월 1일 ~ 6월 30일)을 입력하고 [납부(환급)세액]란의 금액을 확인한다.

   ◉ 답안 : 2,377,100원

   [해설] 납부(환급)세액(4,377,100) – 예정신고미환급세액(2,000,000) = 2,377,100원

2. [장부관리]>[총계정원장]에서 『월별』 탭을 선택하고 기간(1월 1일 ~ 6월 30일)/ 계정과목(813.접대비 ~ 813.접대비)을 입력하고 [차변]란의 금액을 확인한다.

   ◉ 답안 : 5월, 3,425,000원

3. [결산/재무제표]>[재무상태표]에서 기간(6월과 5월)을 각각 입력하고 제 7(당)기의 [유동부채]란의 금액을 확인한다.

> 😊 답안 : 79,444,000원

[해설] 6월말 유동부채(413,682,300) − 5월말 유동부채(334,238,300) = 79,444,000원

이 론 시 험

다음 문제를 보고 알맞은 것을 골라 [이론문제 답안작성] 메뉴에 입력하시오. (※ 객관식 문항당 2점)

01 다음 중 회계의 기본가정에 대한 설명으로 틀린 것은?
① 계속기업의 가정이란 기업실체는 그 목적과 의무를 이행하기에 충분할 정도로 장기간 존속한다고 가정하는 것을 말한다.
② 기간별 보고의 가정이란 기업실체의 존속기간을 일정한 기간단위로 분할하여 각 기간별 재무제표를 작성하는 것을 말한다.
③ 기업실체의 가정이 도입되는 근본적 이유는 소유주가 투자의 결과로서 당해 기업실체에 대해 갖고 있는 청구권의 크기와 그 변동을 적절히 측정하기 위함이며 소유주와 별도의 회계단위로서 기업실체를 인정하는 것이다.
④ 발생주의회계는 발생기준에 따라 수익과 비용을 인식하는 것이다. 재무상태표, 손익계산서, 자본변동표, 현금흐름표 모두 발생기준에 따라 작성한다.

02 다음 중 재고자산의 평가방법에 대한 설명으로 가장 옳지 않은 것은?
① 개별법은 실제물량 흐름과 원가흐름이 일치하는 평가방법이다.
② 선입선출법을 적용시 기말재고는 최근에 구입한 상품의 원가로 구성된다.
③ 물가가 상승시 선입선출법을 적용하면 평균법에 비해 일반적으로 매출총이익이 작게 계상된다.
④ 평균법은 기초재고자산과 당기에 매입한 상품으로 평균 단위당 원가를 구하여 기말재고자산과 매출원가를 계산하는 것이다.

03 ㈜삼원상회는 11월 1일 단기 시세차익을 목적으로 상장주식 1,000주를 주당 50,000원에 취득하고 취득수수료 2,000,000원을 포함하여 52,000,000원을 현금 결제하였다. 기말 현재 ㈜삼원상회는 이 주식을 그대로 보유하고 있으며, 12월 31일의 공정가치는 주당 55,000원 이었다. 손익계산서에 반영될 단기매매증권평가손익은 얼마인가?
① 평가이익 3,000,000원   ② 평가이익 5,000,000원
③ 평가손실 3,000,000원   ④ 평가손실 5,000,000원

04 내용연수가 5년인 기계장치를 정률법으로 감가상각할 경우, 정액법과 비교하여 1차 연도 감가상각의 결과로 옳은 것은?

① 당기순이익이 작고 유형자산의 장부가액도 작게 표시된다.
② 당기순이익이 작고 유형자산의 장부가액은 크게 표시된다.
③ 당기순이익이 크고 유형자산의 장부가액은 작게 표시된다.
④ 당기순이익이 크고 유형자산의 장부가액도 크게 표시된다.

05 다음은 무형자산과 관련된 내용이다. 틀린 것은?

① 무형자산을 창출하기 위한 내부 프로젝트를 연구단계와 개발단계로 구분할 수 없는 경우에는 그 프로젝트에서 발생한 지출은 모두 개발단계에서 발생한 것으로 본다.
② 연구단계에서 발생한 지출은 미래경제적효익을 창출할 무형자산이 존재한다는 것을 입증할 수 없기 때문에 무형자산으로 인식할 수 없고 발생한 기간의 비용으로 인식한다.
③ 무형자산의 상각기간은 독점적·배타적인 권리를 부여하고 있는 관계 법령이나 계약에 정해진 경우를 제외하고는 20년을 초과할 수 없다.
④ 무형자산은 장기간에 걸쳐 영업활동에 사용할 목적으로 보유하는 물리적 형체가 없는 자산으로서 식별가능하고 기업이 통제하고 있으며 미래경제적 효익이 있는 자산이다.

06 ㈜대동은 ×1년 10월 31일 미국에 있는 JDTEXTILE 회사에 상품 1,000달러를 외상으로 수출하였으며 대금은 ×2년 1월 25일에 보통예금으로 회수하였다. ㈜대동의 결산일은 12월 31일이다. 각 일자별 환율이 다음과 같을 때, 일자별 회계처리로 옳은 것은?

- ×1년 10월 31일 : *1,100원*
- ×1년 12월 31일 : *1,000원*
- ×2년 1월 25일 : *1,200원*

① ×1년 12월 31일 : (차) 외상매출금   100,000원 / (대) 외화환산이익   100,000원
② ×1년 12월 31일 : (차) 외환차손   100,000원 / (대) 외상매출금   100,000원
③ ×2년 1월 25일 : (차) 보통예금   1,200,000원 / (대) 외상매출금   1,000,000원
                                                         외환차익   200,000원
④ ×2년 1월 25일 : (차) 보통예금   1,200,000원 / (대) 외상매출금   1,100,000원
                                                         외화환산손실   100,000원
                                                         외환차익   100,000원

07 다음 중 사채에 대한 설명으로 틀린 것은?

① 인쇄비, 수수료 등 사채발행비용은 영업외비용으로 처리한다.
② 사채할인발행차금은 유효이자율법으로 상각하고 그 금액을 사채이자에 포함한다.
③ 사채할인발행차금과 사채할증발행차금은 유효이자율법에 따라 상각한다.
④ 시장이자율이 액면이자율보다 더 크다면 사채는 할인발행 된다.

08 다음 중 위탁매출의 수익 인식시점으로 올바른 것은?

① 위탁품을 적송한 날
② 수탁자가 위탁품을 받은 날
③ 수탁자가 위탁품을 판매한 날
④ 수탁자가 수수료를 제외하고 판매대금을 송금한 날

09 다음 중 의사결정과 관련된 원가분류에 해당하지 않는 것은?

① 매몰원가 ② 기회원가
③ 관련원가 ④ 변동원가

10 다음 자료에 의해 당기제품제조원가를 계산하면 얼마인가?

• 기초원재료재고	150,000원	• 직접노무비	450,000원
• 기말원재료재고	90,000원	• 제조간접비	300,000원
• 당기원재료매입	230,000원	• 기초재공품재고	200,000원
• 기초제품재고	60,000원	• 기말재공품재고	240,000원

① 290,000원 ② 1,000,000원 ③ 1,040,000원 ④ 1,100,000원

11 제조간접비와 관련한 자료가 다음과 같을 경우 제조간접비 실제발생액은 얼마인가?

• 제조간접비 기계작업시간당 예정배부율 : 300원
• 제조지시서의 기계 작업시간 : 40,000시간
• 제조간접비 과소배부 : 250,000원

① 10,000,000원 ② 11,750,000원 ③ 12,250,000원 ④ 12,500,000원

12 다음 자료를 활용하여 평균법에 의한 재료비의 완성품환산량을 계산하면 얼마인가?

- 기초재공품 : 400개(완성도 60%)
- 당기완성품 : 1,200개
- 재료는 공정초에 전량 투입되고, 가공비는 공정전반에 걸쳐 균등하게 투입된다.
- 당기착수량 : 1,000개
- 기말재공품 : 200개(완성도 40%)

① 재료비 1,000개   ② 재료비 1,040개   ③ 재료비 1,280개   ④ 재료비 1,400개

13 다음 중 부가가치세법상 과세기간에 대한 설명으로 가장 옳지 않은 것은?

① 간이과세자 : 1월 1일부터 12월 31일
② 사업자가 폐업하는 경우 : 폐업일이 속하는 과세기간의 개시일부터 폐업일까지
③ 일반과세자가 간이과세자로 변경되는 경우 : 그 변경 이후 1월 1일부터 12월 31일까지
④ 신규로 사업을 시작하는 경우 : 사업 개시일부터 그 날이 속하는 과세기간의 종료일까지

14 다음 중 부가가치세법상 용역의 공급에 해당하지 않는 것은?

① 건설업의 경우, 건설업자가 건설자재의 전부 또는 일부를 부담하는 것
② 부동산의 매매 또는 그 중개를 사업목적으로 나타내어 부동산을 판매하는 것
③ 산업상·상업상 또는 과학상의 지식·경험 또는 숙련에 관한 정보를 제공하는 것
④ 자기가 주요자재를 전혀 부담하지 아니하고 상대방으로부터 인도받은 재화를 단순히 가공만 해주는 것

15 다음 중 현행 부가가치세법에 대한 설명으로 가장 틀린 것은?

① 신규로 사업을 시작하려는 자는 사업개시일 이전이라도 사업자등록을 신청할 수 있다.
② 사업자등록을 신청하기 전의 매입세액은 원칙적으로 공제되지 않는다.
③ 주사업장총괄납부시 종된 사업장은 부가가치세 신고의무가 없다.
④ 사업자등록의 신청은 사업장 관할 세무서장이 아닌 다른 세무서장에게도 할 수 있다.

실 무 시 험

㈜우도전자(회사코드 : 3971)는 전자제품을 판매하는 중소기업이며, 당기(제8기) 회계기간은 2022.1.1. ~ 2022.12.31.이다. 전산세무회계 수험용 프로그램을 이용하여 다음 물음에 답하시오.

문제1 다음은 기초정보관리 및 전기분 재무제표에 대한 자료이다. 각각의 요구사항에 대하여 답하시오. (10점)

1. [계정과목및적요등록] 메뉴에서 아래의 계정과목에 대한 적요를 등록하시오. (3점)

- 계정과목 : 511(복리후생비)
- 현금적요 9 : 공장 직원 코로나 검사비
- 대체적요 3 : 코로나검사비용 보통예금인출

2. 기존 사업용 신용카드의 유효기간이 만료되어 새로 카드를 발급받았다. 다음의 내용을 [거래처등록] 메뉴에 입력하시오. (3점)

- 코드 : 99608
- 거래처명 : 하나카드
- 유형 : 매입
- 카드번호 : 1411-1580-4211-5227
- 카드종류 : 사업용카드

3. 다음의 자료에 따라 거래처별 초기이월 자료를 검토하여 수정 또는 추가 입력하시오. (4점)

계정과목	거래처	금액
외상매출금	부영산업㈜	14,500,000원
	㈜소망상사	1,500,000원
	신희기업	2,000,000원
지급어음	매미실업	2,000,000원
	㈜인천전자	3,500,000원
	명성전기	19,500,000원

문제2 다음 거래 자료를 [일반전표입력] 메뉴에 추가 입력하시오(일반전표입력의 모든 거래는 부가가치세를 고려하지 말 것). (18점)

1. 7월 6일 단기 시세차익을 목적으로 5월 6일 주당 14,000원에 구입하였던 ㈜헤라의 상장주식 1,000주를 주당 17,000원에 처분하고 대금은 보통예금으로 수령하였다. (3점)

2. 8월 6일 영업부 직원 이성실씨에게 3일간 지방출장에서 사용할 비용 500,000원을 현금으로 지급하였다(단, 해당 출장비는 복귀 후에 정산할 예정이므로 임시 계정과목을 사용하며 거래처 입력은 생략함). (3점)

3. 8월 8일 선우상사에게 상품 4,000,000원을 주문하면서 계약금으로 1,000,000원을 당좌수표를 발행하여 지급하였다. (3점) (수정)

4. 9월 20일 보통예금계좌에 이자수익 1,200,000원이 발생하였다. 원천징수세액을 제외한 나머지 금액이 당사의 보통예금통장에 입금되었다. 원천징수세액은 184,800원이고 자산으로 처리한다. (3점)

5. 10월 25일 운영자금의 목적으로 사채(액면가액 : 10,000,000원, 상환기간 : 3년, 발행가액 : 9,500,000원)를 발행하고 납입금은 보통예금으로 입금되었다. (3점)

6. 10월 30일 하나은행으로부터 5년 후 상환조건으로 100,000,000원을 차입하고, 보통예금계좌로 입금받았다. (3점)

문제3 다음 거래 자료를 [매입매출전표입력] 메뉴에 입력하시오. (18점)

1. 7월 15일 상원상사에 제품을 판매하고 다음과 같이 전자세금계산서를 발급하였다. (단, 상원상사가 발행한 어음의 만기일은 3개월 내이다.) (3점)

전자세금계산서(공급자 보관용)						승인번호		xxxxxxxxx	
공급자	등록번호	104-86-40536			공급받는자	등록번호	203-01-23142		
	상호(법인명)	㈜우도전자	성명(대표자)	박현지		상호(법인명)	㈜상원상사	성명(대표자)	김상원
	사업장주소	전북 전주시 덕진구 가리내로 5				사업장주소	서울시 영등포구 양평로 5 상원빌딩		
	업태	제조	종목	전자제품		업태	도매업	종목	컴퓨터
	이메일					이메일			
작성일자		공급가액		세액		수정사유			
20□. 7. 15.		12,000,000		1,200,000					
월	일	품목	규격	수량	단가	공급가액	세액	비고	
7	15	전자부품				12,000,000	1,200,000		
합계금액		현금		수표		어음	외상미수금	이 금액을 영수 청구 함	
13,200,000						13,200,000			

2. 8월 5일 해외거래처로부터 원재료를 수입하면서 부산세관에 부가가치세 1,800,000원(공급가액 18,000,000원)을 보통예금통장으로 납부하고 전자수입세금계산서를 교부받았다. (3점)

3. 8월 30일 영업팀에서 사용하던 비품인 에어컨(취득가액 5,000,000원, 처분시 감가상각누계액 2,000,000원)을 ㈜여름닷컴에 500,000원(부가가치세 별도)에 처분하고 전자세금계산서를 발급하였다. 대금은 현금으로 받았다. (처분일까지의 감가상각에 대한 회계처리는 별도로 하지 않는다.) (3점)

4. 9월 7일 비사업자인 정지수에게 제품을 판매하고 대금 110,000원(부가가치세 포함)은 현금으로 받고 현금영수증을 발급하였다. (3점)

5. 10월 7일 ㈜명장으로부터 기계장치에 대한 대대적인 수선을 통해 생산능력 향상과 내용연수 증가를 가져왔으며, 수선 관련 비용 5,500,000원(부가가치세 포함)을 국민카드로 결제하여 지급하고 카드영수증을 정상적으로 수취하였다. (3점)

6. 10월 25일 마동화원으로부터 제조부 직원의 결혼 축하 화환을 100,000원에 구입하면서 보통예금계좌에서 이체하여 지급하다. 단, 대금이체 후 전자계산서를 마동화원으로 부터 정상적으로 수취하였다. (3점)

문제4 [일반전표입력] 및 [매입매출전표입력] 메뉴에 입력된 내용 중 다음과 같은 오류가 발견되었다. 입력된 내용을 확인하여 정정하시오. (6점)

1. 9월 11일 보통예금계좌로 입금된 37,000,000원을 전액 외상매출금의 회수로 회계처리 하였으나, 9월 11일 현재 ㈜이오테크의 외상매출금 잔액 10,000,000원을 초과하는 금액은 ㈜이오테크가 당사와 신제품 거래계약을 맺고 계약금을 미리 입금한 것으로 확인되었다. (3점)

2. 10월 13일 소모품비(판매관리비)로 처리한 현금지출액 100,000원은 적십자회비로 확인되었다. (3점)

문제5 결산정리사항은 다음과 같다. 해당 메뉴에 입력하시오. (9점)

1. 기말에 매입채무를 조회한 결과 명성전기로부터 외상매입금 1,100,000원을 면제 받았으나 이를 반영하지 못한 것으로 확인되었다. (3점)

2. 당사는 기말 현재 퇴직급여추계액의 100%를 퇴직급여충당부채로 설정하고 있으며, 기말 현재 퇴직급여추계액 및 당기 설정전 퇴직급여충당부채 잔액은 다음과 같다. (3점)

구분	퇴직급여추계액	퇴직급여충당금부채 설정 전 잔액
제조팀	50,000,000원	25,000,000원
영업팀	40,000,000원	20,000,000원

3. 매출채권(외상매출금, 받을어음) 잔액에 대하여 1%의 대손충당금을 보충법으로 설정하시오. (3점)

문제6 다음 사항을 조회하여 답안을 [이론문제 답안작성] 메뉴에 입력하시오. (9점)

1. 1월부터 3월까지의 누적현금지급액은 얼마인가? (3점)

2. 6월말 현재 외상매출금과 외상매입금의 차액은 얼마인가? (3점)

3. 제1기 확정(4월 ~ 6월) 부가가치세신고서 중 "그 밖의 공제매입세액"의 신용카드 일반매입 공급가액은 얼마인가? (3점)

✓ 이론시험 답안 및 해설 (제97회 특별)

답안

1. ④	2. ③	3. ②	4. ①	5. ①
6. ③	7. ①	8. ③	9. ④	10. ②
11. ③	12. ④	13. ③	14. ②	15. ③

01 재무제표는 발생기준에 따라 작성된다. 다만, 현금흐름표는 발생기준에 따라 작성되지 않는다. (재무회계개념체계 문단66)

[해설] **재무제표의 기본가정**
재무제표는 정보이용자에게 기업의 재무적 정보를 전달하는 보고수단이다. 재무제표는 일정한 가정 하에 작성되며, 그러한 기본가정으로는 기업실체, 계속기업, 기간별보고가 있다.
① 기업실체의 가정 : 기업을 소유주와는 독립적으로 존재하는 회계단위로 간주하고, 이 회계단위의 관점에서 그 경제활동에 대한 재무정보를 측정, 보고하는 것을 말한다.
② 계속기업의 가정 : 기업실체는 그 목적과 의무를 이행하기에 충분할 정도로 장기간 존속한다고 가정하는 것을 말한다.
③ 기간별 보고의 가정 : 기업실체의 존속기간을 일정한 기간 단위로 분할하여 각 기간별로 재무제표를 작성하는 것을 말한다.

02 물가가 상승시 선입선출법을 적용하면 평균법에 비해 일반적으로 매출총이익이 크게 계상된다.

[해설] 물가상승시 매출총이익 크기 : 선입선출법 〉 이동평균법 〉 총평균법 〉 후입선출법

03 기말 공정가치 - 기말 장부가액 = 평가이익
└ (1,000주 × @55,000) - (1,000주 × @50,000) = 5,000,000원

[해설] 단기매매증권의 취득과 직접 관련되는 거래원가(취득수수료)는 당기비용으로 처리한다.

04 정률법이 정액법에 비해 1차연도의 감가상각비가 크다. 따라서 정률법으로 감가상각할 경우 정액법에 비해 당기순이익이 작고, 유형자산의 장부가액도 작게 표시된다.

05 무형자산을 창출하기 위한 내부 프로젝트를 연구단계와 개발단계로 구분할 수 없는 경우에는 그 프로젝트에서 발생한 지출은 모두 연구단계에서 발생한 것으로 본다.

06 ×1년 10월 31일 : (차) 외상매출금   1,100,000원 / (대) 상품매출   1,000,000원
×1년 12월 31일 : (차) 외화환산손실   100,000원 / (대) 외상매출금   100,000원

×2년 1월 25일 : (차) 보통예금　　　1,200,000원　/　(대) 외상매출금　1,000,000원
　　　　　　　　　　　　　　　　　　　　　　　　　외환차익　　 200,000원

[해설] · ×1년 12월 31일 : $1,000 × (1,100 − 1,000) = 외환환산손실 100,000원
　　　· ×2년 1월 25일 : $1,000 × (1,200 − 1,000) = 외환차익 200,000원

07 인쇄비, 수수료 등 사채발행비용은 사채의 발행금액에서 차감한다.

08 위탁자는 수탁자가 해당 재화를 제3자에게 판매한 시점에 수익을 인식한다.

09 변동원가는 원가행태(조업도의 변화에 대하여 어떤 반응을 보이느냐)에 따른 분류에 해당한다.

[해설] 의사결정과의 관련성에 따른 분류
① 매몰원가 : 과거의 의사결정으로부터 이미 발생한 원가로서 현재 또는 미래에 어떤 의사결정을 하더라도 회수할 수 없는 원가를 말한다. 매몰원가는 의사결정에 고려할 필요가 없다.
② 기회원가(기회비용) : 자원을 현재 용도 이외에 다른 용도로 사용했을 경우에 얻을 수 있는 최대금액을 말한다. 즉, 여러 대체안 중에서 어느 하나를 선택함으로 인하여 상실하게 되는 최대의 경제적 효익을 말한다. 기회비용은 의사결정에 고려해야 한다.
③ 관련원가와 비관련원가 : 관련원가란 특정의 의사결정과 직접 관련이 있는 원가로서 의사결정에 영향을 미칠 수 있는 원가를 말하며, 비관련원가란 특정의 의사결정과 직접 관련이 없는 원가로서 의사결정에 영향을 미치지 않는 원가를 말한다.

10 기초원재료재고 + 당기원재료매입 − 기말원재료재고 = 직접재료비
　└ 150,000 + 230,000 − 90,000 = 290,000원

직접재료비 + 직접노무비 + 제조간접비 = 당기총제조원가
　└ 290,000 + 450,000 + 300,000 = 1,040,000원

기초재공품재고 + 당기총제조원가 − 기말재공품재고 = 당기제품제조원가
　└ 200,000 + 1,040,000 − 240,000 = 1,000,000원

11 예정배부액 + 과소배부액 = 제조간접비 실제발생액
(기계작업시간 × 예정배부율) + 과소배부액 = 제조간접비 실제발생액
　└ (40,000시간 × 300원) + 250,000원 = 12,250,000원

12 [1] 물량흐름 파악(평균법)

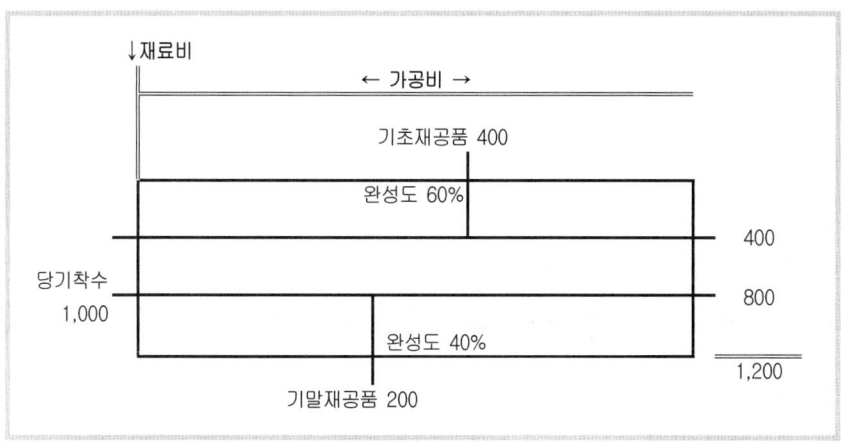

[2] 완성품환산량 계산

재료비 : 당 기 완성 : 1,200개 (기초재공품 400개 + 당기착수 800개)
　　　　 기말재공품 :　 200개
　　　　 합　　 계 : 1,400개

13 일반과세자가 간이과세자로 변경되는 경우 : 그 변경 이후 7월 1일부터 12월 31일까지

[해설] 과세유형의 판정과 적용기간

```
       2021년          2022년         2022년
  ‖――――|――――‖――――|――――‖――――|――――‖
                      7/1            6/30
```

공급대가(2021.1.1. ~ 2021.12.31)
　└ ㉮ 8,000만원 미달 　⇨ 　간이과세 적용(2012.7.1. ~ 2022.6.30)
　└ ㉯ 8,000만원 이상 　⇨ 　일반과세 적용(2012.7.1. ~ 2022.6.30.)

㉮ 과세유형 적용 : 2022.7.1.에 일반과세자에서 간이과세자로 변경된 경우
　└ 2021.1.1. ~ 2021.6.30. : 일반과세자의 과세기간
　└ 2021.7.1. ~ 2021.12.31. : 일반과세자의 과세기간
　└ 2022.1.1. ~ 2022.6.30. : 일반과세자의 과세기간
　└ **2022.7.1. ~ 2022.12.31. : 간이과세자의 과세기간(특례)**

㉯ 과세유형 적용 : 2022.7.1.에 간이과세자에서 일반과세자로 변경된 경우
　└ 2021.1.1. ~ 2021.12.31. : 간이과세자의 과세기간
　└ 2022.1.1. ~ 2022.6.30. : 간이과세자의 과세기간(특례)
　└ 2022.7.1. ~ 2022.12.31. : 일반과세자의 과세기간

14 건설업과 부동산업 중 다음 중 어느 하나에 해당하는 사업은 재화를 공급하는 사업으로 본다.

㉠ 부동산 매매 또는 그 중개를 사업목적으로 나타내어 부동산을 판매하는 사업
㉡ 사업상 목적으로 1과세기간 중에 1회 이상 부동산을 취득하고 2회 이상 판매하는 사업

15 주사업장총괄납부시 종된 사업장은 부가가치세 납부의무가 없으나 신고의무는 있다.

실무시험 답안 및 해설 (제97회 특별)

문제1 기초정보관리

1. 계정과목 및 적요등록
[기초정보관리]>[계정과목및적요등록]에서 "511.복리후생비"를 선택하고, 화면 우측에
㉠ 적요No(9)/ 현금적요(공장 직원 코로나 검사비)를 입력하고,
㉡ 적요No(3)/ 대체적요(코로나 검사비용 보통예금인출)를 입력한다.

2. 거래처등록
[거래처등록]에서 『신용카드』 탭을 선택하고, 코드 99608번으로 거래처를 등록한다.

3. 거래처별 초기이월
[전기분재무제표]>[거래처별초기이월]에서 화면 좌측에 "외상매출금・지급어음"을 각각 선택하고, 화면 우측에 다음과 같이 입력한다.
① 외상매출금 : 128.㈜소망상사 3,500,000원 ➡ 1,500,000원으로 수정 입력
　　　　　　　　167.신희기업 2,000,000원 추가 입력
② 지급어음 : 136.매매실업 1,000,000원 ➡ 2,000,000원으로 수정 입력
　　　　　　　133.㈜인천전자 4,500,000원 ➡ 3,500,000원으로 수정 입력

문제2 일반전표입력

1. 7월 6일 : (차) 103.보통예금　　　17,000,000　/　(대) 107.단기매매증권　14,000,000
　　　　　　　　　　　　　　　　　　　　　　　　　　　(대) 906.단기매매증권처분이익　3,000,000

2. 8월 6일 : (차) 134.가지급금　　　500,000　/　(대) 101.현금　　　500,000

3. 8월 8일 : (차) 131.선급금   1,000,000 / (대) 102.당좌예금   1,000,000
        (거래처 : 선우상사)

4. 9월 20일 : (차) 136.선납세금   184,800 / (대) 901.이자수익   1,200,000
         (차) 103.보통예금   1,015,200

5. 10월 25일 : (차) 103.보통예금   9,500,000 / (대) 291.사채   10,000,000
          (차) 292.사채할인발행차금   500,000

6. 10월 30일 : (차) 103.보통예금   100,000,000 / (대) 293.장기차입금   100,000,000
                                                       (거래처 : 하나은행)

문제3 매입매출전표입력

1. 7월 15일 : 유형(11.과세)/ 품목(전자부품)/ 수량( )/ 단가( )/ 공급가액(12,000,000)/ 부가세(1,200,000)/ 공급처명(상원상사)/ 전자(1 : 여)/ 분개(3.혼합)
   (대변) 255.부가세예수금   1,200,000
   (대변) 404.제품매출   12,000,000
   (차변) 110.받을어음   13,200,000

2. 8월 5일 : 유형(55.수입)/ 품목(원재료)/ 수량( )/ 단가( )/ 공급가액(18,000,000)/ 부가세(1,800,000)/ 공급처명(부산세관)/ 전자(1 : 여)/ 분개(3.혼합)
   (차변) 135.부가세대급금   1,800,000
   (대변) 103.보통예금   1,800,000

3. 8월 30일 : 유형(11.과세)/ 품목(에어컨)/ 수량( )/ 단가( )/ 공급가액(500,000)/ 부가세(50,000)/ 공급처명(㈜여름닷컴)/ 전자(1 : 여)/ 분개(3.혼합)
   (대변) 255.부가세예수금   50,000
   (대변) 212.비품   5,000,000
   (차변) 213.감가상각누계액   2,000,000
   (차변) 101.현금   550,000
   (차변) 970.유형자산처분손실   2,500,000

4. 9월 7일 : 유형(22.현과)/ 품목(제품)/ 수량( )/ 단가( )/ 공급가액(100,000)/ 부가세(10,000)/ 공급처명(정지수)/ 분개(1.현금)
   (입금) 255.부가세예수금   10,000
   (입금) 404.제품매출   100,000
   [해설] 공급가액란에 공급대가(110,000원)를 입력하면 공급가액과 세액이 자동으로 분리되어 입력된다.

5. 10월 7일 : 유형(57.카과)/ 품목(수선비)/ 수량( )/ 단가( )/ 공급가액(5,000,000)/ 부가세(500,000)/ 공급처명(㈜명장/ 신용카드사(국민카드)/ 분개(3.혼합)
   (차변) 135.부가세대급금   500,000
   (차변) 206.기계장치   5,000,000
   (대변) 253.미지급금   5,500,000   (거래처 : 국민카드)
   [해설] 공급가액란에 공급대가(5,500,000원)를 입력하면 공급가액과 세액이 자동으로 분리되어 입력된다. 미지급금의 거래처를 "국민카드"로 변경한다. 새로운 생산공정의 채택이나 기계부품의 성능개선을 통하여 생산능력 증대, 내용연수 연장, 상당한 원가절감 또는 품질향상을 가져오는 경우에는 자본적 지출로 처리한다.

6. 10월 25일 : 유형(53.면세)/ 품목(화환)/ 수량( )/ 단가( )/ 공급가액(100,000)/ 부가세( )/ 공급처명(마동화원)/ 전자(1 : 여)/ 분개(3.혼합)
   (차변) 511.복리후생비   100,000
   (대변) 103.보통예금   100,000

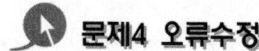 문제4 오류수정

1. [전표입력]>[일반전표입력]에서 9월 11일 전표를 다음과 같이 수정 입력한다.
   수정 전 : (차) 103.보통예금   37,000,000   / (대) 108.외상매출금   37,000,000
                                                        (거래처 : ㈜이오테크)

   수정 후 : (차) 103.보통예금   37,000,000   / (대) 108.외상매출금   10,000,000
                                                        (거래처 : ㈜이오테크)
                                                  (대) 259.선수금   27,000,000
                                                        (거래처 : ㈜이오테크)

2. [일반전표입력]에서 10월 13일 전표를 다음과 같이 수정 입력한다.
   수정 전 : (차) 830.소모품비   100,000   / (대) 101.현금   100,000

   수정 후 : (차) 953.기부금   100,000   / (대) 101.현금   100,000
   [출제위원] 법령에 따라 납부할 의무가 있는 공과금인 경우에 세금과공과로 회계처리 하는데, 적십자회비는 적십자 회원인 경우에 적십자 회비를 납부하고 있으며, 일반인이 의무적으로 납부할 의무는 없습니다. 대한적십자사 단체는 스스로 법정기부금단체임을 표방하고 있습니다. 최근 기부금 관련 체제개편이 이루어졌고, 대한적십자사에서 회비를 납부한 자에게 기부금영수증을 발급하는 것으로 안내하고 있습니다. 즉, 적십자회원이 적십자 회비를 납부한 경우에 기부금영수증을 발급하고 있는 것입니다. 따라서 기부금으로 회계처리 하여야 정답으로 인정합니다.

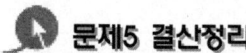 문제5 결산정리

1단계 [일반전표입력] 메뉴에서 수동분개

[전표입력]>[일반전표입력]에서 결산일자(12월 31일)로 수동분개를 한다.

12월 31일 : (차) 251.외상매입금　　1,100,000　　/　　(대) 918.채무면제이익　　1,000,000
　　　　　　(거래처 : 명성전기)

2단계 [결산자료입력] 메뉴에서 해당란에 입력

[결산/재무제표]>[결산자료입력]에서 기간(1월 ~ 12월)을 입력한다.

▶ 퇴직급여(전입액) : 25,000,000원 ☞(제조팀)

[해설] 제조팀 : 50,000,000 - 25,000,000 = 25,000,000원

▶ 퇴직급여(전입액) : 20,000,000원 ☞(영업팀)

[해설] 영업팀 : 40,000,000 - 20,000,000 = 20,000,000원

▶ 대손상각 : [외상매출금 1,087,070원] [받을어음 291,500원] ☞(대손충당금)

[해설] [결산/재무제표]>[합계잔액시산표]에서 기간(12월 31일)을 입력하고 대손충당금 추가 설정액을 계산한다. 또는 상단 툴바의 F8 대손상각 을 클릭하여 입력할 수 도 있다.
① 외상매출금 : (126,707,000 × 1%) - 180,000 = 1,087,070원
② 받을어음 : (44,150,000 × 1%) - 150,000 = 291,500원

3단계 [일반전표입력] 메뉴에 결산분개 추가

입력이 완료되면 상단 툴바의 F3 전표추가 를 클릭하고 대화창에서 를 클릭하여, [일반전표입력]에 결산분개를 추가한다.

문제6 장부조회

1. [장부관리]>[현금출납장]에서 『전체』 탭을 선택하고 기간(1월 1일 ~ 3월 31일)을 입력하고 출금의 [누계]란의 금액을 확인한다.

> ◉ 답안 : 48,364,730원

2. [결산/재무제표]>[합계잔액시산표]에서 기간(6월 30일)을 입력하고 외상매출금 계정의 차변 [잔액]란의 금액과 외상매입금 계정의 대변 [잔액]란의 금액을 확인한다.

> ◉ 답안 : 1,479,000원

[해설] 외상매출금(179,837,000) - 외상매입금(178,358,000) = 1,479,000원

③. [부가가치]>[신고서/부속명세]>[부가가치세신고서]에서 『일반과세』 탭을 선택하고 조회기간(4월 1일 ~ 6월 30일)을 입력하고, 14.그 밖의 공제매입세액 [신용카드매출수령금액합계표/ 일반매입(41)]란의 금액을 확인한다.

> 답안 : 600,000원

제 96회 기출문제 (이론+실무)

도전 42.45% 합격률

- 회사코드 : 3960
- 회 사 명 : ㈜소담패션
- 제한시간 : 60분

이 론 시 험

다음 문제를 보고 알맞은 것을 골라 [이론문제 답안작성] 메뉴에 입력하시오. (※ 객관식 문항당 2점)

01 "재무정보가 정보이용자의 의사결정에 유용하기 위해서는 신뢰할 수 있는 정보이어야 한다."는 내용과 가장 거리가 먼 항목은?

① 중립성 ② 비교가능성
③ 검증가능성 ④ 표현의 충실성

02 당기말 결산을 위한 장부마감 전에 다음과 같은 오류사항이 발견되었다. 오류 정리 시 당기순이익에 영향을 미치는 항목은?

① 전기 주식할인발행차금 미상각
② 매도가능증권평가손실 미계상
③ 단기매매증권평가이익 미계상
④ 당기의 기타의대손상각비를 대손상각비로 계상

03 다음 중 일반기업회계기준에 따른 재고자산의 회계처리에 대한 설명으로 옳지 않은 것은?

① 재고자산은 이를 판매하여 수익을 인식한 기간에 매출원가로 인식한다.
② 재고자산의 시가가 장부금액 이하로 하락하여 발생한 평가손실은 재고자산의 장부금액에서 직접 차감한다.
③ 재고자산의 장부상 수량과 실제 수량과의 차이에서 발생하는 감모손실의 경우 정상적으로 발생한 감모손실은 매출원가에 가산한다.
④ 재고자산의 장부상 수량과 실제 수량과의 차이에서 발생하는 감모손실의 경우 비정상적으로 발생한 감모손실은 영업외비용으로 분류한다.

04 다음 중 유형자산의 취득원가에 포함되는 부대비용을 모두 고른 것은?

| a. 설치장소 준비를 위한 지출 | b. 종합부동산세 | c. 자본화 대상인 차입원가 |
| d. 재산세 | | e. 유형자산의 취득과 직접 관련된 취득세 |

① a, e ② c, d ③ b, c, d ④ a, c, e

05 일반기업회계기준에 따르면 무형자산의 창출과정은 연구단계와 개발단계로 구분할 수 있다. 다음 중 개발단계에 속하는 활동의 일반적인 예로 적절하지 않은 것은?

① 새로운 지식을 얻고자 하는 활동
② 생산 전 또는 사용 전의 시작품과 모형을 설계, 제작 및 시험하는 활동
③ 새로운 기술과 관련된 공구, 금형, 주형 등을 설계하는 활동
④ 상업적 생산목적이 아닌 소규모의 시험공장을 설계, 건설 및 가동하는 활동

06 다음은 ㈜은혜상사가 당기에 구입하여 보유하고 있는 단기매매증권이다. 다음 자료에 따라 당기말 재무제표에 표시될 단기매매증권 및 영업외손익은 얼마인가?

- 4월 1일 : ㈜장현테크가 발행한 보통주 200주를 주당 10,000원에 취득하였다.
- 8월 31일 : ㈜장현테크로부터 중간배당금(주당 1,000원)을 수령하였다.
- 12월 31일 : ㈜장현테크의 보통주 시가는 주당 12,000원으로 평가된다.

	단기매매증권	영업외수익		단기매매증권	영업외수익
①	2,400,000원	200,000원	②	2,400,000원	600,000원
③	2,000,000원	200,000원	④	2,000,000원	600,000원

07 다음 (   )안에 들어갈 용어와 해당 계정이 올바르게 짝지어진 항목은?

> 자본항목에서, (   )이란 자본거래에 해당하지만 자본금이나 자본잉여금으로 분류할 수 없는 항목을 말한다.

① 자본조정 : 매도가능증권평가손실
② 자본조정 : 자기주식처분손실
③ 기타포괄손익누계액 : 감자차손
④ 기타포괄손익누계액 : 자기주식처분손실

08 다음 중 재화의 판매로 인한 수익 인식요건이 아닌 것은?

① 재화의 소유에 따른 유의적인 위험과 보상이 구매자에게 이전된다.
② 판매자는 판매한 재화에 대하여, 소유권이 있을 때 통상적으로 행사하는 정도의 관리나 효과적인 통제를 할 수 있다.
③ 수익금액을 신뢰성 있게 측정할 수 있다.
④ 경제적 효익의 유입 가능성이 매우 높다.

09 다음 원가관리회계에 관한 설명 중 가장 거리가 먼 항목은?

① 제품원가계산을 위한 원가정보를 제공한다.
② 경영계획수립과 통제를 위한 원가정보를 제공한다.
③ 예산과 실제 간의 차이분석을 위한 원가정보를 제공한다.
④ 외부 이해관계자들에게 기업분석을 위한 원가정보를 제공한다.

10 다음의 자료를 근거로 매출원가를 계산하면 얼마인가?

• 기초재공품재고액	100,000원	• 당기총제조원가	350,000원
• 기말재공품재고액	130,000원	• 기초제품재고액	300,000원
• 기말제품재고액	280,000원		

① 160,000원　　② 220,000원　　③ 290,000원　　④ 340,000원

11 다음 중 보조부문의 원가를 배부하는 방법과 관련된 내용으로 틀린 것은?

① 직접배부법은 보조부문 상호간의 용역제공관계를 무시하므로 계산이 가장 간단한 방법이다.
② 단계배부법과 상호배부법은 보조부문 상호간의 용역제공관계를 고려한다.
③ 원가계산의 정확성은 상호배부법 〉 단계배부법 〉 직접배부법 순이다.
④ 단일배부율법은 보조부문원가를 변동원가와 고정원가로 구분하여 각각 다른 배부기준을 적용하여 배분한다.

12 다음 중 종합원가계산의 특징으로 옳지 않은 것은?

① 다양한 종류의 제품을 소량 생산하는 경우에 적합한 방법이다.
② 일반적으로 직접원가와 간접원가로 나누어 계산하지 않는다.
③ 기말시점에는 공정별로 재공품이 존재한다.
④ 개별원가계산에 비해 상대적으로 적은 운영비용이 소요된다.

13 부가가치세법상 재화의 공급시기로 옳지 않은 것은?

① 현금판매, 외상판매의 경우 : 재화가 인도되거나 이용가능하게 되는 때
② 무인판매기에 의한 공급 : 무인판매기에서 현금을 인취하는 때
③ 반환조건부 판매, 동의조건부 판매, 그 밖의 조건부 판매의 경우 : 그 조건이 성취되거나 기한이 지나 판매가 확정되는 때
④ 장기할부판매, 완성도기준지급 또는 중간지급조건부로 재화를 공급하는 경우 : 대가의 전부를 실제 받았을 때

14 다음 중 그 공급이 부가가치세 면세대상에 해당하지 않는 것은?

① 토지　　　　　　　　　　　② 복권
③ 신문광고　　　　　　　　　④ 수돗물

15 다음 중 부가가치세법상 세금계산서 제도와 관련한 설명 중 틀린 것은?

① 공급시기가 도래하기 전에 세금계산서를 발급하고 발급일로부터 7일 이내에 대가를 지급받는 경우에는 적법한 세금계산서를 발급한 것으로 본다.
② 세금계산서의 필요적 기재사항의 일부가 기재되지 않은 경우에도 그 효력이 인정된다.
③ 월합계 세금계산서 등의 경우에는 재화 또는 용역의 공급일이 속하는 달의 다음달 10일까지 발급가능하다.
④ 법인사업자는 전자세금계산서 의무발급대상자이다.

실 무 시 험

㈜소담패션(회사코드 : 3960)은 스포츠의류 등을 제조하여 판매하는 중소기업이며, 당기(제7기) 회계기간은 2022.1.1. ~ 2022.12.31.이다. 전산세무회계 수험용 프로그램을 이용하여 다음 물음에 답하시오.

문제1 다음은 기초정보관리 및 전기분 재무제표에 대한 자료이다. 각각의 요구사항에 대하여 답하시오. (10점)

1. 다음 자료를 이용하여 거래처등록의 해당 탭에 추가로 입력하시오. (3점)

- 거래처코드 : 99605
- 카드번호 : 9410-0900-5580-8352
- 카드사명 : 시티카드
- 카드종류 : 사업용카드
- 유형 : 매입
- 사용여부 : 여

2. 다음 계정과목에 대하여 적요를 추가적으로 등록하시오. (3점)

- 코드 : 0819
- 현금적요 : 7. 공기청정기임차료 지급
- 계정과목 : 임차료
- 대체적요 : 7. 공기청정기임차료 미지급

3. 전기분 재무제표를 검토한 결과 다음과 같은 오류가 발견되었다. 모든 전기분 재무제표의 관련된 부분을 수정하시오. (4점)

계정과목	틀린 금액	올바른 금액	내용
운반비(524)	660,000원	6,600,000원	입력오류

문제2 다음 거래 자료를 [일반전표입력] 메뉴에 추가 입력하시오(일반전표입력의 모든 거래는 부가가치세를 고려하지 말 것). (18점)

1. 7월 20일 국민은행에서 당기 8월 30일까지 상환하기로 하고 5,000,000원을 차입하여 즉시 ㈜섬메이의 미지급금 5,000,000원을 지급하였다. (3점)

2. 8월 21일 공장이전을 위해 신축 중이던 건물이 완공되어 취득세 등 관련 소요 공과금 7,500,000원을 보통예금계좌에서 이체 지급하였다. (3점)

3. 8월 30일 국민은행에서 차입한 단기차입금을 상환하기 위하여 보통예금계좌에서 5,000,000원을 국민은행에 이체하였다. (3점)

4. 9월 10일 지난달 영업팀 임직원들에게 급여를 지급하면서 원천징수한 소득세 160,000원을 신용카드(비씨카드)로 납부하였다. (3점)

5. 10월 22일 영통산업에 제품을 판매하면서 발생한 화물운송비 150,000원을 보통예금계좌에서 이체하였다. (3점)

6. 11월 1일 사채 액면총액 20,000,000원, 상환기간 3년, 발행가액 22,000,000원으로 발행하고 납입금은 보통예금에 입금되었다. (3점)

문제3 다음 거래 자료를 [매입매출전표입력] 메뉴에 입력하시오. (18점)

1. 8월 3일 새로 출시한 제품의 홍보를 위하여 판매부서에서 광고대행사인 ㈜블루에게 홍보물(영상콘텐츠) 제작을 의뢰하여 배포하고 전자세금계산서를 발급받았다. 해당 대금 1,100,000원(부가가치세 포함)은 8월 31일에 지급하기로 하였다(미지급금 계정을 사용할 것). (3점)

2. 8월 10일 ㈜삼성상회에 제품을 판매하고 다음의 전자세금계산서를 발급하였다. 대금은 7월 30일에 보통예금으로 수령한 계약금을 제외하고 ㈜삼성상회가 발행한 약속어음(만기: 당기 10월 31일)을 수취하였다. (3점)

전자세금계산서(공급자 보관용)

승인번호	xxxxxxxxx

공급자	등록번호	206-81-95706			공급받는자	등록번호	102-81-42945		
	상호(법인명)	㈜소담패션	성명(대표자)	황희상		상호(법인명)	㈜삼성상회	성명(대표자)	이현희
	사업장주소	경남 고성군 동해면 외산로 592				사업장주소	인천광역시 남동구 구월남로 129		
	업태	제조,도소매	종목	스포츠의류		업태	도매업	종목	의류
	이메일					이메일			

작성일자	공급가액	세액	수정사유
20□. 8. 10.	50,000,000	5,000,000	

월	일	품목	규격	수량	단가	공급가액	세액	비고
8	10	전자부품		10	5,000,000	50,000,000	5,000,000	

합계금액	현금	수표	어음	외상미수금	이 금액을 영수/청구 함
55,000,000	11,000,000		44,000,000		

3. 11월 10일 선적완료한 제품은 미국 소재법인인 ebay에 11월 2일 $10,000에 직수출 하기로 계약한 것이며, 수출대금은 차후에 받기로 하였다. 계약일 시점 기준환율은 $1=1,210원이며, 선적일 시점 기준환율은 $1=1,250원이다. (3점)

4. 11월 20일 경리부의 업무용 도서를 구입하면서 현금을 지급하고 ㈜설영문고로부터 다음과 같이 현금영수증을 발급받았다. (3점)

```
            ㈜설영문고
    116-81-80370              홍지안
서울특별시 서초구 명달로 105
홈페이지 http://www.kacpta.or.kr

          현금(지출증빙)
구매 202□/11/20/15:34  거래번호 : 0026-0107
    상품명           수량         금액
    법인세 조정 실무    1        100,000원

    합 계                       100,000원
    받은금액                    100,000원
```

5. 11월 30일 내국신용장에 의해 수출용 제품에 필요한 원자재(공급가액 : 10,000,000원)를 ㈜현우로부터 매입하고 영세율 전자세금계산서를 발급받았다. 매입금액 전액에 대해 약속어음을 발행(만기 : 당기 12월 31일)하여 지불하였다. (3점)

6. 12월 7일 당사가 생산한 제품(원가 350,000원, 시가 500,000원이며 부가가치세는 제외된 금액임)을 매출 거래처 직원 결혼선물용으로 사용하였다. (3점)

문제4 [일반전표입력] 및 [매입매출전표입력] 메뉴에 입력된 내용 중 다음과 같은 오류가 발견되었다. 입력된 내용을 확인하여 정정하시오. (6점)

1. 8월 3일 매출처 ㈜네오전자의 부도로 외상매출금 잔액 1,100,000원이 회수불능하여 전액 대손상각비로 처리하였는데, 확인 결과 부도시점에 외상매출금에 대한 대손충당금잔액이 800,000원이었던 것으로 확인된다. (3점)

2. 12월 20일 업무용 승용차(모닝, 배기량 1,000cc인 경차임)를 현금으로 구입(11,950,000원, 부가가치세 별도)하면서 과세유형을 불공제로 입력하였다. 원재료 매입으로 되어있는 현재의 전표를 수정하시오. (3점)

차량명	판매가격 (부가가치세 별도)	제조사	구입점	비고
모닝(스탠다드)	11,950,000원	기아자동차㈜	기아차 남양주점 (208-81-56451)	전자세금계산서 수취

문제5 결산정리사항은 다음과 같다. 해당 메뉴에 입력하시오. (9점)

1. 기말 외상매입금 계정 중에는 미국 ABC Ltd.의 외상매입금 3,000,000원(미화 $2,500)이 포함되어 있다(결산일 현재 적용환율 : 1,150원/$). (3점)

2. 당기 6월 1일에 공장 건물 중 일부를 임대(임대기간 : 당기 6월 1일 ~ 차기 5월 31일)하고, 일시에 수령한 12개월분 임대료 50,400,000원을 전액 임대료(영업외수익)로 회계처리 하였다. 월할 계산하시오. (3점)

3. 당해 사업연도 법인세 등은 10,000,000원이다. 법인세의 중간예납세액 6,000,000원(선납세금 계정)을 8월 15일에 납부하였고 나머지 금액에 대해서는 다음연도 3월 31일까지 납부할 예정이다. (3점)

문제6 다음 사항을 조회하여 답안을 [이론문제 답안작성] 메뉴에 입력하시오. (9점)

1. 상반기(1월 ~ 6월) 중 제품매출액이 가장 많은 달과 그 금액은 얼마인가? (3점)

2. 4월말 현재 미지급금이 가장 많은 거래처명과 그 금액은 얼마인가? (3점)

3. 제1기 예정신고기간(1월 ~ 3월) 동안 삐에로패션으로 부터 수취한 매입세금계산서의 매수와 공급가액은 얼마인가? (3점)

이론시험 답안 및 해설 (제96회)

답안					
	1. ②	2. ③	3. ②	4. ④	5. ①
	6. ②	7. ②	8. ②	9. ④	10. ④
	11. ④	12. ①	13. ④	14. ③	15. ②

01 회계정보가 정보이용자의 의사결정에 유용하기 위해서는 신뢰할 수 있는 정보이어야 한다. 신뢰성이란 회계정보가 표현하고자 하는 바를 충실하게 표현하고 있음을 보증하는 정보의 자질을 말한다. 회계정보의 신뢰성은 다음의 요소로 구성된다. 첫째 회계정보는 그 정보가 나타내고자 하는 대상을 충실히 표현하고 있어야 하고(표현의 충실성), 둘째 객관적으로 검증가능 하여야 하며(검증가능성), 셋째 중립적이어야 한다(중립성).

[해설] 기타의 질적특성(비교가능성)
회계정보는 기간별 비교가 가능해야 하고 기업실체간의 비교가능성도 있어야 한다. 즉, 유사한 거래나 사건의 재무적 영향을 측정·보고함에 있어서 기간별로 일관된 회계처리방법을 사용하여야 하며 기업실체 간에도 동일한 회계처리방법을 사용하는 것이 바람직하다.

02 단기매매증권평가이익(영업외수익)을 계상하면 당기순이익이 증가하는 영향을 미친다.

[해설] ① 주식할인발행차금(자본조정)을 상각하면 당기순이익에 영향을 미치지 않는다.
② 매도가능증권평가손실(기타포괄손익누계액)을 계상하면 당기순이익에 영향을 미치지 않는다.
④ 기타의대손상각비(영업외비용)를 대손상각비(판매비와관리비)로 계상하면 당기순이익에 미치는 영향은 없다.

03 재고자산의 시가가 장부금액 이하로 하락하여 발생한 평가손실은 재고자산의 차감계정으로 표시하고 매출원가에 가산한다.

04 b. 종합부동산세와 d. 재산세는 유형자산의 보유 단계에서 발생하는 비용이므로 발생기간의 비용으로 인식한다.

05 새로운 지식을 얻고자 하는 활동은 연구단계에 속하는 활동의 일반적인 예이다.

[해설] 일반기업회계기준 제11장 무형자산
실11.13 연구단계에 속하는 활동의 일반적인 예는 다음과 같다.
(1) 새로운 지식을 얻고자 하는 활동
(2) 연구결과 또는 기타 지식을 탐색, 평가, 최종 선택 및 응용하는 활동
(3) 재료, 장치, 제품, 공정, 시스템, 용역 등에 대한 여러 가지 대체안을 탐색하는 활동

(4) 새롭거나 개선된 재료, 장치, 제품, 공정, 시스템, 용역 등에 대한 여러 가지 대체안을 제안, 설계, 평가 및 최종 선택하는 활동

실11.14 개발단계에 속하는 활동의 일반적인 예는 다음과 같다.
 (1) 생산 전 또는 사용 전의 시작품과 모형을 설계, 제작 및 시험하는 활동
 (2) 새로운 기술과 관련된 공구, 금형, 주형 등을 설계하는 활동
 (3) 상업적 생산목적이 아닌 소규모의 시험공장을 설계, 건설 및 가동하는 활동
 (4) 새롭거나 개선된 재료, 장치, 제품, 공정, 시스템 및 용역 등에 대하여 최종적으로 선정된 안을 설계, 제작 및 시험하는 활동

06   4월 1일 : (차) 단기매매증권   2,000,000   /   (대) 자산   2,000,000
    8월 31일 : (차) 자산   200,000   /   (대) 배당금수익   200,000
    12월 31일 : (차) 단기매매증권   400,000   /   (대) 단기매매증권평가이익   400,000

   [해설] • 200주 × (@12,000 − @10,000) = 단기매매증권평가이익 400,000원
     • 배당금수익(200,000) + 단기매매증권평가이익(400,000) = 영업외수익 600,000원

07 자본조정에 대한 설명으로 주식할인발행차금, 감자차손, 자기주식, 자기주식처분손실, 미교부주식배당금이 자본조정 항목에 해당한다.

08 판매자는 판매한 재화에 대하여 소유권이 있을 때 통상적으로 행사하는 정도의 관리나 효과적인 통제를 할 수 없다.

   [해설] 일반기업회계기준 제16장 수익
    16.10 재화의 판매로 인한 수익은 다음 조건이 모두 충족될 때 인식한다.
    (1) 재화의 소유에 따른 유의적인 위험과 보상이 구매자에게 이전된다.
    (2) 판매자는 판매한 재화에 대하여 소유권이 있을 때 통상적으로 행사하는 정도의 관리나 효과적인 통제를 할 수 없다.
    (3) 수익금액을 신뢰성 있게 측정할 수 있다.
    (4) 경제적 효익의 유입 가능성이 매우 높다.
    (5) 거래와 관련하여 발생했거나 발생할 원가를 신뢰성 있게 측정할 수 있다.

09 원가관리회계의 목적은 특수목적의 보고서를 통해서 기업내부 정보이용자의 의사결정에 유용한 정보를 제공하는 것이다.

10 기초재공품재고액 + 당기총제조원가 − 기말재공품재고액 = 당기제품제조원가
   └ 100,000 + 350,000 − 130,000 = 320,000원

   기초제품재고액 + 당기제품제조원가 − 기말제품재고액 = 매출원가
   └ 300,000 + 320,000 − 280,000 = 340,000원

11. 단일배분율법은 보조부문원가를 변동비와 고정비로 구분하지 않고 모든 원가를 단일배분기준을 사용하여 배분하는 방법이다.

   [해설] 이중배분율법 : 보조부문원가를 변동비와 고정비로 구분하여 각각 별개의 배분기준을 사용하여 배분하는 방법으로서 변동비는 실제사용량을, 고정비는 최대사용가능량을 기준으로 배분하는 방법

12. 다양한 종류의 제품을 소량 생산하는 경우에 적합한 방법은 개별원가계산의 특징이다. 종합원가계산은 단일 종류의 제품을 연속적으로 대량 생산하는 경우에 적용하는 방법이다.

13. 장기할부판매, 완성도기준지급 또는 중간지급조건부로 재화를 공급하는 경우 : 대가의 각 부분을 받기로 한 때

14. 신문광고는 면세대상에서 제외된다.

15. 세금계산서의 필요적 기재사항의 전부 또는 일부가 기재되지 않았거나 그 내용이 사실과 다른 경우에는 세금계산서로서의 그 효력이 인정되지 않는다.

   [해설] ① 사업자가 재화 또는 용역의 공급시기가 되기 전에 세금계산서를 발급하고 그 세금계산서 발급일부터 7일 이내에 대가를 받으면 해당 세금계산서를 발급한 때를 재화 또는 용역의 공급시기로 본다. 따라서 적법하게 세금계산서를 발급한 것으로 본다.

실무시험 답안 및 해설 (제96회)

문제1 기초정보관리

1. 거래처등록
[기초정보관리]>[거래처등록]에서 『신용카드』 탭을 선택하고, 코드 99605번으로 거래처를 등록한다.

2. 계정과목 및 적요등록
[계정과목및적요등록]에서 "819.임차료"를 선택하고, 화면 우측에
㉠ 적요No(7)/ 현금적요(공기청정기임차료 지급)를 입력하고,
㉡ 적요No(7)/ 대체적요(공기청정기임차료 미지급)를 입력한다.

3. 전기이월작업
① [전기분재무제표]>[전기분원가명세서]에서 [524.운반비]란을 6,600,000원으로 수정 입력하고, [당기제품제조원가]란 306,600,000원을 확인한다.
② [전기분손익계산서]에서 [455.제품매출원가]란에 커서를 놓고 키보드의 Enter↵ 키를 치고 「매출원가」 보조창의 [당기제품제조원가]란을 306,600,000원으로 수정 입력한다. 「매출원가」 보조창을 닫고 [당기순이익]란 93,400,000원을 확인한다.
③ [전기분잉여금처분계산서]에서 상단 툴바의 F6 불러오기 를 클릭하고, [당기순이익]란 93,400,000원과 [미처분이익잉여금]란 116,400,000원을 확인한다.
④ [전기분재무상태표]에서 [375.이월이익잉여금]란을 116,400,000원으로 수정 입력한다.

문제2 일반전표입력

1. 7월 20일 : (차) 253.미지급금   5,000,000   /   (대) 260.단기차입금   5,000,000
(거래처 : ㈜섬메이)   (거래처 : 국민은행)

2. 8월 21일 : (차) 202.건물   7,500,000   /   (대) 103.보통예금   7,500,000
[해설] 취득세 등은 취득과 직접 관련되는 원가이므로 자산의 원가에 가산한다.

3. 8월 30일 : (차) 260.단기차입금   5,000,000   /   (대) 103.보통예금   5,000,000
(거래처 : 국민은행)

4. 9월 10일 : (차) 254.예수금 160,000 / (대) 253.미지급금 160,000
                                              (거래처 : 비씨카드)

5. 10월 22일 : (차) 824.운반비 150,000 / (대) 103.보통예금 150,000

6. 11월 1일 : (차) 103.보통예금 22,000,000 / (대) 291.사채 20,000,000
                                                 (대) 313.사채할증발행차금 2,000,000

문제3 매입매출전표입력

1. 8월 3일 : 유형(51.과세)/ 품목(홍보물제작)/ 수량( )/ 단가( )/ 공급가액(1,000,000)/ 부가세(100,000)/ 공급처명(㈜블루)/ 전자(1 : 여)/ 분개(3.혼합)
   (차변) 135.부가세대급금   100,000
   (차변) 833.광고선전비   1,000,000
   (대변) 253.미지급금   1,100,000

2. 8월 10일 : 유형(11.과세)/ 품목(전자부품)/ 수량(10)/ 단가(5,000,000)/ 공급가액(50,000,000)/ 부가세(5,000,000)/ 공급처명(㈜삼성상회)/ 전자(1 : 여)/ 분개(3.혼합)
   (대변) 255.부가세예수금   5,000,000
   (대변) 404.제품매출   50,000,000
   (차변) 259.선수금   11,000,000
   (차변) 110.받을어음   44,000,000
   [해설] [일반전표입력] 7월 30일 전표에서 계약금 11,000,000원이 선수금 계정으로 회계처리된 것을 확인할 수 있다.

3. 11월 10일 : 유형(16.수출)/ 품목(제품)/ 수량( )/ 단가( )/ 공급가액(12,500,000) / 부가세( )/ 공급처명(ebay)/ 영세율구분(1)/ 분개(2.외상)
   (차변) 108.외상매출금   12,500,000
   (대변) 404.제품매출   12,500,000
   [해설] 공급시기 이후에 외국통화 그 밖의 외국환 상태로 보유하거나 지급받는 경우에는 공급시기(선적일)의 기준환율 또는 재정환율에 따라 계산한 금액을 과세표준으로 한다.
   과세표준 : $10,000 × 1,250원/$ = 12,500,000원

4. 11월 20일 : 유형(62.현면)/ 품목(도서)/ 수량( )/ 단가( )/ 공급가액(100,000)/ 부가세( )/ 공급처명(㈜설영문고)/ 분개(1.현금)
   (출금) 826.도서인쇄비   100,000
       (또는 526.도서인쇄비)

5. 11월 30일 : 유형(52.영세)/ 품목(원자재)/ 수량( )/ 단가( )/ 공급가액(10,000,000)/ 부가세( )/ 공급처명(㈜현우)/ 전자(1 : 여)/ 분개(3.혼합)
   (차변) 153.원재료   10,000,000
   (대변) 252.지급어음   10,000,000

6. 12월 7일 : 유형(14.건별)/ 품목(제품)/ 수량( )/ 단가( )/ 공급가액(500,000)/ 부가세(50,000)/ 공급처명( )/ 분개(3.혼합)
   (대변) 255.부가세예수금   50,000
   (대변) 150.제품(적요 : 8.타계정으로 대체액)   350,000
   (차변) 813.접대비   400,000

   [해설] 간주공급의 과세표준은 시가이므로 공급가액란에는 500,000원이 입력되도록 해야 한다. 제품이 판매되지 않고 다른 용도로 사용되었으므로 반드시 적요(8)를 입력하고, 다른 용도로 사용된 제품의 원가를 장부에서 제거한다.

문제4 오류수정

1. [전표입력]>[일반전표입력]에서 8월 3일 전표를 다음과 같이 수정 입력한다.
   수정 전 : (차) 835.대손상각비   1,100,000 / (대) 108.외상매출금   1,100,000
                                                    (거래처 : ㈜네오전자)

   수정 후 : (차) 835.대손상각비   300,000 / (대) 108.외상매출금   1,100,000
            (차) 109.대손충당금   800,000   (거래처 : ㈜네오전자)

2. [매입매출전표입력]에서 12월 20일 전표를 다음과 같이 수정 입력한다.
   수정 전 : 유형(54.불공)/ 품목(모닝(스탠다드))/ 수량( )/ 단가( )/ 공급가액(11,950,000)/ 부가세(1,195,000)/ 공급처명(기아차 남양주점)/ 전자(1 : 여)/ 불공제사유(3)/ 분개(1.현금)
   (출금) 153.원재료   13,145,000

   수정 후 : 유형(51.과세)/ 품목(모닝(스탠다드))/ 수량( )/ 단가( )/ 공급가액(11,950,000)/ 부가세(1,195,000)/ 공급처명(기아차 남양주점)/ 전자(1 : 여)/ 분개(1.현금)
   (출금) 135.부가세대급금   1,195,000
   (출금) 208.차량운반구   11,950,000

   [해설] 배기량 1,000cc 이하인 것은 비영업용 소형승용자동차에 해당하지 않는다.

문제5 결산정리

1단계 [일반전표입력] 메뉴에서 수동분개

[전표입력]>[일반전표입력]에서 결산일자(12월 31일)로 수동분개를 한다.

1. 12월 31일 : (차) 251.외상매입금   125,000 / (대) 910.외화환산이익   125,000
   (거래처 : ABC Ltd.)
   [해설] 3,000,000 - ($2,500 × 1,150/$) = 125,000원(환산이익)

2. 12월 31일 : (차) 904.임대료   21,000,000 / (대) 263.선수수익   21,000,000
   [해설] 기간미경과분 임대료 : 50,400,000 × (차기 5개월/총 12개월) = 21,000,000원

2단계 [결산자료입력] 메뉴에서 해당란에 입력
[결산/재무제표]>[결산자료입력]에서 기간(1월 ~ 12월)을 입력한다.

▶ 법인세등 : [선납세금 6,000,000원] [추가계상액 4,000,000원]

3단계 [일반전표입력] 메뉴에 결산분개 추가
입력이 완료되면 상단 툴바의 [F3 전표추가]를 클릭하고 대화창에서 [예(Y)]를 클릭하여, [일반전표입력]에 결산분개를 추가한다.

문제6 장부조회

1. [장부관리]>[총계정원장]에서 『월별』 탭을 선택하고 기간(1월 1일 ~ 6월 30일)/ 계정과목(404.제품매출 ~ 404.제품매출)을 입력하고 [대변]란의 금액을 확인한다.

   ● 답안 : 5월, 223,800,000원

2. [거래처원장]에서 『잔액』 탭을 선택하고 기간(1월 1일 ~ 4월 30일)/ 계정과목(253.미지급금)/ 거래처(모든 거래처)를 입력하고 [잔액]란의 금액을 확인한다.

   ● 답안 : 남해백화점, 2,200,000원

3. [부가가치]>[신고서/부속명세]>[세금계산서합계표]에서 『매입』 탭을 선택하고 조회기간(1월 ~ 3월)을 입력하고 「전체데이터」 탭의 142.삐에로패션의 [매수]란과 [공급가액]란을 확인한다.

   ● 답안 : 13매, 21,750,000원

memo

특별회차
제 96회 기출문제 (이론+실무)

도전
39.90%
합격률

- 회사코드 : 3961
- 회 사 명 : ㈜한라전자
- 제한시간 : 60분

이 론 시 험

다음 문제를 보고 알맞은 것을 골라 [이론문제 답안작성] 메뉴에 입력하시오. (※ 객관식 문항당 2점)

01 회계상 거래가 발생하면 재무제표의 차변과 대변 양편에 동시에 영향을 미치게 되는데, 이를 나타내는 회계의 특성은 무엇인가?
① 중요성
② 중립성
③ 거래의 이중성
④ 신뢰성

02 회계기간 말에 매출채권 잔액 9,000,000원에 대해 1%의 대손충당금을 설정한다. 대손충당금잔액이 50,000원 있었다고 가정할 경우 분개로 올바른 것은?
① (차) 대손상각비 40,000원 (대) 대손충당금 40,000원
② (차) 대손상각비 40,000원 (대) 매출채권   40,000원
③ (차) 대손상각비 90,000원 (대) 대손충당금 90,000원
④ (차) 대손상각비 90,000원 (대) 매출채권   90,000원

03 다음 중 유형자산의 내용으로 옳지 않은 것은?
① 재화의 생산, 용역의 제공, 타인에 대한 임대 또는 자체적으로 사용할 목적으로 보유하는 물리적 형체가 있는 자산
② 1년을 초과하여 사용할 것이 예상되는 자산
③ 유형자산의 취득시 발생한 매입할인은 취득원가에서 차감하지 않는다.
④ 유형자산의 취득세 등 취득과 직접 관련된 제세공과금은 취득원가에 포함한다.

04 다음 중 부채에 대한 설명으로 옳지 않은 것은?
① 부채는 과거의 거래나 사건의 결과로 현재 기업실체가 부담하고 있고 미래에 자원의 유출 또는 사용이 예상되는 의무이다.
② 부채는 보고기한 후 1년을 기준으로 유동부채와 비유동부채로 분류한다.
③ 정상적인 영업주기 내에 소멸할 것으로 예상되는 매입채무와 미지급비용 등은 보고기간종료일로부터 1년 이내에 결제되지 않더라도 유동부채로 분류한다.
④ 유동성장기부채는 비유동부채로 분류한다.

05 다음 자료는 ×1년도말 재무상태표의 자본과 관련된 자료이다. 이를 바탕으로 ×1년도 이익잉여금의 합계를 구하시오.

• 자본금	10,000,000원	• 자기주식	1,000,000원
• 이익준비금	500,000원	• 임의적립금	200,000원
• 감자차익	2,500,000원	• 주식발행초과금	2,000,000원
• 미처분이익잉여금	3,000,000원		

① 3,500,000원　　② 3,700,000원　　③ 4,700,000원　　④ 6,200,000원

06 다음의 사항을 누락한 경우 ×1년 12월말 당기순이익은 350,000원이었다. 누락된 사항을 모두 정확하게 반영하였을 경우 ×1년 12월말 당기순이익은 얼마인가? 단, 손익의 계산은 월할 계산을 한다.

- 3월 1일 영업부에 대한 1년치 화재보험료 120,000원을 현금으로 납부하면서 전액 비용으로 처리하였으나, 기간미경과에 대한 부분을 결산시점에 회계담당자가 누락하였다.
- 5월 1일 거래처에 1년 후 회수할 목적으로 5,000,000원을 대여하면서 선이자 300,000원을 차감(전액 수익으로 처리)하고 보통예금에서 이체하였으나, 기간미경과분에 대한 이자를 결산시점에 회계담당자가 누락하였다.

① 270,000원　　② 330,000원　　③ 370,000원　　④ 430,000원

07 다음 자료를 이용하여 매출원가를 계산하면 얼마인가?

• 기초상품재고액	3,000,000원	• 당기 총매입액	10,000,000원
• 매입시 운반비	500,000원	• 매입환출및에누리	1,000,000원
• 매입할인액	300,000원	• 기말상품재고액	2,000,000원

① 9,200,000원　　② 10,200,000원　　③ 11,200,000원　　④ 11,800,000원

08 무형자산으로 볼 수 있는 것을 모두 고른 것은?

㉠ 내부적으로 창출한 영업권　　㉡ 특허권　　㉢ 실용신안권　　㉣ 임차보증금

① ㉠, ㉣　　② ㉡, ㉢　　③ ㉡, ㉣　　④ ㉢, ㉣

09 기계장치 1대를 매월 1,000,000원에 임차하여 사용 중이며, 월 최대생산량은 500단위이다. 당월에 생산해야할 물량이 총 800대로 책정되어 추가로 1대의 기계장치를 임차하기로 결정하였다. 이 기계장치에 대한 임차료의 원가행태는 무엇인가?

① 변동원가　　　　　　　　② 준변동원가
③ 고정원가　　　　　　　　④ 준고정원가

10 다음 중 개별원가계산에 대한 설명으로 옳지 않은 것은?

① 다양한 제품을 주문 생산하는 경우에 적합하다.
② 제조지시서별 원가계산표를 통해 원가를 집계한다.
③ 작업별로 원가를 집계함으로 원가계산의 시간과 비용이 절감된다.
④ 생산하기 이전에 수주 작업별 채산성을 검토하여 작업여부를 결정한다.

11 당월 중 제조간접비 발생액은 1,600,000원이고 실제 직접노동시간은 10,000시간이었으며, 이 중 제조지시서 NO.1의 제조에 투입된 시간은 520시간이었다. 회사가 제조간접원가를 직접노동시간에 기준하여 실제 배부하는 경우, 제조지시서 NO.1에 배부될 제조간접원가는 얼마인가?

① 100,000원　　② 83,200원　　③ 80,000원　　④ 40,000원

12 단계배부법을 이용하여 보조부문 제조간접비를 제조부문에 배부하고자 한다. 다음 자료를 이용하여 전력부문에서 연마부문으로 배부될 제조간접비를 계산하면 얼마인가? (단, 전력부문부터 배부할 것)

구 분	제조부문		보조부문	
	조립부문	연마부문	전력부문	포장부문
자기부문별 제조간접비	300,000원	200,000원	300,000원	150,000원
〈 부문별배부율 〉				
전력부문 동력공급(kw)	150	50	–	200
포장부문 용역공급(시간)	20	30	50	–

① 37,500원　　② 75,000원　　③ 150,000원　　④ 180,000원

13 다음 자료에 의해 부가가치세법상 일반과세사업자의 부가가치세 매출세액을 계산하면 얼마인가?

> • 총매출액 10,000,000원이며, 다음과 같이 구성되었다.
>   ㄴ 일반과세매출액 8,000,000원
>   ㄴ 영세율매출액 2,000,000원
> • 매출할인액 1,000,000원이 발생하였는데, 전액 일반과세매출과 관련된 것으로 밝혀졌다.
> • 외상으로 일반과세매출한 금액 중 대손세액공제 120,000원이 발생하였다.

① 580,000원   ② 680,000원   ③ 780,000원   ④ 880,000원

14 다음 중 재화의 공급시기로 옳지 않은 것은?

① 현금판매, 외상판매의 경우 : 재화가 인도되거나 이용가능하게 되는 때
② 내국물품 외국반출, 중계무역방식의 수출 : 수출재화의 선(기)적일
③ 재화의 공급으로 보는 가공의 경우 : 가공이 완료된 때
④ 반환조건부 판매, 동의조건부 판매, 그 밖의 조건부 판매의 경우 : 그 조건이 성취되거나 기한이 지나 판매가 확정되는 때

15 세금계산서의 필요적 기재사항이 아닌 것은?

① 공급하는 사업자의 등록번호와 성명 또는 명칭
② 작성연월일
③ 공급받는 자의 상호, 성명, 주소
④ 공급가액과 부가가치세액

실 무 시 험

㈜한라전자(회사코드 : 3961)은 전자제품을 제조 및 판매하는 중소기업이며, 당기(제10기) 회계기간은 2022.1.1. ~ 2022.12.31.이다. 전산세무회계 수험용 프로그램을 이용하여 다음 물음에 답하시오.

문제1 다음은 기초정보관리 및 전기분 재무제표에 대한 자료이다. 각각의 요구사항에 대하여 답하시오. (10점)

1. 다음 자료를 이용하여 거래처등록의 해당 탭에 추가로 입력하시오. (3점)

- 거래처코드 : 99611
- 카드번호 : 9400-1004-3313-1302
- 결제계좌 : 우리은행 1002-134-334488
- 카드사명 : 우리법인카드
- 유형 : 매입
- 카드종류 : 사업용카드

2. 다음 계정과목에 대하여 적요를 추가적으로 등록하시오. (3점)

- 코드 : 814(통신비)
- 현금적요 : 5. 포스단말기 통신비
- 대체적요 : 3. 인터넷요금 보통예금 인출

3. 전기분 원가명세서의 접대비 8,200,000원 중 4,500,000원은 영업부 접대비인 것으로 판명되었다. 관련 전기분 재무제표를 수정하시오. (4점)

문제2 다음 거래 자료를 [일반전표입력] 메뉴에 추가 입력하시오(일반전표입력의 모든 거래는 부가가치세를 고려하지 말 것). (18점)

1. 7월 8일 ㈜대전에 제품 5,000,000원을 판매하기로 계약하고, 계약금 500,000원을 ㈜대전이 발행한 당좌수표로 받다. (3점)

2. 7월 15일 영업부 직원의 업무역량 향상 교육을 위해 외부강사를 초청하여 교육하고 강사료(교육훈련비) 2,000,000원 중 원천징수세액 66,000원을 제외한 나머지 금액을 보통예금계좌에서 지급하였다. (3점)

3. 7월 31일 임시 주주총회의 결의로 개인 박정석에게 차입하였던 단기차입금 중 일부인 55,000,000원에 대해 채무의 출자전환을 실시하여 신주 10,000주(주당 액면가액 5,000원)를 교부하였다(신주발행에 대한 기타 비용은 없다고 가정할 것). (3점)

4. 8월 26일 당해연도 중 단기시세차익을 목적으로 취득하였던 ㈜삼원의 주식 1,000주(1주당 액면가 500원, 1주당 취득가 1,000원) 전부를 1주당 1,500원에 처분하고 대금은 보통예금으로 수령하였다. (3점)

5. 8월 31일 하나은행으로부터 확정급여형(DB형)퇴직연금의 운용수익 300,000원이 발생하였음을 통보받았다. (3점)

6. 10월 14일 사회공동모금회에 불우이웃돕기성금 2,000,000원을 보통예금통장에서 지급하였다. (3점)

문제3 다음 거래 자료를 [매입매출전표입력] 메뉴에 입력하시오. (18점)

1. 7월 23일 영업팀 사무실에서 사용하는 문구류를 다이소에서 55,000원(부가가치세 포함)에 구입하고 법인의 국민카드로 결제하였다. 부가가치세 매입세액 공제요건은 모두 충족하였다(사무용품비로 회계처리 할 것). (3점)

2. 7월 25일 수출관련 구매확인서에 의해 ㈜예림에 제품(공급가액 50,000,000원)을 공급하고 영세율 전자세금계산서를 발급하였으며 5,000,000원을 현금으로 수령하고 나머지는 외상으로 하였다. 하단의 영세율 구분도 입력하시오. (3점)

3. 8월 4일 경리부에서 사용할 비품을 ㈜현승가구에서 현금으로 구입하면서 아래 지출증빙용 현금영수증을 수령하였다. 동 거래는 부가가치세법상 매입세액공제요건을 충족하였다고 가정한다. (3점)

```
              ㈜현승가구
         121-85-09794          이현승
      서울 송파구 문정동 101-2 TEL : 3289-8085
      홈페이지 http://www.kacpta.or.kr

              현금영수증(지출증빙)
      구매 202□/08/04/17 : 06   거래번호 : 0026-0107
         상품명          수량            금액
           가구           1           7,700,000
        2043655000009
                        과세물품가액     7,000,000
                        부  가  세       700,000
         합  계                       7,700,000
         받은금액                      7,700,000
```

4. 9월 3일 공장부지 토지를 매입하면서 부동산 중개인(황토부동산)에게 중개수수료 (5,400,000원, 부가가치세 별도)를 전액 현금으로 지불하고 전자세금계산서를 수취하였다. (3점)

5. 9월 20일 다잇상사로부터 광고선전 목적으로 명함케이스 100개(@55,000원, 부가가치세 별도)를 외상으로 구입하고, 전자세금계산서를 수취하였다. (3점)

6. 9월 26일 ㈜국제에 공장에서 사용하는 기계장치(취득원가 25,000,000원, 감가상각누계액 15,000,000원)를 6,000,000원(부가가치세 별도)에 매각하면서 전자세금계산서를 발급하였으며, 대금은 ㈜국제가 발행한 약속어음으로 받다. (3점)

문제4 [일반전표입력] 및 [매입매출전표입력] 메뉴에 입력된 내용 중 다음과 같은 오류가 발견되었다. 입력된 내용을 확인하여 정정하시오. (6점)

1. 9월 2일 매출처 ㈜한산상사의 부도로 받을어음 잔액 1,800,000원이 회수불가능하게 되어 전액 대손충당금과 상계하였으나, 확인결과 부도시점에 받을어음에 대한 대손충당금 잔액이 700,000원이었던 것으로 확인되었다. (3점)

2. 9월 3일 제조부서 직원을 위하여 확정급여형(DB형) 퇴직연금에 가입하고 보통예금에서 5,000,000원을 이체하여 불입하였으나, 확정기여형(DC형) 퇴직연금을 납부한 것으로 잘못 회계처리 되었다. (3점)

문제5 결산정리사항은 다음과 같다. 해당 메뉴에 입력하시오. (9점)

1. 국일은행으로부터 차입한 장기차입금 중 20,000,000원이 상환기한이 1년 미만으로 도래하였다. (3점)

2. 9월 1일에 1년분(당기 9월 1일 ~ 차기 8월 31일) 영업부 건물의 임차료 14,400,000원을 한꺼번에 현금으로 지급하고 선급비용(거래처 : 에이스빌딩) 계정으로 차변에 계상하였다. 월할 계산하시오. (3점)

3. 결산일 현재 다음과 같이 제조원가에 반영할 감가상각비를 계상하고자 한다. 단, 고정자산을 등록하지 않고 직접 결산에 반영한다. (3점)

구 분	건물	기계장치	차량운반구
감가상각비	11,500,000원	7,200,000원	3,600,000원

문제6 다음 사항을 조회하여 답안을 [이론문제 답안작성] 메뉴에 입력하시오. (9점)

1. 6월 중 외상으로 제품을 판매한 거래 중 가장 큰 거래처와 그 금액은 얼마인가? (3점)

2. 제1기 예정신고기간(1월 ~ 3월)의 매입세액이 불공제되는 세금계산서의 공급가액은 얼마인가? (3점)

3. 1기 확정(4월 ~ 6월) 부가가치세 신고기간 중 과세표준과 납부세액은 각각 얼마인가? (3점)

이론시험 답안 및 해설 (제96회 특별)

답안					
	1. ③	2. ①	3. ③	4. ④	5. ②
	6. ①	7. ②	8. ②	9. ④	10. ③
	11. ②	12. ①	13. ①	14. ③	15. ③

01 어떤 하나의 거래가 이루어지면 반드시 차변요소와 대변요소가 원인과 결과로서 대립되어 성립하므로 거래는 항상 같은 금액으로 발생하게 된다. 이것을 "거래의 이중성"이라고 하며, 복식부기의 근본원리이다.

02 대손추산액(9,000,000 × 1%) - 대손충당금잔액(50,000) = 40,000원(추가설정액)

03 유형자산의 취득시 매입할인 등이 있는 경우에는 이를 차감하여 취득원가를 산출한다.

04 유동성장기부채는 유동부채로 분류한다.

[해설] 일반기업회계기준 제2장 재무제표의 작성과 표시
2.23 부채는 1년을 기준으로 유동부채와 비유동부채로 분류한다. 다만, 정상적인 영업주기 내에 소멸할 것으로 예상되는 매입채무와 미지급비용 등은 보고기간종료일로부터 1년 이내에 결제되지 않더라도 유동부채로 분류한다. 이 경우 유동부채로 분류한 금액 중 1년 이내에 결제되지 않을 금액을 주석으로 기재한다. 당좌차월, 단기차입금 및 유동성장기차입금 등은 보고기간종료일로부터 1년 이내에 결제되어야 하므로 영업주기와 관계없이 유동부채로 분류한다. 또한 비유동부채 중 보고기간 종료일로부터 1년 이내에 자원의 유출이 예상되는 부분은 유동부채로 분류한다.

05 이익준비금 + 임의적립금 + 미처분이익잉여금 = 이익잉여금
└ 500,000 + 200,000 + 3,000,000 = 3,700,000원

[해설] 감자차익과 주식발행초과금은 자본잉여금에 해당하고, 자기주식은 자본조정에 해당한다.

06 수정 분개 : (차) 선급비용   20,000 / (대) 보험료(순이익 증가)   20,000
수정 분개 : (차) 이자수익(순이익 감소) 100,000 / (대) 선수수익   100,000
당기순이익(350,000) + 보험료 선급분(20,000) - 이자 선수분(100,000) = 270,000원

[해설] • 보험료 선급분 : 120,000 × (차기 2개월/총 12개월) = 20,000원
• 이자수익 선수분 : 300,000 × (차기 4개월/총 12개월) = 100,000원

07 기초상품재고액 + 당기상품매입액 - 기말상품재고액 = 매출원가

기초상품재고액 + (당기 총매입액 + 매입시 운반비 - 매입환출및에누리 - 매입할인) - 기말상품재고액 = 매출원가
  ㄴ 3,000,000 + (10,000,000 + 500,000 - 1,000,000 - 300,000) - 2,000,000 = 10,200,000원

08 ㉠ 내부적으로 창출한 영업권은 원가를 신뢰성 있게 측정할 수 없을 뿐만 아니라 기업이 통제하고 있는 식별가능한 자원도 아니기 때문에 무형자산으로 인식하지 않는다. ㉣ 임차보증금은 기타비유동자산에 해당한다.

09 준고정원가(계단원가)란 일정한 수준의 조업도(관련범위) 범위 내에서는 원가총액이 일정하지만 그 범위를 벗어나면 총원가가 변동하는 형태의 원가를 말한다.

10 각 개별 작업별로 원가를 집계해야 하므로 원가계산의 시간과 비용이 많이 소요된다.

11 제조간접비 총액 ÷ 직접노동 총시간수 = 직접노동시간 1시간당 제조간접비 배부율
  ㄴ 1,600,000 ÷ 10,000시간 = 160원
  No.1의 직접노동시간 × 제조간접비 배부율 = No.1에 배부될 제조간접비
  ㄴ 520시간 × 160원 = 83,200원

12 전력부문 ➡ 조립부문 배부액 : 300,000 × {150 ÷ (150+50+200)} = 112,500원
       ➡ 연마부문 배부액 : 300,000 × {50 ÷ (150+50+200)} = 37,500원
       ➡ 포장부문 배부액 : 300,000 × {200 ÷ (150+50+200)} = 150,000원

13 (일반과세매출액 - 매출할인액) × 10% - 대손세액공제 = 매출세액
  ㄴ (8,000,000 - 1,000,000) × 10% - 120,000 = 580,000원

> [해설] 매출할인액은 과세표준 포함하지 않는 것이므로 일반과세매출액에서 차감하고, 대손세액공제 금액은 매출세액에서 차감한다.

14 재화의 공급으로 보는 가공의 경우 : 가공된 재화를 인도하는 때

15 공급받는 자의 상호, 성명, 주소는 세금계산서의 임의적 기재사항이다.

> [해설] 세금계산서의 필요적 기재사항
> ① 공급하는 사업자의 등록번호와 성명 또는 명칭
> ② 공급받는 자의 등록번호
> ③ 공급가액과 부가가치세액
> ④ 작성 연월일

실무시험 답안 및 해설 (제96회 특별)

문제1 기초정보관리

1. 거래처등록
[기초정보관리]>[거래처등록]에서 『신용카드』 탭을 선택하고, 코드 99611번으로 거래처를 등록한다.

2. 계정과목 및 적요등록
[계정과목및적요등록]에서 "814.통신비"를 선택하고, 화면 우측에
㉠ 적요No(5)/ 현금적요(포스단말기 통신비)를 입력하고,
㉡ 적요No(3)/ 대체적요(인터넷요금 보통예금 인출)를 입력한다.

3. 전기이월작업
① [전기분재무제표]>[전기분원가명세서]에서 [513.접대비]란을 3,700,000원으로 수정 입력하고, [당기제품제조원가]란 356,700,000원을 확인한다.
② [전기분손익계산서]에서 [455.제품매출원가]란에 커서를 놓고 키보드의 Enter↵ 키를 치고 「매출원가」 보조창의 [당기제품제조원가]란을 356,700,000원으로 수정 입력한다. 「매출원가」 보조창을 닫고 [813.접대비]란을 14,500,000원으로 수정 입력하고, [당기순이익]란 65,100,000원을 확인한다.
③ [전기분잉여금처분계산서]에서 [당기순이익]란 65,100,000원을 확인하고, [미처분이익잉여금]란 96,470,000원을 확인한다.
④ [전기분재무상태표]에서 [375.이월이익잉여금]란 96,470,000원을 확인한다.

문제2 일반전표입력

1. 7월 8일 : (차) 101.현금   500,000 / (대) 259.선수금   500,000
                                                    (거래처 : ㈜대전)
[해설] 타인이 발행한 당좌수표는 통화대용증권이므로 현금으로 처리한다.

2. 7월 15일 : (차) 825.교육훈련비   2,000,000 / (대) 254.예수금   66,000
                                              / (대) 103.보통예금   1,934,000

3. 7월 31일 : (차) 260.단기차입금   55,000,000   / (대) 331.자본금   50,000,000
        (거래처 : 박정석)   (대) 341.주식발행초과금   5,000,000

   [해설] 채무의 출자전환으로 주식을 발행하는 경우, 주식의 시가를 초과하여 발행된 금액은 채무면제이익(채무조정이익)으로 하여 영업외수익으로 처리한다. 다만, 본 문제에서는 주식의 시가를 제시하지 않고 있기 때문에 답안은 위와 같다.

4. 8월 26일 : (차) 103.보통예금   1,500,000   / (대) 107.단기매매증권   1,000,000
                                         (대) 906.단기매매증권처분이익   500,000

5. 8월 31일 : (차) 186.퇴직연금운용자산 300,000 / (대) 923.퇴직연금운용수익 300,000
                                         (또는 901.이자수익)

6. 10월 14일 : (차) 953.기부금   2,000,000   / (대) 103.보통예금   2,000,000

문제3 매입매출전표입력

1. 7월 23일 : 유형(57.카과)/ 품목(문구류)/ 수량( )/ 단가( )/ 공급가액(50,000)/ 부가세(5,000)/ 공급처명(다이소)/ 신용카드사(국민카드)/ 분개(3.혼합)
   (차변) 135.부가세대급금   5,000
   (차변) 829.사무용품비   50,000
   (대변) 253.미지급금   55,000   (거래처 : 국민카드)

   [해설] [공급가액]란에 공급대가(55,000원)를 입력하면 공급가액과 세액이 자동으로 분리되어 입력된다. 미지급금의 거래처를 "국민카드"로 변경한다.

2. 7월 25일 : 유형(12.영세)/ 품목(제품)/ 수량( )/ 단가( )/ 공급가액(50,000,000)/ 부가세( )/ 공급처명((주)예림)/ 전자(1 : 여)/ 영세율구분(3)/ 분개(3.혼합)
   (대변) 404.제품매출   50,000,000
   (차변) 101.현금   5,000,000
   (차변) 108.외상매출금   45,000,000

3. 8월 4일 : 유형(61.현과)/ 품목(가구)/ 수량( )/ 단가( )/ 공급가액(7,000,000)/ 부가세(700,000)/ 공급처명((주)현승가구)/ 분개(1.현금)
   (출금) 135.부가세대급금   700,000
   (출금) 212.비품   7,000,000

   [해설] [공급가액]란에 공급대가(7,700,000원)를 입력하면 공급가액과 세액이 자동으로 분리되어 입력된다.

4. 9월 3일 : 유형(54.불공)/ 품목(중개수수료)/ 수량( )/ 단가( )/ 공급가액(5,400,000)/ 부가세(540,000)/ 공급처명(황토부동산)/ 전자(1 : 여)/ 불공제사유(6)/ 분개(1.현금)
   (출금) 201.토지   5,940,000

   [해설] 토지 조성 등을 위한 자본적 지출에 관련된 매입세액으로서 다음 중 어느 하나에 해당하는 것은 공제되지 않는다.
   ① 토지의 취득 및 형질변경, 공장부지 및 택지의 조성 등에 관련된 매입세액
   ② 건축물이 있는 토지를 취득하여 그 건축물을 철거하고 토지만을 사용하는 경우에는 철거한 건축물의 취득 및 철거비용에 관련된 매입세액
   ③ 토지의 가치를 현실적으로 증가시켜 토지의 취득원가를 구성하는 비용에 관련된 매입세액

5. 9월 20일 : 유형(51.과세)/ 품목(명함케이스)/ 수량(100)/ 단가(55,000)/ 공급가액(5,500,000)/ 부가세(550,000)/ 공급처명(다잇상사)/ 전자(1 : 여)/ 분개(3.혼합)
   (차변) 135.부가세대급금   550,000
   (차변) 833.광고선전비   5,500,000
   (대변) 253.미지급금   6,050,000

6. 9월 26일 : 유형(11.과세)/ 품목(기계장치)/ 수량( )/ 단가( )/ 공급가액(6,000,000)/ 부가세(600,000)/ 공급처명(㈜국제)/ 전자(1 : 여)/ 분개(3.혼합)
   (대변) 255.부가세예수금   600,000
   (대변) 206.기계장치   25,000,000
   (차변) 207.감가상각누계액   15,000,000
   (차변) 120.미수금   6,600,000
   (차변) 970.유형자산처분손실 4,000,000

문제4 오류수정

1. [전표입력]>[일반전표입력]에서 9월 2일 전표를 다음과 같이 수정 입력한다.
   수정 전 : (차) 111.대손충당금   1,800,000 / (대) 110.받을어음   1,800,000
                                                      (거래처 : ㈜한산상사)

   수정 후 : (차) 111.대손충당금   700,000 / (대) 110.받을어음   1,800,000
            (차) 835.대손상각비   1,100,000   (거래처 : ㈜한산상사)

2. [일반전표입력]에서 9월 3일 전표를 다음과 같이 수정 입력한다.
   수정 전 : (차) 508.퇴직급여   5,000,000 / (대) 103.보통예금   5,000,000

   수정 후 : (차) 186.퇴직연금운용자산 5,000,000 / (대) 103.보통예금   5,000,000

문제5 결산정리

1단계 [일반전표입력] 메뉴에서 수동분개
[전표입력]>[일반전표입력]에서 결산일자(12월 31일)로 수동분개를 한다.

1. 12월 31일 : (차) 293.장기차입금　　20,000,000　　/　(대) 264.유동성장기부채　20,000,000
　　　　　　　　　(거래처 : 국일은행)　　　　　　　　　　(거래처 : 국일은행)

2. 12월 31일 : (차) 819.임차료　　　　4,800,000　　/　(대) 133.선급비용　　　　4,800,000
　　　　　　　　　　　　　　　　　　　　　　　　　　　　(거래처 : 에이스빌딩)

[해설] 당기분 임차료 : 14,400,000 × (당기 4개월/총 12개월) = 4,800,000원

2단계 [결산자료입력] 메뉴에서 해당란에 입력
[결산/재무제표]>[결산자료입력]에서 기간(1월 ~ 12월)을 입력한다.

▶ 일반감가상각비 : [건물 11,500,000원] [기계장치 7,200,000원] ☞(제조경비)
　　　　　　　　　　[차량운반구 3,600,000원] ☞(제조경비)

3단계 [일반전표입력] 메뉴에 결산분개 추가
입력이 완료되면 상단 툴바의 [F3 전표추가]를 클릭하고 대화창에서 [예(Y)]를 클릭하여, [일반전표입력]에 결산분개를 추가한다.

문제6 장부조회

1. [장부관리]>[거래처원장]에서 『잔액』 탭을 선택하고 기간(6월 1일 ~ 6월 30일)/ 계정과목(108.외상매출금)/ 거래처(모든 거래처)를 입력하고 [차변]란의 금액을 확인한다.

　　😀 답안 : (주)동원금속, 11,000,000원

2. [매입매출장]에서 조회기간(1월 1일 ~ 3월 31일)/ 구분(3.매입)/ 유형(54.불공/⓪전체)을 입력하고 [공급가액]란의 누계를 확인한다.

　　😀 답안 : 100,000원

③. [부가가치]>[신고서/부속명세]>[부가가치세신고서]에서 『일반과세』탭을 선택하고 조회기간(4월 1일 ~ 6월 30일)을 입력하고, 과세표준 및 매출세액 [합계(9)]란의 금액과 [차가감하여 납부할세액(27)]란의 세액을 확인한다.

> ◉ 답안 : 과세표준 189,546,000원, 납부세액 8,030,100원

제 95회 기출문제 (이론+실무)

- 회사코드 : 3950
- 회 사 명 : ㈜옥산테크
- 제한시간 : 60분

도전
42.14%
합격률

이 론 시 험

다음 문제를 보고 알맞은 것을 골라 [이론문제 답안작성] 메뉴에 입력하시오. (※ 객관식 문항당 2점)

01 다음 중 기말 결산과정에서 가장 먼저 수행해야 할 절차는 무엇인가?
① 재무제표의 작성
② 수정전시산표의 작성
③ 기말수정분개
④ 수익·비용계정의 마감

02 다음 자료에 의하여 결산시 재무상태표에 표시되는 현금및현금성자산금액은 얼마인가?

- 국세환급통지서 : 200,000원
- 선일자수표 : 300,000원
- 우편환증서 : 10,000원
- 직원가불금 : 100,000원
- 자기앞수표 : 30,000원
- 취득당시에 만기가 3개월 이내에 도래하는 정기적금 : 500,000원

① 540,000원
② 640,000원
③ 740,000원
④ 1,140,000원

03 다음 자료에 의하여 다음 빈칸에 들어갈 금액은 얼마인가?

대손충당금			
4/30 외상매출금	×××	1/1 전기이월	50,000원
12/31 차기이월	70,000원	12/31 대손상각비	( )
	×××		×××

- 당기 중 회수가 불가능한 것으로 판명되어 대손처리된 외상매출금은 5,000원이다.

① 10,000원
② 15,000원
③ 20,000원
④ 25,000원

04 다음 중 기업회계기준에서 자산을 타인에게 사용하게 함으로써 발생하는 수익의 유형으로 옳지 않은 것은?
① 이자수익
② 배당금수익
③ 로열티수익
④ 상품판매수익

05 다음 중 유형자산의 감가상각비를 계산하기 위한 필수요소가 아닌 것은? (감가상각방법은 정액법으로 가정함)

① 생산량
② 취득원가
③ 내용연수
④ 잔존가치

06 다음 중 무형자산과 관련된 설명으로 옳지 않은 것은?

① 무형자산은 회사가 사용할 목적으로 보유하는 물리적 실체가 없는 비화폐성 자산이다
② 개발비는 개발단계에서 발생하여 미래 경제적 효익을 창출할 것이 기대되는 자산이다.
③ 내부적으로 창출한 브랜드, 고객목록과 이와 실질이 유사한 항목은 무형자산으로 인식할 수 있다.
④ 연구단계와 개발단계에 따라 무형자산이나 비용으로 구분할 수 없는 경우 발생한 지출은 모두 연구단계에서 발생한 것으로 본다.

07 다음 자료를 바탕으로 자본조정의 금액을 계산하면 얼마인가? (단, 각 계정과목은 독립적이라고 가정함)

| • 감자차손 | 200,000원 | • 주식발행초과금 | 600,000원 |
| • 자기주식처분이익 | 300,000원 | • 자기주식 | 400,000원 |

① 600,000원
② 900,000원
③ 950,000원
④ 1,000,000원

08 다음 중 전자제품 도소매업을 영위하는 ㈜세무의 당기 손익계산서상 영업이익에 영향을 미치는 거래로 볼 수 있는 것은?

① 노후화된 업무용 차량을 중고차매매상사에 판매하고 유형자산처분손실을 계상하였다.
② 사업 운영자금에 관한 대출이자를 지급하고 이자비용으로 계상하였다.
③ 상품을 홍보하기 위해 광고물을 제작하고 광고선전비로 계상하였다.
④ 기말 결산시 외화예금에 대해 외화환산손실을 계상하였다.

09 다음 중 원가에 대한 설명으로 가장 옳지 않은 것은?

① 제조원가는 직접재료원가, 직접노무원가, 제조간접원가를 말한다.
② 직접재료원가는 기초원재료재고액과 당기원재료매입액의 합계에서 기말원재료재고액을 차감한 금액을 말한다.
③ 제품생산량이 증가하여도 관련 범위 내에서 제품 단위당 고정원가는 일정하다.
④ 혼합원가는 조업도의 증감에 관계없이 발생하는 고정비와 조업도의 변화에 따라 일정 비율로 증가하는 변동비로 구성된 원가이다.

10 회사는 제조간접비를 직접노무시간을 기준으로 배부하고 있다. 당기말 현재 실제제조간접비 발생액은 70,000원이고, 실제직접노무시간은 700시간이며, 예정배부율은 시간당 95원일 경우 배부차이는 얼마인가?

① 3,500원 과대배부　　② 3,500원 과소배부
③ 7,000원 과대배부　　④ 7,000원 과소배부

11 다음 중 보조부문원가의 배부 방법 중 가장 정확한 배부법은 무엇인가?

① 직접배부법　　② 간접배부법
③ 상호배부법　　④ 단계배부법

12 다음 자료를 이용하여 평균법에 의한 가공비 완성품 환산량을 계산하시오.(재료비는 공정 초기에 전량 투입되며, 가공비는 공정 전반에 걸쳐 균등하게 발생함)

- 기초재공품수량 : 500개(완성도 30%)
- 당기착수량 : 600개
- 당기완성품수량 : 1,000개
- 기말재공품수량 : 100개(완성도 50%)

① 500개　　② 550개　　③ 1,000개　　④ 1,050개

13 다음 중 현행 부가가치세법에 대한 설명으로 틀린 것은?

① 부가가치세는 사업장마다 신고 및 납부하는 것이 원칙이다
② 부가가치세 부담은 전적으로 최종소비자가 하는 것이 원칙이다.
③ 사업상 독립적으로 재화를 공급하는 자는 영리를 목적으로 하는 경우에만 납세의무가 있다.
④ 부가가치세의 납세의무자는 과세대상인 재화 또는 용역을 공급하는 사업자와 재화를 수입하는 자이다.

14 다음 중 부가가치세법상 재화의 공급으로 간주되어 과세대상이 되는 항목은? (아래 항목은 전부 매입세액 공제받음)

① 직장 연예 및 직장 문화와 관련된 재화를 제공하는 경우
② 사업을 위해 착용하는 작업복, 작업모 및 작업화를 제공하는 경우
③ 사용인 1인당 연간 10만원 이내의 경조사와 관련된 재화 제공
④ 사업자가 자기생산·취득재화를 자기의 고객이나 불특정 다수에게 증여하는 경우

15 다음 중 세금계산서의 필요적 기재사항이 아닌 것은?

① 공급가액   ② 부가가치세액
③ 공급품목   ④ 작성연월일

최대리 전산회계 1급(기출문제)

실 무 시 험

㈜옥산테크(회사코드 : 3950)은 운동기구을 제조하여 판매하는 중소기업이며, 당기(제6기) 회계기간은 2022.1.1. ~ 2022.12.31.이다. 전산세무회계 수험용 프로그램을 이용하여 다음 물음에 답하시오.

문제1 다음은 기초정보관리 및 전기분 재무제표 대한 자료이다. 각각의 요구사항에 대하여 답하시오. (10점)

1. 다음은 ㈜옥산테크의 사업자등록증이다. 기초정보관리의 [회사등록] 메뉴에 입력된 내용을 검토하여 누락분은 추가입력하고 잘못된 부분은 정정하시오(단, 주소 입력 시 우편번호는 입력하지 않아도 무방함). (3점)

사 업 자 등 록 증

(법인사업자)

등록번호 : 220-81-62517

법 인 명 (단 체 명) : ㈜옥산테크
대   표   자 : 이필재

개 업 연 월 일 : 2017년 8월 14일   법 인 등 록 번 호 : 110181-0095668
사 업 장 소 재 지 : 경상북도 경주시 강변로 214(성건동)
본 점 소 재 지 : 경상북도 경주시 강변로 214(성건동)
사 업 의 종 류 : 업태 제조   종목 운동기구

발 급 사 유 : 신규

사업자 단위 과세 적용사업자 여부 : 여( ) 부(v)
전자세금계산서 전용 전자우편주소 :

2017 년 09 월 11 일

경 주 세 무 서 장

2. 다음 자료를 보고 계정과목 및 적요등록에 반영하시오. (3점)

- 코드 : 853
- 성격 : 경비
- 계정과목 : 행사비
- 대체적요 : 1. 학회 행사비용 지급

3. 외상매출금과 외상매입금의 초기이월은 다음과 같다. [거래처별초기이월] 메뉴에서 수정 또는 추가 입력하시오. (4점)

계정과목	거래처	올바른 금액
외상매출금	㈜대원	2,000,000원
	㈜동백	4,500,000원
	㈜소백	2,000,000원
외상매입금	비바산업	-
	우송유통	43,000,000원
	공간기업	2,000,000원

문제2
다음 거래 자료를 [일반전표입력] 메뉴에 추가 입력하시오(일반전표입력의 모든 거래는 부가가치세를 고려하지 말 것). (18점)

1. 7월 3일 공장에서 사용 중인 기계장치 수리비로 15,000,000원을 ㈜한국의 보통예금으로 이체하였으며, 기계장치의 가치가 증가한 자본적 지출이다. (3점)

2. 7월 5일 태종빌딩과 전월에 체결한 본사 건물 임대차계약의 잔금일이 도래하여 임차보증금 50,000,000원 중 계약일에 지급한 5,000,000원을 제외한 45,000,000원을 보통예금계좌에서 이체하였다(단, 하나의 전표로 처리할 것). (3점)

3. 7월 7일 사무실에서 사용할 에어컨을 ㈜수연전자에서 2,000,000원에 구입하고 그 대금은 2주 후에 지급하기로 하였다. 에어컨 설치비용 250,000원은 보통예금계좌에서 바로 지급하였다(단, 에어컨은 자산으로 처리할 것). (3점)

4. 8월 6일 ㈜달리자의 외상매출금 10,000,000원 중 6,000,000원은 보통예금에 입금 받았고, 나머지 4,000,000원은 자기앞수표로 받았다. (3점)

5. 8월 19일 전자부품용 기계장치(취득가액 35,000,000원, 감가상각누계액 31,500,000원)를 성능저하로 폐기처분하였다(당기의 감가상각비는 고려하지 않음). (3점)

6. 11월 20일 제품의 판매용 사진 촬영을 위해서 손 모델인 이아람씨를 고용하고 수수료 3,000,000원 중 원천징수세액 99,000원을 제외한 나머지 금액을 보통예금계좌에서 지급하였다(단, 수수료비용 계정과목은 판매비와관리비 항목을 사용할 것). (3점)

문제3 다음 거래 자료를 [매입매출전표입력] 메뉴에 입력하시오. (18점)

1. 8월 7일 생산부서에서 회식을 하고 법인체크카드(비씨)로 결제하자마자 바로 보통예금에서 인출되었다. (3점)

```
단말기번호
8002124738                    120524128234
카드종류
IBK비씨카드                    신용승인
카드번호
2224-1222-1014-1345
판매일자
20□/08/07 13 : 52 : 46
거래구분
일시불                        금액         300,000원
은행확인                      세금          30,000원
비씨
                              합계         330,000원
대표자
이성수
사업자등록번호
117-09-52793
가맹점명 : 동보성
가맹점주소 : 서울 양천구 신정4동 973-12

                              서명
                              Semusa
```

2. 10월 1일 천안 제1공장에서 사용하던 기계장치(취득가액 50,000,000원, 감가상각누계액 40,000,000원)를 ㈜재생에 4,400,000원(부가가치세 포함)에 매각하고 현금영수증을 발급하였다. 매각대금은 전액 자기앞수표로 받았다. (3점)

3. 10월 11일 희망상사에 제품을 판매하고 다음과 같이 전자세금계산서를 발급하였다. (3점)

전자세금계산서								승인번호		xxxxxxxx	
공급자	등록번호	220 - 81 - 62517			공급받는자	등록번호	127 - 44 - 61631				
	상 호 (법인명)	㈜옥산테크	성 명 (대표자)	이필재		상 호 (법인명)	희망상사		성 명 (대표자)	김마리	
	사업장주소	경상북도 경주시 강변로 214				사업장주소	서울시 마포구 광성로 11				
	업 태	제조	종목	운동기구		업 태	도매업		종 목	운동기구	
	이메일					이메일					
작성일자		공 급 가 액		세 액		수정사유					
20□. 10. 11.		5,000,000		500,000							
월	일	품 목	규격	수량	단 가	공 급 가 액		세 액		비 고	
10	11	A제품		100	50,000	5,000,000		500,000			
합계금액		현 금		수 표	어 음	외상미수금		이 금액을	영수 청구	함	
5,500,000		3,500,000				2,000,000					

4. 10월 30일 다음은 구매한 원재료에 하자가 있어 반품을 한 후 발급받은 수정세금 계산서이다. 수정세금계산서 수취와 동시에 원재료 및 외상매입금과 상계처리 하였다. (3점)

수정전자세금계산서(공급받는자 보관용)								승인번호		xxxxxxxx	
공급자	등록번호	484 - 81 - 88130			공급받는자	등록번호	220 - 81 - 62517				
	상 호 (법인명)	㈜한강	성 명 (대표자)	김서울		상 호 (법인명)	㈜옥산테크		성 명 (대표자)	이필재	
	사업장주소	경기도 광명시 광명로 58(가학동)				사업장주소	경상북도 경주시 강변로 214				
	업 태	제조,도소매	종목	원목		업 태	제조		종 목	운동기구	
	이메일					이메일					
작성일자		공 급 가 액		세 액		수정사유					
20□. 10. 30.		-3,000,000		-300,000							
월	일	품 목	규격	수량	단 가	공 급 가 액		세 액		비 고	
10	30	철강원자재		-100	30,000	-3,000,000		-300,000			
합계금액		현 금		수 표	어 음	외상미수금		이 금액을	영수 청구	함	
-3,300,000						-3,300,000					

5. 11월 10일 ㈜남서울로부터 원재료를 13,200,000원(부가가치세 포함)에 매입하고 전자세금계산서를 받았다. 동 일자에 매입대금 중 11월 1일에 지급한 선급금 1,000,000원을 제외한 나머지 금액을 보통예금에서 이체하였다(단, 하나의 전표로 처리할 것). (3점)

6. 11월 19일 일본의 미즈노사에 수출제품(공급가액 ¥2,000,000)을 다음과 같이 직접 납품(선적)하고, 선수 계약금을 제외한 잔여대금은 11월 말일에 받기로 하였다. 수출신고번호 입력은 생략한다. (3점)

거래일자	외화	기준환율	거래내역
11월 9일	¥100,000	1,055원/¥100	계약금이 입금되었으며 외화 보통예금에 외화로 보유 중
11월 19일	¥1,900,000	1,100원/¥100	수출제품 전체 선적됨.

문제4 [일반전표입력] 및 [매입매출전표입력] 메뉴에 입력된 내용 중 다음과 같은 오류가 발견되었다. 입력된 내용을 확인하여 정정하시오. (6점)

1. 8월 10일 본사 판매부서가 사용하고 있는 화물자동차에 대해 ㈜만능공업사에서 정비를 받으면서 583,000원(부가가치세 포함)을 현금으로 결제하고 현금영수증을 발급받았다. 회계담당자는 매입세액을 공제받지 못하는 것으로 처리하여 일반전표에 입력하였다. (3점)

2. 12월 20일 대한적십자사에 현금으로 기부한 30,000원이 세금과공과(판매비와관리비)로 처리되어 있음을 확인하였다. (3점)

문제5 결산정리사항은 다음과 같다. 해당 메뉴에 입력하시오. (9점)

1. 기말 현재 당사가 장기투자를 목적으로 보유하고 있는 ㈜하나가 발행한 주식의 취득원가, 전년도 말 및 당해연도 말 공정가액은 다음과 같다. 단, 하나의 전표로 입력할 것. (3점)

주식명	취득원가	전년도 말 공정가액	당해연도 말 공정가액
㈜하나 보통주	30,000,000원	32,000,000원	28,000,000원

2. 12월 31일 기말현재, 장기차입금 현황은 다음과 같다. (3점)

구분	금액	차입일자	상환(예정)일자	거래처
장기차입금1	15,000,000원	2019. 12. 1.	2024. 12. 1.	국민은행
장기차입금2	25,000,000원	2019. 7. 1.	2023. 6. 30.	한일물산

3. 당사는 매 회계연도말에 외상매출금과 받을어음 잔액의 1%를 대손충당금으로 설정하고 있다. 이에 대한 기말 수정분개를 입력하시오(당기에 발생한 대손채권은 없는 것으로 가정하며, 대손충당금 설정에 필요한 정보는 관련 데이터를 조회하여 사용할 것). (3점)

문제6 다음 사항을 조회하여 답안을 [이론문제 답안작성] 메뉴에 입력하시오. (9점)

1. 제1기 확정신고기간(4월 ~ 6월)의 세금계산서 수취분 중 고정자산매입을 제외한 일반매입의 세액은 얼마인가? (3점)

2. 2월 원재료 매입액은 얼마인가? (3점)

3. 제1기 확정 부가가치세 신고에 반영된 내역 중 6월에 카드로 매출된 공급대가는 얼마인가? (3점)

이론시험 답안 및 해설 (제95회)

답안					
	1. ②	2. ③	3. ④	4. ④	5. ①
	6. ③	7. ①	8. ③	9. ③	10. ②
	11. ③	12. ④	13. ③	14. ④	15. ③

01 결산 예비절차(시산표 작성 → 결산 수정분개 → 수정후시산표 작성) ⇨ 결산 본절차(집합손익 계정의 설정 → 수익·비용계정의 마감 → 자산·부채·자본 계정의 마감) ⇨ 결산보고서 작성(재무제표 작성)

02 현금및현금성자산은 현금(통화, 통화대용증권)과 예금(당좌예금, 보통예금) 및 현금성자산(취득 당시 만기일이 3개월 이내인 금융상품)으로 한다. 우편환증서와 자기앞수표는 통화대용증권에 해당한다.

국세환급통지서 + 우편환증서 + 자기앞수표 + 취득 당시 만기 3개월 이내인 정기적금 = 현금및현금성자산
└ 200,000 + 10,000 + 30,000 + 500,000 = 740,000원

[해설] ⦿ 국세환급금이란 납세자가 세금을 실제보다 많이 낸 경우 세법에 따라 납세자에게 되돌려줘야 할 세액을 말하는데, 국세환급금통지서를 받으면 가까운 우체국에서 현금으로 지급받거나, 신고한 환급계좌로 국세환급금이 지급되었다고 표시된다.
⦿ 선일자수표는 수표에 기재된 발행일(예 2월 1일)이 실제 발행일(예 1월 1일)보다 앞선 수표를 말하며, 이는 거래의 성격에 따라 매출채권(받을어음) 또는 미수금으로 처리한다.
⦿ 직원가불금은 대여금에 해당한다.

03 차변 합계(외상매출금 5,000원 + 70,000원) = 대변 합계(50,000원 + 대손상각비 ? 원)
∴ 대손상각비는 25,000원

[해설] 당기 중 대손처리된 외상매출금은 대손충당금 계정의 차변 4/30 외상매출금 ××× 이다.

04 상품판매수익은 재화의 판매로 발생하는 수익이다.

[해설] 일반기업회계기준 제16장 수익
16.4 자산을 타인에게 사용하게 함으로써 발생하는 수익의 유형은 다음과 같다.
  (1) 이자수익 : 현금이나 현금성자산 또는 받을 채권의 사용대가
  (2) 배당금수익 : 지분투자에 대하여 받는 이익의 분배금액
  (3) 로열티수익 : 산업재산권이나 컴퓨터 소프트웨어 등과 같은 무형자산의 사용대가

05 정액법 연 감가상각비 : (취득원가 − 잔존가치) ÷ 내용연수

06 내부적으로 창출한 브랜드, 고객 목록 및 이와 유사한 항목에 대한 지출은 무형자산으로 인식하지 않는다. (일반기업회계기준 실11.12)

> [해설] ④ 무형자산을 창출하기 위한 내부 프로젝트를 연구단계와 개발단계로 구분할 수 없는 경우에는 그 프로젝트에서 발생한 지출은 모두 연구단계에서 발생한 것으로 본다. (일반기업회계기준 11.18)

07 감자차손(200,000) + 자기주식(400,000) = 자본조정 600,000원

> [해설] 주식발행초과금과 자기주식처분이익은 자본잉여금이다.

08 광고선전비는 판매비와관리비로 영업이익에 영향을 미치는 거래이다.

> [해설] 유형자산처분손실, 이자비용, 외화환산손실은 영업외비용으로 영업이익에 영향을 미치지 않는 거래이다.

09 제품생산량이 증가하면 관련범위 내에서 제품 단위당 고정원가는 감소한다.

10 실제 직접노무시간(700시간) × 예정배부율(95원) = 예정배부액 66,500원
실제 제조간접비발생액(70,000) - 예정배부액(66,500) = 3,500원 과소배부

11 상호배부법은 보조부문 상호간의 용역 수수관계를 완전하게 고려하는 방법으로, 보조부문 원가의 배부 방법 중 가장 정확한 방법이다.

12 [1] 물량흐름 파악(평균법)

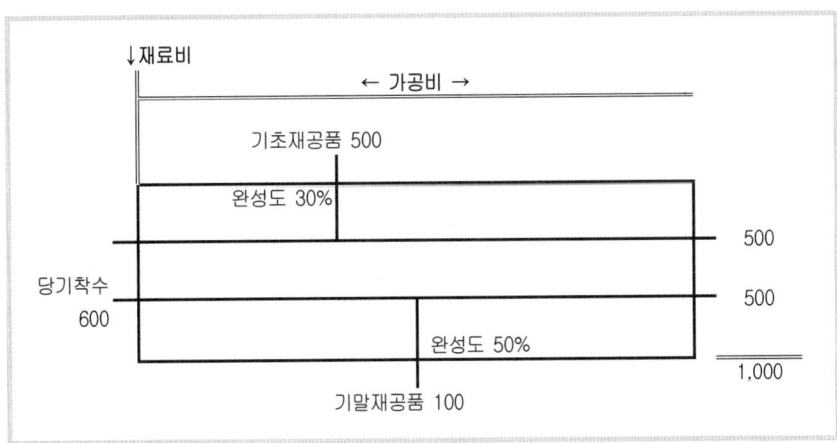

[2] 완성품환산량 계산

가공비 : 당 기 완 성 : 1,000개 (기초재공품 500개 + 당기착수 500개)
　　　　 기말재공품 :　 50개 (100개 × 50%)
　　　　 합　　　계 : 1,050개

13. 부가가치세는 사업자가 얻은 소득에 대하여 과세하는 것이 아니라 그가 창출하여 공급한 부가가치에 대해 공급받는 자로부터 세액을 징수하여 납부하는 것이므로 사업목적이 영리이든 비영리이든 관계없다.

14. 사업자가 자기생산·취득재화를 자기의 고객이나 불특정 다수에게 증여하는 경우는 재화의 공급(사업상 증여)으로 본다.

15. 공급품목은 세금계산서의 임의적 기재사항이다.

    [해설] 세금계산서의 필요적 기재사항
      ① 공급하는 사업자의 등록번호와 성명 또는 명칭
      ② 공급받는 자의 등록번호
      ③ 공급가액과 부가가치세액
      ④ 작성 연월일

실무시험 답안 및 해설 (제95회)

문제1 기초정보관리

1. 회사등록

[기초정보관리]>[회사등록]에서
① [법인등록번호]란을 "110181-0096550"에서 "110181-0095668"로 수정 입력하고,
② [종목]란을 "철근"에서 "운동기구"로 수정 입력하고,
③ [사업장관할세무서]란을 "515.경산"에서 "505.경주"로 수정 입력한다.

2. 계정과목 및 적요등록

[계정과목및적요등록]에서 코드(853)/ 계정코드(명)(행사비)/ 성격(3.경비)을 입력하고, 적요No(1)/ 대체적요(학회 행사비용 지급)를 입력한다.

3. 거래처별 초기이월

[전기분재무제표]>[거래처별초기이월]에서 화면 좌측에 "외상매출금·외상매입금"을 각각 선택하고, 화면 우측에 다음과 같이 입력한다.
① 외상매출금 : 128.㈜대원 2,500,000원 ➡ 2,000,000원으로 수정 입력
              140.㈜동백 4,500,000원 추가 입력

② 외상매입금 : 101.비바산업 4,500,000원 삭제
135.우송유통 23,000,000원 → 43,000,000원으로 수정 입력

문제2 일반전표입력

1. 7월 3일 : (차) 206.기계장치   15,000,000 / (대) 103.보통예금   15,000,000

2. 7월 5일 : (차) 232.임차보증금   50,000,000 / (대) 131.선급금   5,000,000
   (거래처 : 태종빌딩)   (거래처 : 태종빌딩)
                                        (대) 103.보통예금   45,000,000

3. 7월 7일 : (차) 212.비품   2,250,000 / (대) 253.미지급금   2,000,000
                                        (거래처 : ㈜수연전자)
                                        (대) 103.보통예금   250,000

4. 8월 6일 : (차) 103.보통예금   6,000,000 / (대) 108.외상매출금   10,000,000
   (차) 101.현금   4,000,000   (거래처 : ㈜달리자)

5. 8월 19일 : (차) 207.감가상각누계액   31,500,000 / (대) 206.기계장치   35,000,000
   (차) 970.유형자산처분손실   3,500,000

6. 11월 20일 : (차) 831.수수료비용   3,000,000 / (대) 254.예수금   99,000
                                        (대) 103.보통예금   2,901,000

문제3 매입매출전표입력

1. 8월 7일 : 유형(57.카과)/ 품목(회식)/ 수량( )/ 단가( )/ 공급가액(300,000)/ 부가세(30,000)/ 공급처명(동보성)/ 신용카드사(IBK비씨카드)/ 분개(3.혼합)
   (차변) 135.부가세대급금   30,000
   (차변) 511.복리후생비   300,000
   (대변) 103.보통예금   330,000

   [해설] [공급가액]란에 공급대가(330,000원)를 입력하면 공급가액과 세액이 자동으로 분리되어 입력된다.
   [출제위원] 문제에서 법인체크카드로 결제를 하고 바로 통장으로 인출이 되었다고 제시되어 있기 때문에 미지급금이 아닌 보통예금계정을 사용해야 정답으로 인정합니다.

2. 10월 1일 : 유형(22.현과)/ 품목(기계장치)/ 수량( )/ 단가( )/ 공급가액(4,000,000)/ 부가세(400,000)/ 공급처명(㈜재생)/ 분개(3.혼합)
　　(대변) 255.부가세예수금　　　　　　　　　400,000
　　(대변) 206.기계장치　　　　　　　　　　50,000,000
　　(차변) 207.감가상각누계액　　40,000,000
　　(차변) 101.현금　　　　　　　4,400,000
　　(차변) 970.유형자산처분손실　6,000,000
　　[해설] [공급가액]란에 공급대가(4,400,000원)를 입력하면 공급가액과 세액이 자동으로 분리되어 입력된다.

3. 10월 11일 : 유형(11.과세)/ 품목(A제품)/ 수량(100)/ 단가(50,000)/ 공급가액(5,000,000)/ 부가세(500,000)/ 공급처명(희망상사)/ 전자(1：여)/ 분개(3.혼합)
　　(대변) 255.부가세예수금　　　　　　　　　500,000
　　(대변) 404.제품매출　　　　　　　　　　5,000,000
　　(차변) 101.현금　　　　　　　3,500,000
　　(차변) 108.외상매출금　　　　2,000,000

4. 10월 30일 : 유형(51.과세)/ 품목(철강원자재)/ 수량(-100)/ 단가(30,000)/ 공급가액(-3,000,000)/ 부가세(-300,000)/ 공급처명(㈜한강)/ 전자(1：여)/ 분개(2.외상)
　　(대변) 251.외상매입금　　　　　　　　　-3,300,000
　　(차변) 135.부가세대급금　　　 -300,000
　　(차변) 153.원재료　　　　　 -3,000,000

5. 11월 10일 : 유형(51.과세)/ 품목(원재료)/ 수량( )/ 단가( )/ 공급가액(12,000,000)/ 부가세(1,200,000)/ 공급처명(㈜남서울)/ 전자(1：여)/ 분개(3.혼합)
　　(차변) 135.부가세대급금　　　1,200,000
　　(차변) 153.원재료　　　　　12,000,000
　　(대변) 131.선급금　　　　　　　　　　　1,000,000
　　(대변) 103.보통예금　　　　　　　　　　12,200,000

6. 11월 19일 : 유형(16.수출)/ 품목(제품)/ 수량( )/ 단가( )/ 공급가액(22,000,000)/ 부가세( )/ 공급처명(미즈노사)/ 영세율구분(1)/ 분개(3.혼합)
　　(대변) 404.제품매출　　　　　　　　　　22,000,000
　　(차변) 259.선수금　　　　　　1,055,000
　　(차변) 108.외상매출금　　　　20,945,000
　　[해설] 공급시기 이후에 외국통화 그 밖의 외국환 상태로 보유하거나 지급받는 경우에는 공급시기(선적일)의 기준환율 또는 재정환율에 따라 계산한 금액을 과세표준으로 한다.
　　　　과세표준 : ￥2,000,000 × 1,100원/￥100 = 22,000,000원
　　　　[일반전표입력] 11월 9일 전표에서 계약금 1,050,000원이 선수금 계정으로 회계처리된 것을 확인할 수 있다.

문제4 오류수정

1. [전표입력]>[매입매출전표입력]에서 다음과 같이 추가 입력하고, [일반전표입력]에서 8월 10일 잘못 입력된 전표를 삭제한다.
   8월 10일 : 유형(61.현과)/ 품목(화물차정비)/ 수량( )/ 단가( )/ 공급가액(530,000)/ 부가세(53,000)/ 공급처명(㈜만능공업사)/ 분개(1.현금)
   (출금) 135.부가세대급금   53,000
   (출금) 822.차량유지비   530,000
   [해설] [공급가액]란에 공급대가(583,000원)를 입력하면 공급가액과 세액이 자동으로 분리되어 입력된다.

2. [일반전표입력]에서 12월 20일 전표를 다음과 같이 수정 입력한다.
   수정 전 : (차) 817.세금과공과   30,000   /   (대) 101.현금   30,000
   수정 후 : (차) 953.기부금   30,000   /   (대) 101.현금   30,000

문제5 결산정리

1단계 [일반전표입력] 메뉴에서 수동분개

[전표입력]>[일반전표입력]에서 결산일자(12월 31일)로 수동분개를 한다.

1. 12월 31일 : (차) 394.매도가능증권평가이익 2,000,000 / (대) 178.매도가능증권 4,000,000
              (차) 395.매도가능증권평가손실 2,000,000
   [해설] 매도가능증권평가손실이 발생할 당시에 매도가능증권평가이익이 존재하는 경우 우선 상계한다.
   당기 : 28,000,000 - 32,000,000 = -4,000,000원(매도가능증권평가손실)
   전기 : 32,000,000 - 30,000,000 = 2,000,000원(매도가능증권평가이익)

2. 12월 31일 : (차) 293.장기차입금   25,000,000   /   (대) 264.유동성장기부채   25,000,000
              (거래처 : 한일물산)   (거래처 : 한일물산)
   [해설] 장기차입금 중 만기가 보고기간 종료일로부터 1년 이내에 도래하는 것은 유동성장기부채 계정으로 대체한다.

2단계 [결산자료입력] 메뉴에서 해당란에 입력

[결산/재무제표]>[결산자료입력]에서 기간(1월 ~ 12월)을 입력한다.

▶ 대손상각 : [외상매출금 2,178,930원] [받을어음 671,500원] ☞(대손충당금)
[해설] [결산/재무제표]>[합계잔액시산표]에서 기간(12월 31일)을 입력하고 대손충당금 추가 설정액을 계산한

다. 또는 상단 툴바의 [F8 대손상각]을 클릭하여 입력할 수 도 있다.
① 외상매출금 : (226,393,000 × 1%) - 85,000 = 2,178,930원
② 받을어음 : (82,900,000 × 1%) - 157,500 = 671,500원

3단계] [일반전표입력] 메뉴에 결산분개 추가

입력이 완료되면 상단 툴바의 [F3 전표추가]를 클릭하고 대화창에서 [예(Y)]를 클릭하여, [일반전표입력]에 결산분개를 추가한다.

문제6 장부조회

1. [부가가치]>[신고서/부속명세]>[부가가치세신고서]에서 『일반과세』 탭을 선택하고 조회기간(4월 1일 ~ 6월 30일)을 입력하고, 매입세액 [세금계산서 수취분/ 일반매입(10)]란의 세액을 확인한다.

> 답안 : 700,000원

2. [장부관리]>[계정별원장]에서 기간(2월 1일 ~ 2월 28일) / 계정과목(153.원재료 ~ 153.원재료)을 입력하고 차변 [월계]란의 금액을 확인한다.

> 답안 : 86,300,000원

3. [매입매출장]에서 조회기간(6월 1일 ~ 6월 30일)/ 구분(2.매출)/ 유형(17.카과)을 입력하고 [합계]란의 월계를 확인한다.

> 답안 : 484,000원

특별회차
제 95회 기출문제 (이론+실무)

도전
37.49%
합격률

- 회사코드 : 3951
- 회 사 명 : 덕봉전자㈜
- 제한시간 : 60분

이 론 시 험

다음 문제를 보고 알맞은 것을 골라 [이론문제 답안작성] 메뉴에 입력하시오. (※ 객관식 문항당 2점)

01 다음 괄호에 들어갈 계정과목으로 옳은 것은?

> 발생주의 회계는 발생과 이연의 개념을 포함한다. 발생이란 (A)과 같이 미래에 수취할 금액에 대한 자산을 관련된 부채나 수익과 함께 인식하거나, 또는 (B)과 같이 미래에 지급할 금액에 대한 부채를 관련된 자산이나 비용과 함께 인식하는 회계과정을 의미한다.

① (A) : 미수수익, (B) : 선급비용
② (A) : 선수수익, (B) : 선급비용
③ (A) : 선수수익, (B) : 미지급비용
④ (A) : 미수수익, (B) : 미지급비용

02 다음 중 사채의 평가계정으로 사채에서 차감하여 표시되는 것은?

① 사채할증발행차금
② 사채할인발행차금
③ 사채이자
④ 사채발행비상각

03 다음은 단기매매증권의 취득·보유·처분에 대한 현황이다. 일련의 회계처리 중 옳지 않은 것은?

> - 제1기 기중 단기매매증권 100주를 주당 1,000원에 현금으로 취득하였다.
> - 제1기 결산일 현재 단기매매증권의 1주당 시가는 1,200원이다.
> - 제2기 기중 단기매매증권 50주를 주당 1,500원에 현금을 받고 처분하였다.
> - 제2기 결산일 현재 단기매매증권의 1주당 시가는 1,100원이다.

① 1기 취득시 : (차) 단기매매증권 100,000원 (대) 현금 100,000원
② 1기 결산일 : (차) 단기매매증권 20,000원 (대) 단기매매증권평가이익 20,000원
③ 2기 처분시 : (차) 현금 75,000원 (대) 단기매매증권 50,000원
　　　　　　　　　　　　　　　　　　　　　　　단기매매증권처분이익 25,000원
④ 2기 결산일 : (차) 단기매매증권평가손실 5,000원 (대) 단기매매증권 5,000원

04 다음에서 설명하는 자산 중 유형자산에 해당하는 것은?

① 부동산매매업을 하는 회사가 판매목적으로 보유한 부동산
② 서비스 회사가 시세차익을 얻기 위해 보유한 아파트
③ 제조회사가 생산활동에 사용하기 위해 보유한 기계장치
④ 서비스 회사가 영업활동에 사용하기 위해 보유한 소프트웨어 프로그램

05 1기 회계연도(×1.1.1. ~ 12.31.)에 기계장치의 구입관련 다음의 자료를 참고하여 당사의 2기(×2.1.1. ~ 12.31.) 회계연도에 계상될 감가상각비는 얼마인가? (감가상각비는 월할 상각한다.)

- 기계장치 구입가격 : 12,000,000원
- 내용연수 : 5년
- 정률법 : 상각률(0.45)
- 취득일 : ×1년 1월 3일
- 잔존가치 : 0원

① 2,475,000원   ② 2,675,000원   ③ 2,970,000원   ④ 12,800,000원

06 주식배당을 실시한 경우, 배당 후 재무상태표 및 발행주식수 등의 상태변화로 옳지 않은 것은?

① 이익잉여금은 감소한다.   ② 자본금은 증가한다.
③ 총자본은 증가한다.   ④ 발행주식수는 증가한다.

07 다음은 ㈜진성상사의 제1기(1.1. ~ 12.31.) 재고자산 내역이다. 이동평균법에 의한 기말재고자산의 단가는 얼마인가?

일자	적요	수량	단가
1월 23일	매입	2,000개	250원
5월 15일	매출	1,000개	500원
12월 24일	매입	1,000개	400원

① 250원   ② 300원   ③ 325원   ④ 400원

08 기업의 영업활동 외의 활동에서 발생한 수익이나 비용으로 볼 수 없는 것은?

① 은행에서 받은 예금이자
② 단기매매증권을 기말 결산시 공정가액으로 평가할 때 기말 현재 공정가액이 평가 전 장부가액보다 작을 경우 그 차액
③ 외화자산의 회수시 환율의 차이로 인해 발생하는 손실
④ 영업을 목적으로 거래처와의 관계를 유지하기 위하여 발생하는 비용

09 제조과정에 있는 작업자에게 제공하는 작업복과 관련된 비용은 어느 원가에 해당하는가?

	기본원가	가공원가	제품제조원가	판매비와관리비
①	포함	포함	포함	미포함
②	포함	미포함	포함	포함
③	미포함	포함	포함	미포함
④	미포함	미포함	미포함	포함

10 ㈜성창의 제품 A와 제품 B에 대한 제조원가 자료는 다음과 같다. 실제개별원가계산 방법에 따라 기계시간을 기준으로 제조간접비를 배부하였을 때 제품 A에 배부될 제조간접비는?

구분	제품 A	제품 B	합계
직접재료비	5,000,000원	10,000,000원	15,000,000원
직접노무비	4,000,000원	6,000,000원	10,000,000원
제조간접비(실제)	?	?	10,500,000원
기계시간	500시간	1,000시간	1,500시간

① 10,500,000원   ② 5,250,000원   ③ 3,500,000원   ④ 7,000,000원

11 다음 자료를 이용하여 당기제품제조원가를 구하라.

- 기초재공품재고액   1,500,000원
- 당기총제조비용   9,000,000원
- 기말재공품재고액   1,700,000원
- 매출원가   3,000,000원

① 6,190,000원   ② 8,800,000원   ③ 9,200,000원   ④ 12,200,000원

12 개별원가계산과 종합원가계산의 차이점을 설명한 것 중 옳지 않은 것은?
① 개별원가계산은 다품종 소량주문 생산, 종합원가계산은 동종제품을 연속적으로 대량 생산하는 업종에 적합한 방법이다.
② 개별원가계산은 종합원가계산에 비해 제품별 정확한 원가계산이 가능하나 원가계산 비용이 많이 소요되는 단점이 있다.
③ 종합원가계산은 제조지시서별 원가계산을 위하여 직접비, 간접비의 구분과 제조간접비의 배부가 중요한 방식이다.
④ 종합원가계산은 완성품환산량을 기준으로 원가를 완성품과 기말재공품에 배부하며, 개별원가계산은 작업원가표에 의해 원가를 배부한다.

13 다음은 과세사업을 영위하는 ㈜부동산에서 발생한 매입세액이다. 이 중 부가가치세법상 매입세액 불공제 금액은?

- 토지 취득시 발생한 중개수수료 매입세액 : 2,200,000원
- 건물의 취득과 관련된 감정평가수수료(건물분) 매입세액 : 5,500,000원
- 과세사업에 사용하던 건물과 부속토지를 양도하면서 발생한 중개수수료 매입세액 : 3,000,000원

① 7,700,000원 ② 2,200,000원 ③ 8,500,000원 ④ 5,200,000원

14 과세사업자인 ㈜삼원전자는 ×1년 당사 제품인 기계장치를 공급하는 계약을 아래와 같이 체결하였다. 이 거래와 관련하여 ×1년 1기 확정신고기간의 과세표준에 포함되어야 할 공급가액은 얼마인가?

- 총판매대금 : 35,000,000원(이하 부가가치세 별도)
- 계약금(4월 15일) : 20,000,000원 지급
- 1차 중도금(5월 15일) : 5,000,000원 지급
- 2차 중도금(7월 15일) : 5,000,000원 지급
- 잔금(11월 30일) : 5,000,000원 지급
- 제품인도일 : 11월 30일

① 20,000,000원 ② 25,000,000원 ③ 30,000,000원 ④ 35,000,000원

15 다음 중 재화의 공급에 대한 부가가치세 과세표준에 대한 설명 중 틀린 것은?
① 재화의 수입에 대한 부가가치세의 과세표준은 관세의 과세가격에 관세, 개별소비세 등도 포함한다.
② 금전 외의 대가를 받는 경우 : 자기가 공급한 재화 또는 용역의 시가
③ 폐업하는 경우 : 폐업시 남아 있는 재고자산의 장부가액(원가)
④ 사업자가 재화 또는 용역을 공급하고 그 대가로 받은 금액에 부가가치세가 포함되어 있는지가 분명하지 아니한 경우에는 그 대가로 받은 금액에 110분의 100을 곱한 금액을 공급가액으로 한다.

실 무 시 험

덕봉전자㈜(회사코드 : 3951)는 전자제품을 판매하는 중소기업이며, 당기(제7기) 회계기간은 2022.1.1. ~ 2022.12.31.이다. 전산세무회계 수험용 프로그램을 이용하여 다음 물음에 답하시오.

문제1 다음은 기초정보관리 및 전기분 재무제표에 대한 자료이다. 각각의 요구사항에 대하여 답하시오. (10점)

1. 아래의 자료를 [거래처등록] 메뉴에 등록하시오. (3점)

- 거래처코드 : 00751
- 회사명 : ㈜은빛상사
- 유형 : 매출
- 사업자등록번호 : 610-85-25241
- 대표자 : 김빛나
- 업태 : 도소매
- 종목 : 가전
- 사업장 : 서울특별시 강남구 테헤란로 101 비즈타워 1001호

※ 주소 입력시 우편번호는 입력하지 않아도 무방함

2. 거래처별 초기이월 내역이 다음과 같을 경우, 해당 메뉴에서 거래처와 금액을 정확하게 입력하시오. (4점)

계정과목 및 금액	거래처	입력된 금액	정확한 금액
미수금 (90,650,000원)	동해㈜	28,500,000원	28,850,000원
	샛별전자㈜	20,850,000원	24,500,000원
	희망카드	41,300,000원	37,300,000원
단기차입금 (46,000,000원)	㈜천안	13,500,000원	0원
	대한은행	15,000,000원	15,300,000원
	㈜진성	17,200,000원	30,700,000원

3. 전기분 결산사항을 검토한 결과 다음과 같은 입력누락이 발견되었다. 전기분 손익계산서, 전기분 잉여금처분계산서, 전기분 재무상태표 중 관련된 부분을 수정하시오. 단, 법인세에 미치는 영향은 고려하지 않는다. (3점)

차변		대변	
계정과목	금액	계정과목	금액
선급비용	1,200,000원	보험료(판)	1,200,000원

문제2 다음 거래 자료를 [일반전표입력] 메뉴에 추가 입력하시오(일반전표입력의 모든 거래는 부가가치세를 고려하지 말 것). (18점)

1. 7월 3일 개인 최윤진으로부터 차입한 단기차입금의 이자비용 500,000원을 지급할 때, 원천징수세액 137,500원을 차감한 금액을 현금으로 지급하였다. (3점)

2. 8월 19일 ㈜대율에 업무용으로 사용 중인 기계장치를 외상 처분한 대금 7,000,000원이 회수기일이 도래하여 전액 당좌예금계좌로 받다. (3점)

3. 9월 10일 ㈜케이지물산으로부터 공장부지 사용목적으로 토지를 80,000,000원에 구입하면서, 대금 중 50,000,000원은 보통예금에서 지급하고, 잔액은 9월말 지급하기로 하였다. 또한 당일 취득세 5,000,000원은 현금 지급하다. (3점)

4. 10월 1일 ㈜서울부품으로부터 매출대금으로 받은 약속어음 20,000,000원에 대하여 부도가 발생하여 상환청구를 하였다. 해당 어음은 부도처리 되었으나 회수가능성이 있어 대손처리는 하지 않았다. (3점)

5. 11월 15일 전년도 대손이 확정되어 대손충당금과 상계처리한 외상매출금 15,000,000원이 당사의 보통예금에 입금된 것을 확인하였다. (단, 부가가치세는 고려하지 않는다.) (3점)

6. 12월 27일 ㈜인천상사에 대한 외상매출금 12,000,000원 중 7,000,000원은 약속어음으로 받고, 잔액은 당좌예금으로 회수하였다. (3점)

문제3 다음 거래 자료를 [매입매출전표입력] 메뉴에 입력하시오. (18점)

1. 7월 2일 수출용 제품생산에 필요한 원재료(공급가액 2,300,000원)를 소래상사로부터 내국신용장에 의하여 외상 매입하고 영세율 전자세금계산서를 발급받았다. (3점)

2. 7월 25일 당사가 소유한 토지의 형질변경을 위해 명성 건축사사무소에 3,300,000원 (부가가치세 포함)의 수수료를 전액 보통예금으로 지급하고 전자세금계산서를 발급받았다. (3점)

3. 8월 2일 ㈜혜진냉동으로 부터 매출 거래처 접대목적으로 냉동고 5대(대당 3,000,000원, 부가가치세 별도)를 외상으로 매입하고, 전자세금계산서를 발급 받았다(대변에 미지급금 계정과목을 사용할 것). (3점)

4. 8월 10일 미국에 소재한 Pokhara에 제품을 $20,000에 직수출하기로 하고, 제품을 선적 완료하였다. (수출 신고 번호 입력 생략) 수출대금은 8월 30일 받기로 하였다. 선적일 시점 기준환율은 $1=1,150원이다. (3점)

5. 9월 19일 ㈜대명으로부터 제조과정에 투입되는 재료A 1,000개(@8,000원, 부가세 별도)를 전액 당좌수표 발행하여 구입하고, 다음과 같은 전자세금계산서를 발급받다. (3점)

전자세금계산서(공급받는자 보관용)						승인번호	xxxxxxxx	
공급자	등록번호	136-81-20250			공급받는자	등록번호	136-81-29187	
	상호(법인명)	㈜대명	성명(대표자)	임한수		상호(법인명)	덕봉전자㈜	성명(대표자)	오두연
	사업장주소	경기도 안성시 가사길 7-5				사업장주소	경기도 안성시 강변남로 2-6	
	업 태	제조	종목	전자부품		업 태	제조	종 목	전자제품
	이메일					이메일		
작성일자	공급가액		세 액		수정사유			
20□. 9. 19.	8,000,000		800,000					
월	일	품 목	규격	수량	단 가	공 급 가 액	세 액	비 고
9	19	재료A		1,000	8,000	8,000,000	800,000	
합계금액	현 금	수 표	어 음	외상미수금	이 금액을	영수 / 청구	함	
8,800,000		8,800,000						

6. 10월 20일 대한제작에게 제품의 임가공을 의뢰하여 제품을 납품받고 전자세금계산서를 발급받았다. 임가공비용 12,000,000원(부가가치세 별도)은 전액 현금으로 결제하였다(외주가공비(제조) 계정으로 처리할 것). (3점)

문제4

[일반전표입력] 및 [매입매출전표입력] 메뉴에 입력된 내용 중 다음과 같은 오류가 발견되었다. 입력된 내용을 확인하여 정정하시오. (6점)

1. 8월 17일 제조공장의 창문이 파손되어 대한유리에서 수선(수익적 지출)한 후 관련 회계 처리를 일반전표에 입력하였다. 대금 550,000원을 법인카드(국민카드)로 결제하였고, 이 거래는 부가가치세 포함금액으로 매입세액 공제가 가능하다(신용카드사용분은 미지급비용으로 처리할 것). (3점)

2. 11월 22일 ㈜영천으로부터 외상으로 구입한 물품(전자세금계산서 수취)은 특정거래처에 지급하기 위한 것이 아니라 불특정다수에게 배부하여 기업의 이미지를 제고시킬 목적으로 구입한 것이다. (3점)

문제5 결산정리사항은 다음과 같다. 해당 메뉴에 입력하시오. (9점)

1. 5월 1일 전액 판매관리비로 회계처리된 보험료(거래처 : 메리츠 화재보험) 8,400,000원 중 2,800,000원은 다음연도에 귀속될 보험료이다. (3점)

2. 결산일 현재 창고에 실제 재고자산에 대한 내역은 다음과 같다. (3점)

계정과목	금액
원 재 료	5,300,000원
재 공 품	8,800,000원
제 품	10,500,000원

3. 결산일 현재 유형자산에 대한 당기에 해당하는 감가상각의 내역은 다음과 같다. (3점)

계정과목	감가상각비 금액	비고
건 물	15,000,000원	영업부에서 사용되고 있음
차량운반구	5,600,000원	공장에서 사용되고 있음
비 품	1,800,000원	영업부에서 사용되고 있음

문제6 다음 사항을 조회하여 답안을 [이론문제 답안작성] 메뉴에 입력하시오. (9점)

1. 4월말 현재 외상매출금 잔액이 가장 큰 거래처명과 그 금액은 얼마인가? (3점)

2. 제1기 부가가치세 확정신고시 예정신고미환급세액은 얼마인가? (3점)

3. 5월에 지출된 제조경비 중 가장 큰 계정과목 코드와 금액은 얼마인가? (3점)

이론시험 답안 및 해설 (제95회 특별)

답안	1. ④	2. ②	3. ③	4. ③	5. ③
	6. ③	7. ③	8. ④	9. ③	10. ③
	11. ②	12. ③	13. ②	14. ②	15. ③

01 발생이란 미수수익과 같이 미래에 수취할 금액에 대한 자산을 관련된 부채나 수익과 함께 인식하거나, 또는 미지급비용과 같이 미래에 지급할 금액에 대한 부채를 관련된 자산이나 비용과 함께 인식하는 회계과정을 의미한다. (재무회계개념체계 문단68)

02 사채할인발행차금은 당해 사채의 액면금액에서 차감하는 형식으로 기재한다.

[해설] ① 사채할증발행차금은 당해 사채의 액면금액에 부가하는 형식으로 기재한다.

03 2기 처분시 : (차) 현금　　　　　75,000원　/　(대) 단기매매증권　　　60,000원
　　　　　　　　　　　　　　　　　　　　　　　단기매매증권처분이익　15,000원

[해설] • 1기 결산일 : 100주 × (1,200 − 1,000) = 단기매매증권평가이익 20,000원
　　　• 2기 결산일 : 50주 × (1,100 − 1,200) = 단기매매증권평가손실 5,000원

04 ①은 재고자산, ②는 투자자산, ④는 무형자산에 해당한다.

05 정률법 연 감가상각비 : 미상각잔액 × 정률
　└ 12,000,000 × 0.45 = 5,400,000원(1기 감가상각비)
　└ (12,000,000 − 5,400,000) × 0.45 = 2,970,000원(2기 감가상각비)

06 배당결의일 : (차) 미처분이익잉여금(이익잉여금 감소) ×××　/　(대) 미교부주식배당금　×××
　　배당지급일 : (차) 미교부주식배당금　　　　　　　×××　/　(대) 자본금(자본금 증가)　×××
따라서, 이익잉여금은 감소하고 자본금은 증가한다. 자본 항목간의 변동만 있으므로 자본총액은 변화가 없으며, 발행주식수는 증가한다.

07 {(1,000개 × @250원) + (1,000개 × @400원)} ÷ 2,000개 = @325원

[해설] 기말재고자산의 단가는 1월 23일 매입한 2,000개 중에서 5월 15일 매출한 1,000개를 제외한 나머지 1,000개와 12월 24일 매입한 1,000개의 평균단가이다.

08 영업을 목적으로 거래처와의 관계를 유지하기 위하여 발생하는 비용은 접대비로 판매비와 관리비에 해당한다.

> [해설] 영업활동 이외의 활동에서 발생한 수익과 비용은 영업외손익으로 ① 예금이자는 영업외수익에 해당하고, ② 단기매매증권평가손실과 ③ 외환차손은 영업외비용에 해당한다.

09 제조과정에 있는 작업자에게 제공하는 작업복은 제조간접비로 가공원가(직접노무비 + 제조간접비)와 제품제조원가(직접재료비 + 직접노무비 + 제조간접비)에 해당한다.

10 제조간접비 총액 ÷ 총 기계시간 = 기계시간 1시간당 제조간접비 배부율
└ 10,500,000 ÷ 1,500시간 = 7,000원

제품 A의 기계시간 × 제조간접비 배부율 = 제품 A에 배부될 제조간접비
└ 500시간 × 7,000원 = 3,500,000원

11 기초재공품재고액 + 당기총제조비용 - 기말재공품재고액 = 당기제품제조원가
└ 1,500,000 + 9,000,000 - 1,700,000 = 8,800,000원

12 제조지시서별 원가계산을 위하여 직접비, 간접비의 구분과 제조간접비의 배부가 중요한 방식은 개별원가계산이다.

13 토지의 취득과 관련된 매입세액은 공제되지 않는다.

> [해설] 토지의 자본적 지출 관련 매입세액 불공제
> 토지 조성 등을 위한 자본적 지출에 관련된 매입세액으로서 다음 중 어느 하나에 해당하는 것은 공제되지 않는다.
> ① 토지의 취득 및 형질변경, 공장부지 및 택지의 조성 등에 관련된 매입세액
> ② 건축물이 있는 토지를 취득하여 그 건축물을 철거하고 토지만 사용하는 경우에는 철거한 건축물의 취득 및 철거비용에 관련된 매입세액
> ③ 토지의 가치를 현실적으로 증가시켜 토지의 취득원가를 구성하는 비용에 관련된 매입세액

14 계약금(4월 15일) + 1차 중도금(5월 15일) = 1기 확정신고기간의 과세표준
└ 20,000,000 + 5,000,000 = 25,000,000원

> [해설] 중간지급조건부공급이란 계약금을 받기로 한 날(4월 15일)의 다음 날부터 재화를 인도하는 날(11월 30일) 또는 재화를 이용가능하게 하는 날까지의 기간이 6개월 이상인 경우로서 그 기간 이내에 계약금 외의 대가를 분할하여 받는 경우를 말한다. 중간지급조건부공급의 공급시기는 대가의 각 부분을 받기로 한 때이다.

15 폐업하는 경우 : 폐업시 남아 있는 재고자산의 시가

실무시험 답안 및 해설 (제95회 특별)

문제1 기초정보관리

1. 거래처등록
[기초정보관리]>[거래처등록]에서 『일반거래처』 탭을 선택하고, 코드 751번으로 거래처를 등록한다.

2. 거래처별 초기이월
[전기분재무제표]>[거래처별초기이월]에서 화면 좌측에 "미수금·단기차입금"을 각각 선택하고, 화면 우측에 다음과 같이 입력한다.
① 미수금 : 140.동해㈜ 28,500,000원 ➡ 28,850,000원으로 수정 입력
　　　　　143.샛별전자㈜ 20,850,000원 ➡ 24,500,000원으로 수정 입력
　　　　　99601.희망카드 41,300,000원 ➡ 37,300,000원으로 수정 입력
② 단기차입금 : 157.㈜천안 13,500,000원 삭제
　　　　　　　98003.대한은행 15,000,000원 ➡ 15,300,000원으로 수정 입력
　　　　　　　106.㈜진성 17,200,000원 ➡ 30,700,000원으로 수정 입력

3. 전기이월작업
① [전기분손익계산서]에서 [821.보험료]란을 6,000,000원으로 수정 입력하고, [당기순이익]란 26,000,000원을 확인한다.
② [전기분잉여금처분계산서]에서 상단 툴바의 를 클릭하고, [당기순이익]란 26,000,000원과 [미처분이익잉여금]란 27,200,000원을 확인한다.
③ [전기분재무상태표]에서 "133.선급비용 1,200,000원"을 입력하고, [375.이월이익잉여금]란을 27,200,000원으로 수정 입력한다.

문제2 일반전표입력

1. 7월 3일 : (차) 951.이자비용　　　500,000　/　(대) 254.예수금　　　137,500
　　　　　　　　　　　　　　　　　　　　　　　　　 (대) 101.현금　　　　362,500

2. 8월 19일 : (차) 102.당좌예금   7,000,000 / (대) 120.미수금   7,000,000
                                                 (거래처 : ㈜대율)

3. 9월 10일 : (차) 201.토지   85,000,000 / (대) 103.보통예금   50,000,000
                                               (대) 253.미지급금   30,000,000
                                                 (거래처 : ㈜케이지물산)
                                               (대) 101.현금   5,000,000

   [해설] 취득세 등은 취득과 직접 관련되는 원가이므로 자산의 원가에 가산한다.

4. 10월 1일 : (차) 246.부도어음과수표 20,000,000 / (대) 110.받을어음 20,000,000
              (거래처 : ㈜서울부품)   (거래처 : ㈜서울부품)

5. 11월 15일 : (차) 103.보통예금   15,000,000 / (대) 109.대손충당금   15,000,000

6. 12월 27일 : (차) 110.받을어음   7,000,000 / (대) 108.외상매출금   12,000,000
              (거래처 : ㈜인천상사)   (거래처 : ㈜인천상사)
              (차) 102.당좌예금   5,000,000

문제3 매입매출전표입력

1. 7월 2일 : 유형(52.영세)/ 품목(원재료)/ 수량( )/ 단가( )/ 공급가액(2,300,000)/ 부가세( )
   / 공급처명(소래상사)/ 전자(1 : 여)/ 분개(2.외상)
   (대변) 251.외상매입금   2,300,000
   (차변) 153.원재료   2,300,000

2. 7월 25일 : 유형(54.불공)/ 품목(수수료)/ 수량( )/ 단가( )/ 공급가액(3,000,000)/ 부가세
   (300,000)/ 공급처명(명성건축사사무소)/ 전자(1 : 여)/ 불공제사유(6)/ 분개(3.혼합)
   (차변) 201.토지   3,300,000
   (대변) 103.보통예금   3,300,000

   [해설] 토지 조성 등을 위한 자본적 지출에 관련된 매입세액으로서 다음 중 어느 하나에 해당하는 것은 공제되지 않는다.
   ① 토지의 취득 및 형질변경, 공장부지 및 택지의 조성 등에 관련된 매입세액
   ② 건축물이 있는 토지를 취득하여 그 건축물을 철거하고 토지만을 사용하는 경우에는 철거한 건축물의 취득 및 철거비용에 관련된 매입세액
   ③ 토지의 가치를 현실적으로 증가시켜 토지의 취득원가를 구성하는 비용에 관련된 매입세액

3. 8월 2일 : 유형(54.불공)/ 품목(냉동고)/ 수량(5)/ 단가(3,000,000)/ 공급가액(15,000,000)/
   부가세(1,500,000)/ 공급처명(㈜혜진냉동)/ 전자(1 : 여)/ 불공제사유(4)/ 분개(3.혼합)

(차변) 813.접대비   16,500,000
(대변) 253.미지급금   16,500,000

[해설] 접대비 및 이와 유사한 비용과 관련된 매입세액은 공제되지 않는다.

4. 8월 10일 : 유형(16.수출)/ 품목(제품)/ 수량( )/ 단가( )/ 공급가액(23,000,000) / 부가세( )/ 공급처명(Pokhara)/ 영세율구분(1)/ 분개(2.외상)
   (차변) 108.외상매출금   23,000,000
   (대변) 404.제품매출   23,000,000

   [해설] 공급시기 이후에 외국통화 그 밖의 외국환 상태로 보유하거나 지급받는 경우에는 공급시기(선적일)의 기준환율 또는 재정환율에 따라 계산한 금액을 과세표준으로 한다.
   과세표준 : $20,000 × 1,150원/$ = 23,000,000원

5. 9월 19일 : 유형(51.과세)/ 품목(재료A)/ 수량(1,000)/ 단가(8,000)/ 공급가액(8,000,000)/ 부가세(800,000)/ 공급처명(㈜대명)/ 전자(1:여)/ 분개(3.혼합)
   (차변) 135.부가세대급금   800,000
   (차변) 153.원재료   8,000,000
   (대변) 102.당좌예금   8,800,000

6. 10월 20일 : 유형(51.과세)/ 품목(임가공비용)/ 수량( )/ 단가( )/ 공급가액(12,000,000)/ 부가세(1,200,000)/ 공급처명(대한제작)/ 전자(1:여)/ 분개(1.현금)
   (출금) 135.부가세대급금   1,200,000
   (출금) 533.외주가공비   12,000,000

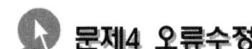 문제4 오류수정

1. [전표입력]>[매입매출전표입력]에서 다음과 같이 추가 입력하고, [일반전표입력]에서 8월 17일 잘못 입력된 전표를 삭제한다.
   8월 17일 : 유형(57.카과)/ 품목(수선비)/ 수량( )/ 단가( )/ 공급가액(500,000)/ 부가세(50,000)/ 공급처명(대한유리)/ 신용카드사(국민카드)/ 분개(3.혼합)
   (차변) 135.부가세대급금   50,000
   (차변) 520.수선비   500,000
   (대변) 262.미지급비용   550,000   (거래처 : 국민카드)

   [해설] [공급가액]란에 공급대가(550,000원)를 입력하면 공급가액과 세액이 자동으로 분리되어 입력된다. 미지급비용의 거래처를 "국민카드"로 변경한다.

2. [매입매출전표입력]에서 11월 22일 전표를 다음과 같이 수정 입력한다.
   수정 전 : 유형(54.불공)/ 품목(외장형하드)/ 수량( )/ 단가( )/ 공급가액(3,000,000)/ 부가세(300,000)/ 공급처명(㈜영천)/ 전자(1:여)/ 불공제사유(4)/ 분개(3.혼합)

(차변) 813.접대비   3,300,000
(대변) 253.미지급금   3,300,000

수정 후 : 유형(51.과세)/ 품목(외장형하드)/ 수량( )/ 단가( )/ 공급가액(3,000,000)/ 부가세
(300,000)/ 공급처명(㈜영천)/ 전자(1 : 여)/ 분개(3.혼합)
(차변) 135.부가세대급금   300,000
(차변) 833.광고선전비   3,000,000
(대변) 253.미지급금   3,300,000

문제5 결산정리

 [일반전표입력] 메뉴에서 수동분개

[전표입력]>[일반전표입력]에서 결산일자(12월 31일)로 수동분개를 한다.

12월 31일 : (차) 133.선급비용   2,800,000 / (대) 821.보험료   2,800,000

 [결산자료입력] 메뉴에서 해당란에 입력

[결산/재무제표]>[결산자료입력]에서 기간(1월 ~ 12월)을 입력한다.

▶ 기말원재료재고액 : 5,300,000원

▶ 일반감가상각비 : [차량운반구 5,600,000원] ☞(제조경비)

▶ 기말재공품재고액 : 8,800,000원

▶ 기말제품재고액 : 10,500,000원

▶ 감가상각비 : [건물 15,000,000원] [비품 1,800,000원] ☞(판매비와일반관리비)

 [일반전표입력] 메뉴에 결산분개 추가

입력이 완료되면 상단 툴바의 [F3전표추가]를 클릭하고 대화창에서 [예(Y)]를 클릭하여, [일반전표입력]에 결산분개를 추가한다.

문제6 장부조회

1. [장부관리]>[거래처원장]에서 『잔액』 탭을 선택하고 기간(1월 1일 ~ 4월 30일)/ 계정과목(108.외상매출금)/ 거래처(모든 거래처)를 입력하고 [잔액]란의 금액을 확인한다.

> ● 답안 : ㈜풍진상사, 50,700,000원

2. [부가가치]>[신고서/부속명세]>[부가가치세신고서]에서 『일반과세』 탭을 선택하고 조회기간(4월 1일 ~ 6월 30일)을 입력하고 [예정신고미환급세액(21)]란의 금액을 확인한다.

> ● 답안 : 1,895,000원

[해설] "기존에 저장된 데이터를 불러오시겠습니까?" 대화창에서 예(Y)를 선택한다.

3. [장부관리]>[일계표(월계표)]에서 『월계표』 탭을 선택하고 조회기간(5월 ~ 5월)을 입력하고 〈제조경비〉 차변 [계]란의 금액을 확인한다.

> ● 답안 : 516(전력비), 6,110,000원

memo

제 94회 기출문제 (이론+실무)

도전
51.14%
합격률

- 회사코드 : 3940
- 회 사 명 : ㈜다모아전자
- 제한시간 : 60분

이 론 시 험

다음 문제를 보고 알맞은 것을 골라 [이론문제 답안작성] 메뉴에 입력하시오. (※ 객관식 문항당 2점)

01 다음 중 회계에서 산출되는 정보를 재무회계 분야와 관리회계 분야로 나눌 때, 관리회계 분야에 해당하는 회계정보의 항목은?

① 일정시점에 있어서 회사의 재무상태 정보
② 일정기간 동안 성과평가를 위한 사업부서별 손익정보
③ 일정기간 동안 기업의 현금 유출·입 내역에 관한 정보
④ 일정기간 동안 자본의 크기와 그 변동내역에 관한 정보

02 제조업을 경영하는 회사가 받을어음에 대한 대손충당금을 신규로 설정할 경우, 손익계산서 항목 중 변하지 않는 것은?

① 매출총이익
② 영업이익
③ 법인세비용차감전순이익
④ 당기순이익

03 다음 자본의 분류 중 그 성격이 다른 것은?

① 매도가능증권평가손실
② 자기주식
③ 감자차손
④ 주식할인발행차금

04 다음 중 재화의 수익인식 기준에 대한 설명으로 잘못된 것은?

① 상품권 매출 : 물품 등을 제공하거나 판매하면서 상품권을 회수할 때
② 단기할부판매 : 재화를 고객에게 인도하는 때
③ 위탁판매 : 위탁자가 수탁자로부터 판매대금을 지급받은 때
④ 시용판매 : 고객이 매입의사를 표시하는 때

05 재고자산 평가방법에 대하여 잘못 설명한 것은?
① 개별법은 실제수익과 실제원가가 대응되어 이론적으로 가장 우수하다고 할 수 있으나 실무에서 적용하는 데는 어려움이 있다.
② 재고수량이 동일할 때 물가가 지속적으로 상승하는 경우에는 선입선출법을 적용하면 다른 평가방법을 적용하는 경우보다 상대적으로 이익이 크게 표시된다.
③ 총평균법은 매입거래가 발생할 때마다 단가를 재산정해야 하는 번거로움이 있다.
④ 후입선출법은 일반적인 물량흐름과 반대이다.

06 다음 중 일반기업회계기준상 유형자산의 감가상각에 대한 설명으로 옳은 것은?
① 다른 요건이 동일하다면 유형자산의 취득 초기에는 정액법에 의한 감가상각비가 정률법에 의한 감가상각비보다 크다.
② 정률법은 내용연수 동안 감가상각비를 매 기간 동일하게 계산하는 방법이다.
③ 감가상각은 미래에 발생하게 될 유형자산의 대체시에 발생하게 될 비용을 충당하기 위하여 설정하는 부채를 인식하는 과정이다.
④ 감가상각방법은 해당 자산으로부터 예상되는 미래 경제적 효익의 소멸형태에 따라 선택하고, 소멸형태가 변하지 않는 한 매기 계속 적용한다.

07 다음 계정과목 중 영업외수익 항목이 아닌 것은?
① 투자자산처분이익   ② 유형자산처분이익
③ 자기주식처분이익   ④ 단기매매증권평가이익

08 다음 중 유동성배열법에 의한 재무상태표 작성시 가장 나중에 배열되는 항목은?
① 미지급법인세   ② 퇴직급여충당부채
③ 유동성장기부채   ④ 매입채무

09 다음 중 당기총제조원가를 구성하지 않는 것은?

① 직접재료비 ② 직접노무비
③ 제조간접비 ④ 기초재공품

10 다음 주어진 자료를 이용하여 제조간접비를 계산하면 얼마인가?

• 기초재공품재고액	1,000,000원	• 기말원재료재고액	500,000원
• 기말재공품재고액	2,000,000원	• 당기제품제조원가	10,000,000원
• 당기 기초(기본)원가	7,000,000원		

① 1,000,000원   ② 4,000,000원   ③ 4,500,000원   ④ 1,500,000원

11 다음은 어떠한 원가의 행태를 나타내는 그림인가?

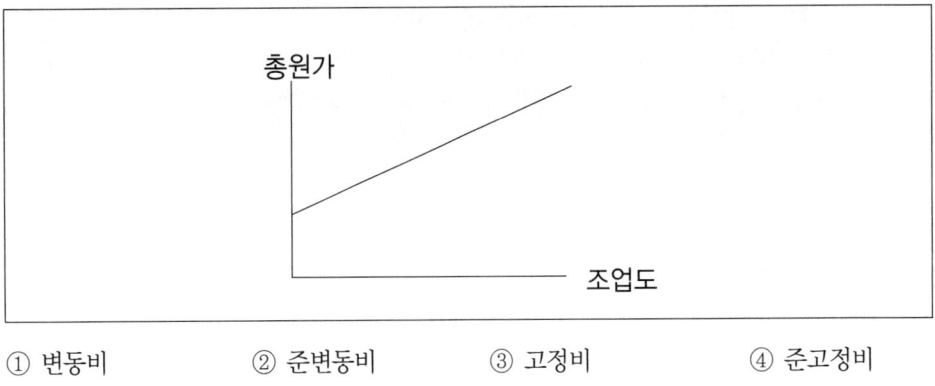

① 변동비   ② 준변동비   ③ 고정비   ④ 준고정비

12 당사는 선입선출법으로 종합원가계산을 하고 있다. 다음 자료를 보고 기말재공품의 원가를 계산하면 얼마인가?

- 완성품환산량 단위당 재료비 : 500원
- 완성품환산량 단위당 가공비 : 400원
- 기말재공품 수량 : 700개(재료비는 공정초기에 모두 투입되었으며 가공비는 60%를 투입한 상태임)

① 419,000원   ② 518,000원   ③ 610,000원   ④ 710,000원

13 다음 부가가치세의 과세표준(공급가액)에 대한 설명 중 가장 거리가 먼 것은?

① 재화의 수입에 대한 과세표준에는 그 재화에 대한 관세도 포함된다.
② 재화를 공급받는 자에게 지급하는 장려금이나 대손금액은 과세표준에서 공제한다.
③ 용역의 공급에 대하여 부당하게 낮은 대가를 받는 경우, 자기가 공급한 용역의 시가를 공급가액으로 본다.
④ 금전 이외의 대가를 받는 경우, 자기가 공급한 재화 또는 용역의 시가를 과세표준으로 한다.

14 현행 부가가치세법에 대한 설명으로 옳지 않은 것은?

① 사업자만이 부가가치세를 납부할 의무가 있다.
② 납세지는 사업자단위과세 및 주사업장총괄납부사업자가 아닌 경우, 각 사업장의 소재지로 한다.
③ 사업자단위과세사업자가 아닌 경우, 사업자는 사업장마다 사업개시일로부터 20일 이내에 사업장 관할세무서장에게 사업자등록을 신청해야 한다.
④ 신규로 사업을 시작하는 자에 대한 최초의 과세기간은 사업개시일부터 그 날이 속하는 과세기간의 종료일까지로 한다.

15 다음 중 부가가치세 영세율과 관련된 설명 중 틀린 것은?

① 영세율은 세부담의 역진성을 완화하기 위한 제도이다.
② 수출하는 재화는 영세율이 적용된다.
③ 직수출하는 재화의 경우에는 세금계산서 발급의무가 면제된다.
④ 국외에서 공급하는 용역의 공급에 대하여는 영세율이 적용된다.

실 무 시 험

㈜다모아전자(회사코드 : 3940)은 전자제품을 제조하여 판매하는 중소기업이며, 당기(제8기) 회계기간은 2022.1.1. ~ 2022.12.31.이다. 전산세무회계 수험용 프로그램을 이용하여 다음 물음에 답하시오.

문제1 다음은 기초정보관리 및 전기분 재무제표에 대한 자료이다. 각각의 요구사항에 대하여 답하시오. (10점)

1. 거래처별 초기이월 자료를 검토하여 올바르게 수정 또는 추가 입력하시오. (3점)

계정과목	거래처	금액	재무상태표 상 금액
외상매입금	남성산업기계	30,656,000원	56,656,000원
	세콤전자	26,000,000원	
미지급금	㈜고요상사	2,500,000원	3,800,000원
	㈜유앤아이	1,300,000원	

2. 계정과목 및 적요 등록 메뉴에서 통신비(판매비및일반관리비) 계정의 대체전표 적요 3번에 "사무실 인터넷 사용료 지급"을 등록하시오. (3점)

3. 전기 재무제표를 검토한 결과 다음과 같은 오류를 확인하였다. 관련된 전기분 재무제표를 적절히 수정하시오. (4점)

> 사회복지공동모금회에 대한 기부금 5,000,000원이 누락된 것으로 확인된다.

문제2 다음 거래 자료를 [일반전표입력] 메뉴에 추가 입력하시오(일반전표입력의 모든 거래는 부가가치세를 고려하지 말 것). (18점)

1. 9월 14일 제품 1세트(원가 400,000원)를 매출거래처에 견본품으로 무상제공하다(단, 견본비 계정과목으로 회계처리 할 것). (3점)

2. 9월 30일 제2기 예정 부가가치세신고(7/1 ~ 9/30)를 위해 부가세예수금 9,910,000원과 부가세대급금 11,230,000원을 상계처리하고 환급받을 부가가치세 1,320,000원에 대하여는 미수금 계정과목으로 회계처리 하였다. (단, 거래처입력은 생략한다.) (3점)

3. 10월 5일 독일의 AUTO사로부터 7월 5일에 외상으로 수입하였던 기계장치(유형자산)의 대금 $150,000의 지급기일이 되어 보통예금에서 지급하였다. 이에 대한 환율정보는 다음과 같다. (3점)

- 7월 5일 : $1 = 1,200원
- 10월 5일 : $1 = 1,100원

4. 10월 15일 ㈜대광건설에 대한 미지급금 50,000,000원을 상환하기 위하여 받을어음(해피상사) 40,000,000원을 배서양도 하였으며, 나머지는 보통예금으로 지급하였다. (3점)

5. 11월 13일 기업은행에서 차입한 장기차입금에 대한 원금 20,000,000원과 이자 300,000원을 보통예금계좌에서 자동 이체하여 지급하였다. (3점)

6. 11월 17일 회사가 보유중인 자기주식 전부를 25,000,000원에 처분하고 매각대금은 보통예금으로 받았다. 단, 처분시점의 자기주식 장부가액은 23,250,000원이고 자기주식처분손실 계정의 잔액은 1,500,000원이다. (3점)

문제3 다음 거래 자료를 [매입매출전표입력] 메뉴에 입력하시오. (18점)

1. 10월 11일 구매확인서에 의해 수출용제품에 대한 원재료(공급가액 *44,000,000원*)를 ㈜평산기업으로부터 매입하고 영세율 전자세금계산서를 발급받았다. 매입대금은 3개월 만기의 당사 발행 약속어음으로 지급하였다. (3점)

2. 10월 19일 제조부문에서 사용하는 기계장치의 수선비 *165,000원*을 다음과 같은 신용카드매출전표로 결제하였다(단, 수선비에 대한 지출은 자산의 가치증가나 내용연수를 연장시키지 못함). (3점)

신 용 카 드 매 출 전 표

단말기번호	21293691	전표번호	223567
카드종류		거래종류	결제방법
신한카드		신용구매	일시불
회원번호(Card No)		취소시 원거래일자	
1140-2303-4255-8956			
유효기간		거래일시	품명
		20□.10.19.	
전표제출		금 액/AMOUNT	150,000
		부 가 세/VAT	15,000
전표매입사		봉 사 료/TIPS	
		합 계/TOTAL	165,000
거래번호		승인번호/(Approval No.)	
		9721245	
가맹점	㈜진진		
대표자	김영진	TEL	
가맹점번호		사업자번호	106-86-44955
주소	서울시 송파구 올림픽로 92		
		서명(Signature) (주)다모아전자	

3. 10월 30일 ㈜세무로부터 공급받았던 원재료 중 일부가 품질에 문제가 있어 반품하였으며, 회계처리는 외상매입금 계정과 상계하여 처리하기로 한다(분개금액은 (-)로 표시할 것). (3점)

전자세금계산서(공급자 보관용)					승인번호		xxxxxxxx	
공급자	등록번호	104 - 81 - 36565			공급받는자	등록번호	123 - 87 - 11024		
	상 호 (법인명)	㈜세무	성 명 (대표자)	김지연		상 호 (법인명)	㈜다모아전자	성 명 (대표자)	조서우
	사업장주소	인천시 계양구 작전동 420				사업장주소	경기도 군포시 고산로 679(산본동)		
	업 태	제조,도매	종목	전자제품		업 태	도소매	종 목	전자제품
	이메일					이메일			
작성일자	공 급 가 액		세 액		수정사유			
20□. 10. 30.	-7,000,000		-700,000		일부반품			
월	일	품 목	규격	수량	단 가	공 급 가 액	세 액	비 고
10	30	원재료				-7,000,000	-700,000	
		-						
합계금액	현 금		수 표		어 음	외상미수금	이 금액을	영수 함 청구
-7,700,000						-7,700,000		

4. 11월 15일 러시아의 Moisa사에게 직수출로 제품을 $20,000(환율 $1=1,100원)에 판매하고 선적하였다. 대금은 한 달 후에 받기로 하였다. (3점)

5. 12월 12일 당사 영업장 증축을 위하여 ㈜한국토건으로부터 토지를 150,000,000원에 취득하고 전자계산서를 발급받았다. 대금 중 50,000,000원은 당좌수표를 발행하여 지급하고, 나머지는 3개월 뒤에 지급하기로 하였다. (3점)

6. 12월 15일 하나무역에 제품을 판매하고 다음과 같은 신용카드매출전표(비씨카드)로 결제받았다. (3점)

매 출 전 표

단말기번호	11213692	전표번호	
카드종류		거래종류	결제방법
비씨카드		신용구매	일시불
회원번호(Card No)		취소시 원거래일자	
4140-0202-3245-9989			
유효기간		거래일시	품명
		20□.12.15.	
전표제출		금 액/AMOUNT	2,000,000
		부 가 세/VAT	200,000
전표매입사		봉 사 료/TIPS	
		합 계/TOTAL	2,200,000
거래번호		승인번호/(Approval No.) 98421147	
가맹점	㈜다모아전자		
대표자	조서우	TEL	
가맹점번호		사업자번호	123-87-11024
주소	경기도 군포시 고산로 679(산본동)		
		서명(Signature) 하나무역	

문제4 [일반전표입력] 및 [매입매출전표입력] 메뉴에 입력된 내용 중 다음과 같은 오류가 발견되었다. 입력된 내용을 확인하여 정정하시오. (6점)

1. 9월 5일 보통예금에 입금된 ㈜태산정공의 외상매출금 회수액 5,500,000원을 제품매출에 대한 계약금으로 회계처리 하였다. (3점)

2. 10월 4일 영업부에서 매출거래처 야유회를 지원하기 위해 ㈜성실로부터 현금으로 구매한 기념품 3,000,000원(부가가치세 별도, 전자세금계산서 수취)을 복리후생비로 회계처리 하였다. (3점)

문제5 결산정리사항은 다음과 같다. 해당 메뉴에 입력하시오. (9점)

1. 당기 4월 1일에 2년 후에 이자(연 6%)와 원금을 일시 상환하는 조건으로 100,000,000원을 하나은행으로부터 차입하였는데 당기분 이자비용을 인식하기로 한다 (단, 거래처입력은 생략하며, 월할 계산 할 것). (3점)

2. 기말 현재 당사가 단기시세차익을 목적으로 취득한 ㈜삼전산업 주식의 취득원가 및 기말 공정가액은 다음과 같다. 공정가액으로 평가하기로 한다. (3점)

주식명	3월 20일 취득가액	12월 31일 공정가액
㈜삼전산업	75,000,000원	81,000,000원

3. 기말 현재 외상매출금과 받을어음 잔액에 대하여 각각 1%의 대손충당금을 보충법으로 설정하시오. (3점)

문제6 다음 사항을 조회하여 답안을 [이론문제 답안작성] 메뉴에 입력하시오. (9점)

1. 3월말 현재 유동자산은 전년도 12월말 유동자산보다 얼마나 더 증가하였는가? (양수로 표시할 것) (3점)

2. 상반기 중 제품매출액이 가장 큰 달과 가장 적은 달의 차액은 얼마인가? (양수로 표시할 것) (3점)

3. 1기 확정(4월 ~ 6월) 부가가치세 신고기간 중 현금영수증으로 매출된 공급대가의 합계액은 얼마인가? (3점)

✓ 이론시험 답안 및 해설 (제94회)

답안					
	1. ②	2. ①	3. ①	4. ③	5. ③
	6. ④	7. ③	8. ②	9. ④	10. ②
	11. ②	12. ②	13. ②	14. ①	15. ①

01 성과평가를 위한 사업부서별 손익정보는 내부관리목적의 관리회계에 속한다.

> [해설] ① 재무상태표 : 일정시점 현재 기업이 보유하고 있는 자산과 부채, 그리고 자본에 대한 정보를 제공하는 재무보고서이다.
> ③ 현금흐름표 : 일정기간 동안 기업의 현금유입과 현금유출에 대한 정보를 제공하는 재무보고서이다.
> ④ 자본변동표 : 기업 자본의 크기와 그 변동에 대한 정보를 제공하는 재무보고서이다.

02 받을어음에 대한 대손충당금을 설정할 경우, 판매비와관리비(대손상각비)가 발생하므로 매출총이익에는 변화가 없다.

03 매도가능증권평가손실은 기타포괄손익누계액 항목이며, 나머지는 자본조정 항목이다.

04 위탁자는 수탁자가 해당 재화를 제3자에게 판매한 시점에 수익을 인식한다.

05 이동평균법은 매입거래가 발생할 때마다 단가를 재산정해야 하는 번거로움이 있다.

06 ① 다른 요건이 동일하다면 유형자산의 취득 초기에는 정률법에 의한 감가상각비가 정액법에 의한 감가상각비보다 크다.
② 정률법은 내용연수 동안 감가상각비를 매 기간 감소하게 계산하는 방법이다.
③ 감가상각은 감가상각대상금액을 그 자산의 내용연수 동안 체계적인 방법으로 각 회계기간에 배분하는 것을 말한다.

07 자기주식처분이익은 자본잉여금 항목이다.

08 유동부채(매입채무, 미지급법인세, 유동성장기부채) → 비유동부채(퇴직급여충당부채)

09 직접재료비 + 직접노무비 + 제조간접비 = 당기총제조원가

 기초재공품 + 당기총제조원가 − 기말재공품 = 당기제품제조원가

10 기초재공품재고액 + 당기총제조원가 - 기말재공품재고액 = 당기제품제조원가
    └ 1,000,000 + 당기총제조원가 - 2,000,000 = 10,000,000원

∴ 당기총제조원가는 11,000,000원

기초원가(7,000,000) + 제조간접비 = 당기총제조원가(11,000,000)

∴ 제조간접비는 4,000,000원

11 준변동비(혼합원가) : 고정비와 변동비의 성격을 동시에 갖고 있는 원가를 말한다. 준변동비에는 전력비, 통신비 등이 있다.

12 기말재공품의 (1) 재료비 : 완성품환산량 700개
              (2) 가공비 : 완성품환산량 420개(700개 × 60%)

재료비(재료비 완성품환산량 × 완성품환산량 단위당 재료비) + 가공비(가공비 완성품환산량 × 완성품환산량 단위당 가공비) = 기말재공품의 원가

재료비(700개 × 500원) + 가공비(420개 × 400원) = 518,000원

13 사업자가 재화 또는 용역을 공급받는 자에게 지급하는 장려금이나 이와 유사한 금액 및 대손금액은 과세표준에서 공제하지 아니한다.

> [해설] ① 재화의 수입에 대한 부가가치세의 과세표준은 그 재화에 대한 관세의 과세가격과 관세, 개별소비세, 주세, 교육세, 농어촌특별세 및 교통·에너지·환경세를 합한 금액으로 한다.

14 부가가치세를 납부할 의무가 있는 자는 ㉠ 사업자, ㉡ 재화를 수입하는 자이다. 따라서 재화를 수입하는 자는 사업자가 아니어도 부가가치세를 납부할 의무가 있다.

15 영세율은 소비지국 과세원칙을 구현하기 위한 제도이고, 세부담의 역진성을 완화하기 위한 제도는 면세 제도이다.

실무시험 답안 및 해설 (제94회)

문제1 기초정보관리

1. 거래처별 초기이월
[전기분재무제표]>[거래처별초기이월]에서 화면 좌측에 "외상매입금 · 미지급금"을 각각 선택하고, 화면 우측에 다음과 같이 입력한다.
① 외상매입금 : 142.남성산업기계 20,656,000원 ➡ 30,656,000원으로 수정 입력
　　　　　　　　161.세콤전자 26,000,000원 추가 입력
② 미지급금 : 122.㈜고요상사 1,500,000원 ➡ 2,500,000원으로 수정 입력
　　　　　　　126.㈜유앤아이 1,300,000원 추가 입력

2. 계정과목 및 적요등록
[기초정보관리]>[계정과목및적요등록]에서 "814.통신비"를 선택하고, 화면 우측에 적요 No(3)/ 대체적요(사무실 인터넷 사용료 지급)를 입력한다.

3. 전기이월작업
① [전기분재무제표]>[전기분손익계산서]에서 "953.기부금 5,000,000원"을 입력하고, [당기순이익]란 145,150,000원을 확인한다.
② [전기분잉여금처분계산서]에서 상단 툴바의 [F6 불러오기]를 클릭하고, [당기순이익]란 145,150,000원과 [미처분이익잉여금]란 158,567,000원을 확인한다.
③ [전기분재무상태표]에서 [375.이월이익잉여금]란을 158,567,000원으로 수정 입력한다.

문제2 일반전표입력

1. 9월 14일 : (차) 842.견본비　　　　　　400,000　/　(대) 150.제품　　　　　　400,000
　　　　　　　　　　　　　　　　　　　　　　　　　　　　　　　(적요 : 8.타계정으로 대체액)

[해설] 제품이 판매되지 않고 다른 용도로 사용되었으므로 반드시 적요(8)를 입력하고, 다른 용도로 사용된 제품의 원가를 장부에서 제거한다.

2. 9월 30일 : (차) 255.부가세예수금　9,910,000　/　(대) 135.부가세대급금　11,230,000
　　　　　　　(차) 120.미수금　　　　　1,320,000

3. 10월 5일 : (차) 253.미지급금   180,000,000 / (대) 103.보통예금   165,000,000
              (거래처 : AUTO사)   (대) 907.외환차익   15,000,000

   [해설] 미지급금 : $150,000 × 1,200/$ = 180,000,000원.
         보통예금 : $150,000 × 1,100/$ = 165,000,000원

4. 10월 15일 : (차) 253.미지급금   50,000,000 / (대) 110.받을어음   40,000,000
              (거래처 : ㈜대광건설)   (거래처 : 해피상사)
                                                  (대) 103.보통예금   10,000,000

5. 11월 13일 : (차) 293.장기차입금   20,000,000 / (대) 103.보통예금   20,300,000
              (거래처 : 기업은행)
              (차) 951.이자비용   300,000

6. 11월 17일 : (차) 103.보통예금   25,000,000 / (대) 383.자기주식   23,250,000
                                                  (대) 390.자기주식처분손실 1,500,000
                                                  (대) 343.자기주식처분이익   250,000

   [해설] 자기주식처분이익 발생시에 장부상 자기주식처분손실 계정 잔액이 존재하는 경우에는 자기주식처분손실
         의 범위내에서 자기주식처분손실과 우선 상계한다.

문제3 매입매출전표입력

1. 10월 11일 : 유형(52.영세)/ 품목(원재료)/ 수량( )/ 단가( )/ 공급가액(44,000,000)/ 부가세( )
   / 공급처명(㈜평산기업)/ 전자(1 : 여)/ 분개(3.혼합)
   (차변) 153.원재료   44,000,000
   (대변) 252.지급어음   44,000,000

2. 10월 19일 : 유형(57.카과)/ 품목(수선비)/ 수량( )/ 단가( )/ 공급가액(150,000)/ 부가세
   (15,000)/ 공급처명(㈜진진)/ 신용카드사(신한카드)/ 분개(3.혼합)
   (차변) 135.부가세대급금   15,000
   (차변) 520.수선비   150,000
   (대변) 253.미지급금   165,000   (거래처 : 신한카드)

   [해설] [공급가액]란에 공급대가(165,000원)를 입력하면 공급가액과 세액이 자동으로 분리되어 입력된다. 미지
         급금의 거래처를 "신한카드"로 변경한다.

3. 10월 30일 : 유형(51.과세)/ 품목(원재료)/ 수량( )/ 단가( )/ 공급가액(-7,000,000)/ 부가세
   (-700,000)/ 공급처명(㈜세무)/ 전자(1 : 여)/ 분개(2.외상)

(대변) 251.외상매입금   -7,700,000
(차변) 135.부가세대급금   -700,000
(차변) 153.원재료   -7,000,000

4. 11월 15일 : 유형(16.수출)/ 품목(제품)/ 수량( )/ 단가( )/ 공급가액(22,000,000)/ 부가세( )/ 공급처명(Moisa사)/ 영세율구분(1)/ 분개(2.외상)
   (차변) 108.외상매출금   22,000,000
   (대변) 404.제품매출   22,000,000
   [해설] 공급시기 이후에 외국통화 그 밖의 외국환 상태로 보유하거나 지급받는 경우에는 공급시기(선적일)의 기준환율 또는 재정환율에 따라 계산한 금액을 과세표준으로 한다.
   과세표준 : $20,000 × 1,100원/$ = 22,000,000원

5. 12월 12일 : 유형(53.면세)/ 품목(토지)/ 수량( )/ 단가( )/ 공급가액(150,000,000)/ 부가세( ) / 공급처명(㈜한국토건)/ 전자(1 : 여)/ 분개(3.혼합)
   (차변) 201.토지   150,000,000
   (대변) 102.당좌예금   50,000,000
   (대변) 253.미지급금   100,000,000

6. 12월 15일 : 유형(17.카과)/ 품목(제품)/ 수량( )/ 단가( )/ 공급가액(2,000,000)/ 부가세(200,000)/ 공급처명(하나무역)/ 신용카드사(비씨카드)/ 분개(2.외상)
   (차변) 108.외상매출금   2,200,000   (거래처 : 비씨카드)
   (대변) 255.부가세예수금   200,000
   (대변) 404.제품매출   2,000,000
   [해설] [공급가액]란에 공급대가(2,200,000원)를 입력하면 공급가액과 세액이 자동으로 분리되어 입력된다.

문제4 오류수정

1. [전표입력]>[일반전표입력]에서 9월 5일 전표를 다음과 같이 수정 입력한다.
   수정 전 : (차) 103.보통예금   5,500,000 / (대) 259.선수금   5,500,000
                                                    (거래처 : ㈜태산정공)

   수정 후 : (차) 103.보통예금   5,500,000 / (대) 108.외상매출금   5,500,000
                                                    (거래처 : ㈜태산정공)

2. [매입매출전표입력]에서 10월 4일 전표를 다음과 같이 수정 입력한다.
   수정 전 : 유형(51.과세)/ 품목(기념품)/ 수량( )/ 단가( )/ 공급가액(3,000,000)/ 부가세(300,000)/ 공급처명(㈜성실)/ 전자(1 : 여)/ 분개(1.현금)

(출금) 135.부가세대급금   300,000
(출금) 811.복리후생비   3,000,000

수정 후 : 유형(54.과세)/ 품목(기념품)/ 수량( )/ 단가( )/ 공급가액(3,000,000)/ 부가세(300,000)/ 공급처명(㈜성실)/ 전자(1 : 여)/ 불공제사유(4)/ 분개(1.현금)
(출금) 813.접대비   3,300,000

[해설] 접대비 및 이와 유사한 비용과 관련된 매입세액은 공제되지 않는다.

문제5 결산정리

1단계 [일반전표입력] 메뉴에서 수동분개

[전표입력]>[일반전표입력]에서 결산일자(12월 31일)로 수동분개를 한다.

1. 12월 31일 : (차) 951.이자비용   4,500,000   /   (대) 262.미지급비용   4,500,000
   [해설] 이자 미지급분 : 100,000,000 × 6% × (당기 9개월/총 12개월) = 4,500,000원

2. 12월 31일 : (차) 107.단기매매증권   6,000,000   /   (대) 905.단기매매증권평가이익 6,000,000
   [해설] 공정가액(81,000,000) − 취득가액(75,000,000) = 6,000,000원(평가이익)

2단계 [결산자료입력] 메뉴에서 해당란에 입력

[결산/재무제표]>[결산자료입력]에서 기간(1월 ~ 12월)을 입력한다.

▶ 대손상각 : [외상매출금 2,313,900원] [받을어음 762,500원] (대손충당금)

[해설] [결산/재무제표]>[합계잔액시산표]에서 기간(12월 31일)을 입력하고 대손충당금 추가 설정액을 계산한다. 또는 상단 툴바의 F8 대손상각 을 클릭하여 입력할 수 도 있다.
① 외상매출금 : (258,390,000 × 1%) − 270,000 = 2,313,900원
② 받을어음 : (94,250,000 × 1%) − 180,000 = 762,500원

3단계 [일반전표입력] 메뉴에 결산분개 추가

입력이 완료되면 상단 툴바의 F3 전표추가 를 클릭하고 대화창에서 예(Y) 를 클릭하여, [일반전표입력]에 결산분개를 추가한다.

문제6 장부조회

1. [결산/재무제표]>[재무상태표]에서 기간(3월)을 입력하고 제 8(당)기와 제 7(전)기의 [유동자산]란의 금액을 확인한다.

제 94 회   167

> 답안 : 466,290,000원

[해설] 당기 3월말 유동자산(720,313,000) - 전기말 유동자산(254,023,000) = 466,290,000원

2. [장부관리]>[총계정원장]에서 『월별』 탭을 선택하고 기간(1월 1일 ~ 6월 30일)/ 계정과목 (404.제품매출 ~ 404.제품매출)을 입력하고 [대변]란의 금액을 확인한다.

> 답안 : 158,470,000원

[해설] 1월 제품매출(177,250,000) - 3월 제품매출(18,780,000) = 158,470,000원

3. [매입매출장]에서 조회기간(4월 1일 ~ 6월 30일)/ 구분(2.매출)/ 유형(22.현과)을 입력하고 [합계]란의 분기누계를 확인한다.

> 답안 : 17,300,000원

[해설] "23.현면"과 "24.현영"은 입력된 자료가 없다.

특별회차
제 94회 기출문제 (이론+실무)

도전
45.29%
합격률

● 회사코드 : 3941
● 회 사 명 : 서원기계㈜
● 제한시간 : 60분

이 론 시 험

다음 문제를 보고 알맞은 것을 골라 [이론문제 답안작성] 메뉴에 입력하시오. (※ 객관식 문항당 2점)

01 다음 중 일반기업회계기준에서 재무보고의 목적과 거리가 가장 먼 항목은?
① 투자 및 신용의사결정에 유용한 정보의 제공
② 미래 현금흐름 예측에 유용한 정보의 제공
③ 경영자의 수탁책임평가에 유용한 정보의 제공
④ 재무상태, 경영성과, 현금흐름 및 자본변동에 관한 화폐 및 비화폐적 정보의 제공

02 아래의 현금계정에 대한 날짜별 거래내용의 추정으로 가장 틀린 것은?

현금			
1/7 자본금	1,000,000원	1/10 원재료	200,000원
1/15 임대보증금	500,000원	1/20 외상매입금	300,000원

① 1월 7일 : 현금 1,000,000원을 출자하여 영업을 시작하였다.
② 1월 10일 : 원재료 200,000원을 매입하고, 대금은 현금으로 지급하였다.
③ 1월 15일 : 임대보증금 500,000원을 현금으로 지급하였다.
④ 1월 20일 : 거래처 외상매입금 300,000원을 현금으로 상환하였다.

03 다음 중 아래 빈칸의 내용으로 가장 적합한 것은?

- 선수수익이 (가) 되어 있다면 당기순이익은 과대계상 된다.
- 선급비용이 (나) 되어 있다면 당기순이익은 과대계상 된다.

	가	나		가	나
①	과대계상	과소계상	②	과소계상	과소계상
③	과소계상	과대계상	④	과대계상	과대계상

04 다음 중 회계정보의 질적특성 중 하나인 목적적합성을 갖기 위한 회계정보의 속성이 아닌 것은?

① 표현의 충실성   ② 예측가치
③ 피드백가치   ④ 적시성

05 재고자산감모손실이 10,000원 발생하였다. 이 중 8,000원은 정상적인 감모손실이고 2,000원은 비정상적인 감모손실이다. 다음 중 감모손실이 재무제표에 미치는 영향을 잘못 설명한 것은?

① 당기순이익을 10,000원 감소시킨다.   ② 재고자산을 10,000원 감소시킨다.
③ 매출총이익을 8,000원 감소시킨다.   ④ 영업이익을 10,000원 감소시킨다.

06 다음 중 일반기업회계기준의 현금및현금성자산이 아닌 것은?

① 취득 당시 만기가 3개월 이내에 도래하는 채권 및 단기금융상품
② 당좌차월
③ 우편환증서, 전신환증서 등 통화대용증권
④ 타인발행 당좌수표

07 다음 중 일반기업회계기준의 유가증권에 대한 설명으로 틀린 것은?

① 단기매매증권의 미실현보유이익은 당기순이익 항목으로 처리한다.
② 단기매매증권 및 매도가능증권은 원칙적으로 공정가치로 평가한다.
③ 단기매매증권이 시장성을 상실한 경우에는 만기보유증권으로 분류하여야 한다.
④ 매도가능증권의 미실현보유이익은 기타포괄손익누계액으로 처리한다.

08 다음 중 일반기업회계기준의 무형자산에 대한 설명으로 가장 틀린 것은?

① 영업권, 산업재산권, 개발비, 연구비 등이 포함된다.
② 무형자산의 취득 후의 지출로서 일정한 요건을 충족하는 경우에는 자본적 지출로 처리한다.
③ 물리적 형체는 없지만 식별가능하고 기업이 통제하고 있으며 미래 경제적 효익이 있는 비화폐성자산이다.
④ 상각기간은 관계 법령이나 계약에 정해진 경우를 제외하고는 20년을 초과할 수 없다.

09 회사의 10월 중 당월총제조원가는 600,000원이다. 10월초 원재료재고액이 80,000원이고, 10월 중 원재료구입액이 350,000원 그리고 가공원가가 300,000원이라면 10월 말의 원재료재고액은 얼마인가?

① 110,000원　　② 120,000원　　③ 130,000원　　④ 140,000원

10 다음 중 개별원가계산에 대한 설명으로 가장 잘못된 것은?

① 개별작업에 대한 원가의 추적가능성 여부에 따라 원가를 직접원가와 제조간접원가로 분류한다.
② 직접원가는 실제원가를 제품별로 직접 대응시킨다.
③ 제조간접원가는 실제원가 또는 예정원가를 각 제품에 배부한다.
④ 개별원가계산은 종합원가계산과 비교하여 소품종대량생산을 하는 기업에 더 적합한 원가계산방법이다.

11 제조간접비와 관련한 자료가 다음과 같을 경우 제조간접비 기계작업시간당 예정배부율은 얼마인가?

- 제조간접비 실제발생액 : 23,500,000원
- 제조간접비 과대배부 : 1,500,000원
- 실제 기계작업시간 : 500시간

① 44,000원　　② 47,000원　　③ 50,000원　　④ 53,000원

12 다음 중 보조부문의 원가를 용역수수관계를 고려하여 배분하는 방법으로 묶어진 것은?

| A. 단계배부법 | B. 상호배부법 | C. 직접배부법 |

① A, C　　② B, C　　③ A, B　　④ A, B, C

13 다음 중 전자세금계산서 제도에 대한 설명으로 가장 틀린 것은?

① 발급기한은 원칙적으로 공급시기이지만, 예외도 있다.
② 전송기한은 발급일의 다음 날까지이다.
③ 전자세금계산서 관련 가산세는 미(지연)발급 가산세와 미(지연)전송 가산세 등이 있다.
④ 발급의무자는 모든 법인사업자 및 직전연도 공급가액(과세공급가액과 면세공급가액) 합계가 10억원 이상인 개인사업자이다.

14 다음 (   ) 안에 들어갈 말은 무엇인가?

> 사업장이 둘 이상인 사업자(사업장이 하나이나 추가로 사업장을 개설하려는 사업자를 포함한다)는 사업자단위로 해당 사업자의 본점 또는 주사무소 관할 세무서장에게 등록을 신청할 수 있다. 이 경우 등록한 사업자를 (   )라 한다.

① 간이과세자   ② 총괄납부사업자   ③ 겸업사업자   ④ 사업자단위과세사업자

15 다음 중 부가가치세 과세대상에 해당하는 것을 모두 고른 것은?

> 가. 상품을 국외로부터 수입하는 경우
> 나. 제품을 판매목적으로 수출하는 경우
> 다. 차량을 양도담보 목적으로 제공하는 경우
> 라. 사업용 기계장치를 매각하는 경우

① 나, 다, 라   ② 가, 나, 다   ③ 가, 나, 라   ④ 가, 다, 라

실 무 시 험

서원기계㈜(회사코드 : 3941)은 기계부품을 제조하여 판매하는 중소기업이며, 당기(제10기) 회계기간은 2022.1.1. ~ 2022.12.31.이다. 전산세무회계 수험용 프로그램을 이용하여 다음 물음에 답하시오.

문제1 다음은 기초정보관리 및 전기분재무제표에 대한 자료이다. 각각의 요구사항에 대하여 답하시오. (10점)

1. 다음 자료를 보고 거래처를 [거래처등록] 메뉴에서 등록하시오. (3점)

- 거래처 구분 : 일반거래처
- 거래처명 : ㈜온양상사
- 유형 : 매출
- 업태 : 제조
- 종목 : 소형가전
- 거래처 코드 : 01355
- 사업자등록번호 : 140-81-21428
- 대표자명 : 오은실
- 사업장 주소 : 경기 시흥 정왕대로 233번길 12
- ※ 주소 입력시 우편번호 입력은 생략해도 무방함.

2. 미지급금(코드 : 253) 계정과목에 대하여 다음과 같이 적요를 등록하시오. (3점)

- 적요구분 : 대체적요
- 적요No : 9
- 적요내용 : 비품구입시 미지급금 발생

3. 전기분 손익계산서에 아래의 오류가 발견되었다. 관련되는 전기분 재무제표를 모두 수정하시오. (4점)

- 차량유지비(822) : 6,000,000원(오류 금액) ⇨ 7,000,000원(올바른 금액)

문제2 다음 거래 자료를 [일반전표입력] 메뉴에 추가 입력하시오(일반전표입력의 모든 거래는 부가가치세를 고려하지 말 것). (18점)

1. 7월 31일 ㈜대평에서 발행한 채권(만기는 2027년 5월 31일이고, 시장성은 없다) 90,000,000원을 만기까지 보유할 목적으로 당좌수표를 발행하여 취득하였다. 단, 채권을 취득하는 과정에서 발생한 수수료 80,000원은 현금으로 지급하였다. (3점)

2. 9월 1일 시민은행에 신청한 대출금 200,000,000원(10개월 만기, 이자율 연5%, 이자는 만기지급)이 보통예금으로 입금되었다. (3점)

3. 9월 15일 현금시재를 확인한 결과 장부잔액보다 실제 현금잔고가 80,000원 더 많이 있으나 그 원인을 알 수가 없었다. (3점)

4. 10월 26일 외부에서 전문강사를 초빙하여 제조부문 직원들을 대상으로 기술교육을 실시하고 이에 대한 훈련비 지출액 1,000,000원에서 원천세 88,000원을 공제한 후 잔액을 보통예금에서 이체하였다. (3점)

5. 10월 30일 당사는 전 임직원의 퇴직금에 대해 확정기여형(DC형) 퇴직연금에 가입하고 있으며 10월분 퇴직연금납부액(영업부문 직원 7,000,000원, 제조부문 직원 8,000,000원)을 당사 보통예금에서 계좌이체 하였다(하나의 전표로 입력할 것). (3점)

6. 11월 10일 사무실로 사용하기 위해 ㈜센타프라자와 임대차계약을 체결하고 보증금 20,000,000원을 당좌수표를 발행하여 지급하였다. (3점)

문제3 다음 거래 자료를 [매입매출전표입력] 메뉴에 입력하시오. (18점)

1. 8월 17일 ㈜서부산업으로부터 원재료를 매입하고 대금은 전액 보통예금에서 지급하고, 다음의 현금영수증을 발급받았다. (3점)

현금영수증

가맹점명 승인번호 123654
(주)서부산업 233-81-03149 박동현
서울 송파구 동남로 123 TEL : 02-580-5567
홈페이지 http://www.subu.co.kr

현금(지출증빙용)

구매 20□/8/17/13 : 25   거래번호 : 4512-1020

상품명	수량	금액
원재료 123-ADC-456	70	7,700,000
과세공급가액		7,000,000
부가가치세		700,000
합계		7,700,000

2. 9월 1일 당사의 영업부 대리 이지성씨의 결혼식을 축하하기 위해 화환을 구입하고 다음의 전자계산서를 발급받았다. 대금은 다음 달에 주기로 하였다. (3점)

전자계산서(공급받는자 보관용)

승인번호 xxxxxxxxx

	공급자				공급받는자			
등록번호	133 - 81 - 40320			등록번호	130 - 86 - 55834			
상호(법인명)	㈜하은	성명(대표자)	김하은	상호(법인명)	서원기계㈜	성명(대표자)	박영석	
사업장주소	서울 송파구 동남로 145			사업장주소	경기도 부천시 석천로 345			
업태	소매	종목	꽃	업태	제조, 도소매	종목	기계부품가공	
이메일				이메일				

작성일자	20□-09-01	공급가액	99,000

월	일	품목	규격	수량	단가	공급가액	비고
9	1	화환				99,000	

합계금액	현금	수표	어음	외상미수금	이 금액을	영수 함 청구
99,000				99,000		

3. 10월 25일 업무용 비품으로 사용하던 에어컨(취득가액 4,800,000원, 처분시 감가상각누계액 2,650,000원)을 ㈜비현실업에 500,000원(부가가치세 별도)에 처분하고 전자세금계산서를 발급하였다. 대금은 현금으로 영수하였다. (3점)

4. 11월 24일 ㈜펜시에 구매확인서에 의해 제품을 판매하고 영세율 전자세금계산서(공급가액 50,000,000원)를 발급하였다. 대금은 보통예금으로 받았다. (3점)

5. 12월 13일 ㈜신곡기계에 주문했던 기계장치를 납품받고 전자세금계산서(공급가액 15,000,000원, 부가가치세 1,500,000원)를 발급받았다. 동 건에 대하여 9월 30일 지급한 선급금(3,000,000원)을 차감하고 잔액은 외상으로 하였다(단, 고정자산등록은 생략할 것). (3점)

6. 12월 22일 회사는 공장을 신축하기 위하여 ㈜홍일테크로부터 토지와 건물을 매입하면서 건물에 대한 대금은 보통예금에서 지급하고 다음의 전자세금계산서를 발급받았다. 동 건물은 구입 즉시 신축을 위하여 철거하였다. 다음의 세금계산서에 근거하여 해당 건물 취득에 대한 회계처리를 하시오. (3점)

전자세금계산서(공급받는자 보관용)							승인번호		xxxxxxxx	
공급자	등록번호	220-81-19591			공급받는자	등록번호	130-86-55834			
	상호(법인명)	㈜홍일테크	성명(대표자)	김홍일		상호(법인명)	서원기계㈜	성명(대표자)	박영석	
	사업장주소	서울 강남구 역삼동 700				사업장주소	경기도 부천시 석천로 345			
	업태	도소매	종목	전자부품		업태	제조,도소매	종목	기계부품가공	
	이메일					이메일				
작성일자	공급가액		세액		수정사유					
20□.12.22.	20,000,000		2,000,000							
월	일	품목	규격	수량	단가	공급가액	세액	비고		
12	22	건물				20,000,000	2,000,000			
합계금액	보통예금	수표		어음		외상미수금	이 금액을	영수 / 청구	함	
22,000,000	22,000,000									

문제4 [일반전표입력] 및 [매입매출전표입력] 메뉴에 입력된 내용 중 다음과 같은 오류가 발견되었다. 입력된 내용을 확인하여 정정하시오. (6점)

1. 9월 25일 회계처리한 세금과공과는 영업부에서 사용할 차량 취득세를 보통예금 계좌이체를 통해 납부한 것이다. (3점)

2. 12월 20일 임차료를 현금 지급하고 전자세금계산서를 수취한 것으로 잘못 입력하였으나 임대료(영업외수익)를 현금으로 받고 전자세금계산서를 발급한 것으로 확인되었다. (3점)

문제5 결산정리사항은 다음과 같다. 해당 메뉴에 입력하시오. (9점)

1. 지난 4월 15일 영업 관리팀에서 사용할 A4용지(1,000BOX, 1BOX당 20,000원)를 구입하고 전액 소모품(자산)으로 처리하였다. 기말 현재 재고조사 결과 남아있는 것은 100박스임을 확인하였다. (3점)

2. 기말 외상매입금 중에는 피닉스상사(거래처 입력할 것)에 대한 외상매입금 11,000,000원($10,000)이 포함되어있다(결산일 현재 적용환율 : 1,000원/1$). (3점)

3. 재고자산의 기말재고액은 다음과 같다. (3점)

   - 원재료 : 4,300,000원   • 재공품 : 3,800,000원   • 제품 : 12,000,000원

문제6 다음 사항을 조회하여 답안을 [이론문제 답안작성] 메뉴에 입력하시오. (9점)

1. 6월말 현재 외주가공비(제조원가에 속함)는 전년도 12월말 외주가공비보다 얼마나 감소하였는가? (양수로 표시할 것) (3점)

2. 5월 중 ㈜광명상사에게 지급한 외상매입금은 얼마인가? (3점)

3. 1분기(1월 ~ 3월) 부가가치세 과세표준 합계와 2분기(4월 ~ 6월) 부가가치세 과세표준 합계의 차이는 얼마인가? (양수로 표시할 것) (3점)

이론시험 답안 및 해설 (제94회 특별)

답안					
	1. ④	2. ③	3. ③	4. ①	5. ④
	6. ②	7. ③	8. ①	9. ③	10. ④
	11. ③	12. ③	13. ④	14. ④	15. ③

01 재무제표는 화폐단위로 측정된 정보를 주로 제공한다는 특성과 한계를 가지고 있다.

[해설] 재무회계 개념체계 제2장 재무보고의 목적
- 투자 및 신용의사결정에 유용한 정보의 제공
  21. 재무보고는 기업실체에 대한 현재 및 잠재의 투자자와 채권자가 합리적인 투자의사결정과 신용의사결정을 하는 데 유용한 정보를 제공하여야 한다.
- 미래 현금흐름 예측에 유용한 정보의 제공
  24. 재무보고는 투자 또는 자금대여 등으로부터 받게 될 미래 현금의 크기, 시기 및 불확실성을 평가하는 데 유용한 정보를 제공하여야 한다. 또한, 그러한 미래 현금유입은 기업실체의 미래 현금창출능력에 의존하게 되므로, 재무보고는 당해 기업실체에 유입될 미래 순현금흐름의 크기, 시기 및 불확실성을 평가하는 데 유용한 정보를 제공하여야 한다.
- 재무상태, 경영성과, 현금흐름 및 자본변동에 관한 정보의 제공
  28. 재무보고는 기업실체의 재무상태, 경영성과, 현금흐름 및 자본변동에 관한 정보를 제공하여야 한다.
- 경영자의 수탁책임 평가에 유용한 정보의 제공
  33. 재무제표는 경영자의 수탁책임의 이행 등을 평가할 수 있는 정보를 제공한다.

02 분개(1/ 7) : (차) 현금   1,00,000   /   (대) 자본금   1,00,000
분개(1/10) : (차) 원재료   200,000   /   (대) 현금   200,000
분개(1/15) : (차) 현금   500,000   /   (대) 임대보증금   500,000
분개(1/20) : (차) 외상매입금   300,000   /   (대) 현금   300,000

[해설] 1월 15일 : 임대보증금 500,000원을 현금으로 받았다.

03
- 선수수익은 당기에 속하는 수익 중 차기에 속하는 수익을 당기의 수익에서 차감하고, 동시에 선수금의 성질을 가진 부채로 대체시켜 차기로 이월시키는 것이므로, 선수수익을 과소계상하면 당기의 수익이 과대계상 되어 당기순이익이 과대계상 된다.
- 선급비용은 당기에 지출된 비용 중 차기에 속하는 비용을 당기의 비용에서 차감하고, 동시에 선급금의 성질을 가진 자산으로 대체시켜 차기로 이월시키는 것이므로, 선급비용이 과대계상하면 당기의 비용이 과소계상 되어 당기순이익이 과대계상 된다.

04. 목적적합성을 갖기 위한 회계정보의 속성은 ㉠ 예측가치, ㉡ 피드백가치, ㉢ 적시성이며, 신뢰성을 갖기 위한 회계정보의 속성은 ⓐ 검증가능성, ⓑ 중립성, ⓒ 표현의 충실성이다.

05. 재고자산감모손실 10,000원이 발생한 경우에는 장부상의 재고자산 10,000원을 감소시킨다.
　㉠ 정상적인 감모손실 8,000원은 매출원가에 가산
　　└ 매출총이익 8,000원 감소, 영업이익 8,000원 감소, 당기순이익 8,000원 감소
　㉡ 비정상적인 감모손실 2,000원은 영업외비용으로 처리
　　└ 당기순이익 2,000원 감소

06. 당좌차월은 단기차입금에 해당한다.

07. 단기매매증권이 시장성을 상실한 경우에는 매도가능증권으로 분류하여야 한다.

08. 연구단계에서 발생한 지출(연구비)은 무형자산으로 인식할 수 없고 발생한 기간의 비용으로 인식한다.

09. 직접재료비 + 가공원가(직접노무비 + 제조간접비) = 당월총제조원가
　└ 직접재료비 + 300,000 = 600,000원　　　　　　∴ 직접재료비는 300,000원
　10월초 원재료재고액 + 10월 중 원재료구입액 − 10월말 원재료재고액 = 직접재료비
　└ 80,000 + 350,000 − 10월말 원재료 재고액 = 300,000원
　∴ 10월말 원재료 재고액은 130,000원

10. 개별원가계산은 종합원가계산과 비교하여 다품종 소량생산을 하는 기업에 더 적합한 원가계산방법이다.

11. 제조간접비 예정배부액 − 제조간접비 실제발생액(23,500,000) = 1,500,000원 과대배부
　∴ 제조간접비 예정배부액은 25,000,000원
　실제 기계작업시간(500시간) × 예정배부율 = 제조간접비 예정배부액(25,000,000)
　∴ 예정배부율은 기계작업시간당 50,000원

12. 직접배부법은 보조부문 상호간에 용역을 주고받는 관계를 완전히 무시하고, 모든 보조부문비를 제조부문에 제공하는 용역비율에 따라 제조부문에만 직접배분하는 방법이다.
　[해설] ● 단계배부법 : 보조부문들 간에 일정한 배분 순서를 정한 다음 그 배분 순서에 따라 보조부문비를 단계적으로 다른 보조부문과 제조부문에 배분하는 방법이다.

● 상호배부법 : 보조부문 상호간의 용역 수수관계를 완전하게 고려하는 방법으로, 보조부문비를 제조부문뿐만 아니라, 보조부문 상호간에 배분하는 방법이다.

13 전자세금계산서 발급의무자는 모든 법인사업자 및 직전연도 공급가액(과세공급가액과 면세공급가액) 합계가 3억원 이상인 개인사업자이다.

[해설] ① 세금계산서는 사업자가 재화 또는 용역의 공급시기에 재화 또는 용역을 공급받는 자에게 발급하여야 한다. 단, 공급시기 전 발급특례와 공급시기 후 발급특례가 있다.

14 사업자단위과세사업자에 대한 설명이다.

15 부가가치세 과세대상은 ㉠ 재화의 공급(나. 라), ㉡ 용역의 공급, ㉢ 재화의 수입(가)이다.

[해설] 질권·저당권 또는 양도담보의 목적으로 동산·부동산 및 부동산상의 권리를 제공하는 것은 재화의 공급으로 보지 않는다.

전산회계 1급(기출문제)

실무시험 답안 및 해설 (제94회 특별)

문제1 기초정보관리

1. 거래처등록
[기초정보관리]>[거래처등록]에서 『일반거래처』 탭을 선택하고, 코드 1355번으로 거래처를 등록한다.

2. 계정과목 및 적요등록
[계정과목및적요등록]에서 "253.미지급금"을 선택하고, 화면 우측에 적요No(9)/ 대체적요(비품구입시 미지급금 발생)를 입력한다.

3. 전기이월작업
① [전기분재무제표]>[전기분손익계산서]에서 [822.차량유지비]란을 7,000,000원으로 수정 입력하고, [당기순이익]란 57,100,000원을 확인한다.
② [전기분잉여금처분계산서]에서 상단 툴바의 를 클릭하고, [당기순이익]란 57,100,000원과 [미처분이익잉여금]란 77,635,000원을 확인한다.
③ [전기분재무상태표]에서 [375.이월이익잉여금]란을 77,635,000원으로 수정 입력한다.

문제2 일반전표입력

1. 7월 31일 : (차) 181.만기보유증권　　90,080,000　／　(대) 102.당좌예금　　90,000,000
　　　　　　　　　　　　　　　　　　　　　　　　　　　　　(대) 101.현금　　　　　　80,000

[해설] 만기보유증권의 취득과 관련된 수수료는 자산의 원가에 가산하며, 이 경우 만기보유증권은 투자자산의 코드번호를 사용한다.

2. 9월 1일 : (차) 103.보통예금　　200,000,000　／　(대) 260.단기차입금　200,000,000
　　　　　　　　　　　　　　　　　　　　　　　　　　　　　　(거래처 : 시민은행)

3. 9월 15일 : (차) 101.현금　　80,000　／　(대) 141.현금과부족　　80,000

4. 10월 26일 : (차) 525.교육훈련비　　1,000,000　／　(대) 254.예수금　　　　88,000
　　　　　　　　　　　　　　　　　　　　　　　　　　　　(대) 103.보통예금　　912,000

5. 10월 30일 : (차) 806.퇴직급여   7,000,000 / (대) 103.보통예금   15,000,000
          (차) 508.퇴직급여   8,000,000

6. 11월 10일 : (차) 232.임차보증금   20,000,000 / (대) 102.당좌예금   20,000,000
          (거래처 : ㈜센타프라자)

문제3 매입매출전표입력

1. 8월 17일 : 유형(61.현과)/ 품목(원재료)/ 수량( )/ 단가( )/ 공급가액(7,000,000)/ 부가세(700,000)/ 공급처명(㈜서부산업)/ 분개(3.혼합)
   (차변) 135.부가세대급금   700,000
   (차변) 153.원재료   7,000,000
   (대변) 103.보통예금   7,700,000

   [해설] 공급가액란에 공급대가(7,700,000원)를 입력하면 공급가액과 세액이 자동으로 분리되어 입력된다. 수량만 제시되고 단가가 제시되지 않으면 수량 및 단가의 입력을 생략해도 된다.

2. 9월 1일 : 유형(53.면세)/ 품목(화환)/ 수량( )/ 단가( )/ 공급가액(99,000)/ 부가세( ) / 공급처명(㈜하은)/ 전자(1 : 여)/ 분개(3.혼합)
   (차변) 811.복리후생비   99,000
   (대변) 253.미지급금   99,000

3. 10월 25일 : 유형(11.과세)/ 품목(에어컨)/ 수량( )/ 단가( )/ 공급가액(500,000)/ 부가세(50,000)/ 공급처명(㈜비현실업)/ 전자(1 : 여)/ 분개(3.혼합)
   (대변) 255.부가세예수금   50,000
   (대변) 212.비품   4,800,000
   (차변) 213.감가상각누계액   2,650,000
   (차변) 101.현금   550,000
   (차변) 970.유형자산처분손실   1,650,000

4. 11월 24일 : 유형(12.영세)/ 품목(제품)/ 수량( )/ 단가( )/ 공급가액(50,000,000)/ 부가세( )/ 공급처명(㈜펜시)/ 전자(1 : 여)/ 영세율구분(3)/ 분개(3.혼합)
   (대변) 404.제품매출   50,000,000
   (차변) 103.보통예금   50,000,000

5. 12월 13일 : 유형(51.과세)/ 품목(기계장치)/ 수량( )/ 단가( )/ 공급가액(15,000,000)/ 부가세(1,500,000)/ 공급처명(㈜신곡기계)/ 전자(1 : 여)/ 분개(3.혼합)
   (차변) 135.부가세대급금   1,500,000
   (차변) 206.기계장치   15,000,000

(대변) 131.선급금　　　　　　　　　　　　　　　3,000,000
(대변) 253.미지급금　　　　　　　　　　　　　　13,500,000

6. 12월 22일 : 유형(54.불공)/ 품목(건물)/ 수량( )/ 단가( )/ 공급가액(20,000,000)/ 부가세(2,000,000)/ 공급처명(㈜홍일테크)/ 전자(1 : 여)/ 불공제사유(6)/ 분개(3.혼합)
(차변) 201.토지　　　　　22,000,000
(대변) 103.보통예금　　　　　　　　　　　　　　22,000,000

> [해설] 기존 건물이 있는 토지를 구입하여 철거한 후 건물을 신축하는 경우라면, 이 경우는 토지와 건물을 일괄 구입한 것이 아니라 토지를 구입한 것이므로 건물의 원가는 없다.
> 토지 조성 등을 위한 자본적 지출에 관련된 매입세액으로서 다음 중 어느 하나에 해당하는 것은 공제되지 않는다.
> ① 토지의 취득 및 형질변경, 공장부지 및 택지의 조성 등에 관련된 매입세액
> ② 건축물이 있는 토지를 취득하여 그 건축물을 철거하고 토지만을 사용하는 경우에는 철거한 건축물의 취득 및 철거비용에 관련된 매입세액
> ③ 토지의 가치를 현실적으로 증가시켜 토지의 취득원가를 구성하는 비용에 관련된 매입세액

문제4 오류수정

1. [전표입력]>[일반전표입력]에서 9월 25일 전표를 다음과 같이 수정 입력한다.
수정 전 : (차) 817.세금과공과　　2,100,000　/　(대) 103.보통예금　　2,100,000

수정 후 : (차) 208.차량운반구　　2,100,000　/　(대) 103.보통예금　　2,100,000

2. [매입매출전표입력]에서 12월 20일 전표를 다음과 같이 수정 입력한다.
수정 전 : 유형(51.과세)/ 품목(임대료)/ 수량( )/ 단가( )/ 공급가액(1,000,000)/ 부가세(100,000)/ 공급처명(지에스엠)/ 전자(1 : 여)/ 분개(1.현금)
(출금) 135.부가세대급금　　　　100,000
(출금) 819.임차료　　　　　　　1,000,000

수정 후 : 유형(11.과세)/ 품목(임대료)/ 수량( )/ 단가( )/ 공급가액(1,000,000)/ 부가세(100,000)/ 공급처명(지에스엠)/ 전자(1 : 여)/ 분개(1.현금)
(입금) 255.부가세예수금　　　　100,000
(입금) 904.임대료　　　　　　　1,000,000

문제5 결산정리

 [일반전표입력] 메뉴에서 수동분개

[전표입력]>[일반전표입력]에서 결산일자(12월 31일)로 수동분개를 한다.

1. 12월 31일 : (차) 830.소모품비   18,000,000 / (대) 173.소모품   18,000,000
   [해설] 소모품 사용액 : (1,000Box − 100Box) × @20,000 = 18,000,000원

2. 12월 31일 : (차) 251.외상매입금   1,000,000 / (대) 910.외화환산이익   1,000,000
                 (거래처 : 피닉스상사)
   [해설] 11,000,000 − ($10,000 × 1,000/$) = 1,000,000원(환산이익)

2단계 [결산자료입력] 메뉴에서 해당란에 입력
[결산/재무제표]>[결산자료입력]에서 기간(1월 ~ 12월)을 입력한다.

▶ 기말원재료재고액 : 4,300,000원

▶ 기말재공품재고액 : 3,800,000원

▶ 기말제품재고액 : 12,000,000원

3단계 [일반전표입력] 메뉴에 결산분개 추가
입력이 완료되면 상단 툴바의 F3전표추가를 클릭하고 대화창에서 를 클릭하여, [일반전표입력]에 결산분개를 추가한다.

문제6 장부조회

1. [결산/재무제표]>[제조원가명세서]에서 기간(6월)을 입력하고 제 10(당)기와 제 9(전)기의 [외주가공비]란의 금액을 확인한다.

   ● 답안 : 13,800,000원

   [해설] 전기말 외주가공비(33,800,000) − 당기 6월말 외주가공비(20,00,000) = 13,800,000원 감소

2. [장부관리]>[거래처원장]에서 『잔액』 탭을 선택하고 기간(5월 1일 ~ 5월 31일)/ 계정과목(251.외상매입금)/ 거래처(120.㈜광명상사 ~ 120.㈜광명상사)를 입력하고 [차변]란의 금액을 확인한다.

   ● 답안 : 6,500,000원

③. [부가가치]>[신고서/부속명세]>[부가가치세신고서]에서 『일반과세』 탭을 선택하고 조회기간(1월 1일 ~ 3월 31일)과 조회기간(4월 1일 ~ 6월 30일)을 각각 입력하고, 과세표준 및 매출세액 [합계(9)]란의 금액을 각각 확인한다.

> ◉ 답안 : 30,000,000원

[해설] 1분기 과세표준(214,546,000) - 2분기 과세표준(184,546,000) = 30,000,000원

제 93회 기출문제 (이론+실무)

도전
48.92%
합격률

- 회사코드 : 3930
- 회 사 명 : 대림상사㈜
- 제한시간 : 60분

이 론 시 험

다음 문제를 보고 알맞은 것을 골라 [이론문제 답안작성] 메뉴에 입력하시오. (※ 객관식 문항당 2점)

01 다음의 재무상태표 작성기준 중 그 내용이 가장 적절한 항목은?
① 자산과 부채는 유동성이 작은 항목부터 배열한다.
② 자산, 부채, 자본은 총액으로 표기하지 않고 순액으로 기재한다.
③ 자산과 부채는 결산일 기준 1년 또는 정상영업주기를 기준으로 구분 표시한다.
④ 자본항목 중 잉여금은 주주와의 거래인 이익잉여금과 영업활동의 결과인 자본잉여금으로 구분하여 표시한다.

02 다음의 열거된 항목 중 현금및현금성자산의 개수는?

• 자기앞수표   • 선일자수표   • 우편환증서   • 보통예금   • 우표

① 5개   ② 4개   ③ 3개   ④ 2개

03 회사는 현금주의에 의한 당기순이익을 계산한 결과 ×2년 회계연도의 순이익은 300,000원이었다. ×2년말은 ×1년말에 비하여 매출채권감소 70,000원, 미지급비용 감소 50,000원이었다. 발생주의 기준에 의한 ×2년 회계연도의 당기순이익을 계산하면 얼마인가?
① 210,000원   ② 230,000원   ③ 250,000원   ④ 280,000원

04 다음 중 부채에 대한 설명으로 가장 옳지 않은 것은?
① 부채는 과거의 거래나 사건의 결과로 현재 기업실체가 부담하고 있는 미래에 자원의 유출 또는 사용이 예상되는 의무이다.
② 부채는 항상 정상적인 영업주기 내 상환여부에 따라 유동부채와 비유동부채로 분류한다.
③ 퇴직급여충당부채는 보고기간말 현재 전 종업원이 일시에 퇴직할 경우 지급하여야 할 퇴직금에 상당하는 금액으로 한다.
④ 충당부채는 과거사건이나 거래의 결과에 의한 현재의무로서 지출의 시기 또는 금액이 불확실하지만, 그 의무를 이행하기 위하여 자원이 유출될 가능성이 매우 높고 또한 당해 금액을 신뢰성 있게 추정할 수 있는 의무를 말한다.

05 다음은 재무회계 개념체계에 대한 설명이다. 회계정보의 질적특성인 신뢰성을 갖기 위하여 필요한 요건이 아닌 것은?

① 표현의 충실성 ② 검증가능성
③ 중립성 ④ 피드백가치

06 아래의 건물과 관련한 지출 중 자산가치를 증가시키는 자본적 지출에 해당하지 않는 것은?

① 생산능력 증대를 위한 증축비용 ② 엘리베이터의 설치비용
③ 철골보강공사비용 ④ 건물벽의 부분도색비용

07 다음 중 시산표와 관련된 설명 중 잘못된 것은?

① 시산표 등식은 「기말자산 + 총비용 = 기말부채 + 기초자본 + 총수익」이다.
② 잔액이 차변에 남는 계정은 자산과 비용계정이다.
③ 분개는 거래의 이중성에 입각하여 차변요소와 대변요소로 결합되어야 한다.
④ 시산표상에서 발견할 수 있는 오류는 계정과목의 오기 등을 들 수 있다.

08 다음 자료를 바탕으로 자본잉여금의 금액을 계산하면 얼마인가? (단, 각 계정과목은 독립적이라고 가정하고 상계하지 않는다.)

- 자기주식 : 200,000원
- 이익준비금 : 200,000원
- 사업확장적립금 : 100,000원
- 매도가능증권평가이익 : 500,000원
- 주식발행초과금 : 300,000원
- 감자차익 : 250,000원
- 주식선택권 : 150,000원
- 자기주식처분이익 : 350,000원

① 700,000원 ② 900,000원 ③ 1,000,000원 ④ 1,300,000원

09 공장에서 가동 중인 기계장치(취득가액 1,000,000원)가 고장이 났다. 대안(1)은 기계를 수리하여 재사용하려면 350,000원의 수선비가 투입되어야 하고, 대안(2)는 폐기의 경우 150,000원을 받을 수 있지만 대체할 다른 기계장치 구입에 600,000원이 소요된다고 한다. 이 경우, 매몰원가의 금액은 얼마인가?

① 150,000원　　② 350,000원　　③ 600,000원　　④ 1,000,000원

10 다음 중 보조부문원가를 배분하는 방법과 설명이 잘못된 것은?

① 직접배분법 : 보조부문원가를 다른 보조부문에는 배분하지 않고 제조부문에만 직접 배분하는 방법이다.
② 단계배분법 : 보조부문간의 원가배분의 우선순위를 정하여 우선순위가 높은 보조부문 원가로부터 하위의 보조부문 및 제조부문에 순차적으로 배분하는 방법이다.
③ 상호배분법 : 보조부문간의 상호 관련성을 모두 고려하여 배분하는 방법이다.
④ 단일배분율법 : 보조부문원가를 변동원가와 고정원가로 구분하여 각각 다른 배분기준을 적용하여 배분하는 방법이다.

11 종합원가계산시 선입선출법에 의한 환산량이 평균법에 의한 환산량과 동일한 경우에 해당하는 것은?

① 기초재공품이 전혀 없는 경우　　② 기초제품이 전혀 없는 경우
③ 기말재공품이 전혀 없는 경우　　④ 기말제품이 전혀 없는 경우

12 다음의 설명에 해당하는 것은?

> • 일반적으로 관련범위 내에서 조업도의 변동과 관계없이 발생원가 총액이 일정하다.

① 개별 제품에 대한 포장비용　　② 기계사용에 대한 전력비용
③ 공장 건물에 대한 화재보험료　　④ 제품 생산에 대한 원재료비

13 다음 중 부가가치세법상 원칙적인 조기환급과 관련된 내용으로 틀린 것은?

① 관할세무서장은 조기환급신고기한이 지난 후 15일 이내에 환급하여야 한다.
② 조기환급기간은 예정신고기간 중 또는 과세기간 최종 3개월 중 매월 또는 매 2월을 말한다.
③ 조기환급기간이 끝난 날부터 15일 이내에 조기환급기간에 대한 과세표준과 환급세액을 신고하여야 한다.
④ 사업설비를 신설·취득·확장 또는 증축하는 경우에는 조기환급 대상이 된다.

14 다음 중 부가가치세법상 재화의 공급시기가 잘못 연결된 것은?

① 외국으로 직수출하는 경우 : 선적일 또는 기적일
② 무인판매기를 이용하여 재화를 공급하는 경우 : 현금을 투입한 때
③ 장기할부판매의 경우 : 대가의 각 부분을 받기로 한 때
④ 폐업할 때 자기생산·취득재화 중 남아 있는 재화 : 폐업일

15 다음 중 부가가치세 영세율과 관련한 설명으로 틀린 것은?

① 영세율은 수출하는 재화 뿐만 아니라 국외에서 공급하는 용역에도 영세율이 적용된다.
② 영세율이 적용되는 경우에는 항상 세금계산서 발급 의무가 면제된다.
③ 영세율이 적용되는 사업자는 부가가치세법상 과세사업자이어야 한다.
④ 영세율이 적용되는 사업자는 부가가치세법상 사업자로서의 제반의무를 이행하여야 한다.

대림상사㈜(회사코드 : 3930)은 사무용가구를 제조하여 판매하는 중소기업이며, 당기(제7기) 회계기간은 2022.1.1. ~ 2022.12.31.이다. 전산세무회계 수험용 프로그램을 이용하여 다음 물음에 답하시오.

문제1 다음은 기초정보관리 및 전기분 재무제표에 대한 자료이다. 각각의 요구사항에 대하여 답하시오. (10점)

1. 다음 자료를 보고 [거래처등록] 메뉴에서 거래처를 등록하시오. (3점)

- 회사명 : ㈜스마일(거래처코드 : 350)
- 사업자등록번호 : 403-81-51065
- 대표자 : 송미영
- 사업장주소 : 강원도 강릉시 동해대로 2336(운산동)
- 업태 : 도매 및 소매
- 종목 : 대형마트

※ 유형은 동시로 하고, 주소 입력시 우편번호 입력은 생략해도 무방함

2. 거래처별 초기이월 자료를 검토하여 올바르게 수정 또는 추가 입력하시오. (3점)

계정과목	거래처	금액	재무상태표 금액
외상매출금	㈜국제무역	38,000,000원	65,000,000원
	㈜영진상사	27,000,000원	
외상매입금	㈜한국기업	70,000,000원	93,500,000원
	㈜한빛산업	23,500,000원	

3. 전기분 재무제표를 검토한 결과 다음과 같은 오류를 확인하였다. 관련되는 재무제표를 적절히 수정하시오. (4점)

- 교육훈련비(제조원가에 속함) 1,500,000원이 누락된 것으로 확인된다.

문제2 다음 거래 자료를 [일반전표입력] 메뉴에 추가 입력하시오(일반전표입력의 모든 거래는 부가가치세를 고려하지 말 것). (18점)

1. 8월 27일 ㈜풍암산업으로부터 원재료 16,000,000원(200개, @80,000원)을 구입하기로 계약하고, 계약금 1,600,000원을 당좌수표를 발행하여 지급하였다. (3점)

2. 9월 17일 당사는 ㈜안동에 지급할 외상매입금 25,000,000원 중 20,000,000원은 보통예금계좌에서 이체하여 지급하고, 나머지 5,000,000원은 채무를 면제받았다. (3점)

3. 10월 25일 사업 확장에 필요한 자금을 조달하기 위하여 새로운 보통주 주식 5,000주(주당 액면금액 5,000원, 1주당 발행금액 10,000원)를 발행하였으며, 발행대금은 보통예금통장으로 입금되었다. 신주발행과 관련된 비용 500,000원은 현금으로 지급하였다. 단, 하나의 전표로 입력할 것, 주식할인발행차금은 없다고 가정한다. (3점)

4. 12월 8일 제품의 수출을 위하여 중국에 출장 갔던 홍길동은 12월 4일에 지급하였던 출장비 1,500,000원 중 1,250,000원을 사용하고 나머지는 회사에 현금으로 반납하였다(단, 거래처를 입력할 것). (3점)

5. 12월 10일 11월분 건강보험료를 현금으로 납부하였다. 총금액은 412,500원이며, 이 중 50%는 직원 부담분이고 나머지 50%는 회사부담분(제조부문 직원분 : 123,750원, 관리부문 직원분 : 82,500원)이다. 단, 회사부담분은 복리후생비로 처리한다. (3점)

6. 12월 18일 투자목적으로 ㈜우주상사의 토지를 450,000,000원에 취득하고, 대금은 3개월 뒤에 지급하기로 하고, 취득세 20,000,000원은 보통예금에서 이체하였다. (3점)

문제3 다음 거래 자료를 [매입매출전표입력] 메뉴에 입력하시오. (18점)

1. 8월 21일 ㈜소이유통에 제품을 판매하고 다음과 같이 전자세금계산서를 발급하였다. 대금 중 12,000,000원은 우현상사에서 발행한 어음으로 받았고 나머지는 다음달에 받기로 하였다. (3점)

전자세금계산서(공급자 보관용)					승인번호		xxxxxxxxx	
공급자	등록번호	136-81-29187			공급받는자	등록번호	117-81-19863	
	상호(법인명)	㈜대림상사	성명(대표자)	고상돈		상호(법인명)	㈜소이유통	성명(대표자)	이소이
	사업장주소	경기도 고양시 덕양구 화정로 53				사업장주소	서울시 서초구 강남대로 291	
	업태	제조,도소매	종목	사무용가구		업태	도소매	종목	가구
	이메일					이메일		
작성일자	공급가액		세액		수정사유			
20□.08.21.	20,000,000		2,000,000					
비고								
월	일	품목	규격	수량	단가	공급가액	세액	비고
8	21	가구				20,000,000	2,000,000	
합계금액	현금		수표		어음	외상미수금	이 금액을	영수 / 청구 함
22,000,000					12,000,000	10,000,000		

2. 10월 11일 미국에 소재한 ㈜필립스에 제품을 $30,000에 직수출하기로 하고, 제품을 선적 완료하였다. 수출대금은 3개월 후에 받기로 하였으며, 선적일 시점 기준환율은 $1=1,200원이다. (3점)

3. 11월 7일 영업부 직원의 업무용으로 사용하기 위하여 ㈜전진자동차에서 개별소비세 과세대상 자동차(2,000cc)를 구입하면서 전자세금계산서(공급가액 22,000,000원, 부가가치세 2,200,000원)를 발급받고 대금은 보통예금에서 지급하였다. (3점)

4. 11월 17일 소비자 오미자씨에게 제품을 현금으로 판매하고 다음과 같은 현금영수증을 발급하였다(단, 거래처를 입력할 것). (3점)

```
대림상사(주)
사업자번호 136-81-29187          고상돈
경기도 고양시 덕양구 화정로 53 TEL:3289-8085
홈페이지 http://www.daerym.co.kr
```

현금(소득공제)

구매 20□/11/17/10:46   거래번호 : 0026-0107

상품명	수량	금액
의자 ADES-38	1	869,000원
2043655000009		
과세물품가액		790,000원
부 가 세		79,000원
합 계		869,000원
받은금액		869,000원

5. 12월 15일 삼춘상사에서 원재료를 매입하고 다음의 전자세금계산서를 발급받았다. (3점)

전자세금계산서						승인번호	xxxxxxxx		
공급자	등록번호	127-35-56169			공급받는자	등록번호	136-81-29187		
	상호(법인명)	삼춘상사	성명(대표자)	이한수		상호(법인명)	대림상사㈜	성명(대표자)	고상돈
	사업장주소	경기도 의정부시 망월로 11				사업장주소	경기도 고양시 덕양구 화정로 53		
	업태	도소매	종목	목재		업태	제조,도소매	종목	사무용가구
	이메일					이메일			
작성일자	공급가액	세액	수정사유						
20□.12.15.	2,300,000	230,000							
비고									

월	일	품목	규격	수량	단가	공급가액	세액	비고
12	15	자재		100	23,000	2,300,000	230,000	

합계금액	현금	수표	어음	외상미수금	이 금액을	영수 청구	함
2,530,000	1,530,000		1,000,000				

6. 12월 24일 ㈜삼양전자로부터 영업부 직원들에게 업무용으로 지급할 노트북(유형자산) 3대를 6,600,000원(부가가치세 포함)에 구입하면서 법인명의의 삼성카드로 결제하였다. (3점)

문제4 [일반전표입력] 및 [매입매출전표입력] 메뉴에 입력된 내용 중 다음과 같은 오류가 발견되었다. 입력된 내용을 확인하여 정정하시오. (6점)

1. 8월 17일 ㈜모두판다로부터 구매한 복사기를 보통예금에서 이체하고 일반전표에서 상품(2,200,000원)으로 회계처리 하였으나, 사실은 사무실에서 사용할 목적으로 구입하고 지출증빙용 현금영수증을 발급받은 것으로 확인되었다. 회사는 이를 비품으로 처리하고 매입세액 공제를 받으려고 한다. (3점)

2. 8월 25일 보통예금계좌에 입금된 25,000,000원을 전액 외상매출금의 회수로 회계처리 하였으나, 8월 25일 현재 ㈜마산의 외상매출금 잔액(15,000,000원)을 초과하는 금액 10,000,000원은 ㈜마산에서 발행한 어음대금을 조기상환 받은 것으로 확인되었다. (3점)

문제5 결산정리사항은 다음과 같다. 해당 메뉴에 입력하시오. (9점)

1. 8월 1일 전액 비용으로 회계처리된 보험료(제조부문 : 1,800,000원, 관리부문 : 1,560,000원)는 1년분(당기 8월 1일 ~ 차기 7월 31일)에 해당하며, 당기분과 차기분은 월단위로 계산한다(단, 거래처 입력은 생략함). (3점)

2. 실제 현금이 장부상 현금보다 500,000원 만큼 많아서 12월 11일에 현금과부족으로 처리하였던 바, 결산일에 300,000원은 외상매출금(㈜영진상사)의 현금 회수임이 밝혀졌으나, 200,000원은 그 원인을 알 수 없었다(단, 거래처를 입력할 것). (3점)

3. 당해 연도에 계상될 감가상각비는 다음과 같다. 감가상각비 관련 결산분개를 하시오. (3점)

구분	제조부서	관리부서
건물		1,000,000원
기계장치	1,800,000원	

문제6 다음 사항을 조회하여 [이론문제 답안작성] 메뉴에 입력하시오. (9점)

1. 4월 중 현금으로 지급한 차량유지비(판매비 및 관리비에 속함)의 금액은 얼마인가? (3점)

2. 3월 31일 현재 외상매출금 잔액이 가장 큰 거래처명과 그 금액은 얼마인가? (3점)

3. 제1기 확정(4월 ~ 6월) 부가가치세 신고기간의 전자세금계산서 발급분 중 주민등록번호발급분의 공급가액은 얼마인가? (3점)

이론시험 답안 및 해설 (제93회)

답안	1. ③	2. ③	3. ④	4. ②	5. ④
	6. ④	7. ④	8. ②	9. ④	10. ④
	11. ①	12. ③	13. ③	14. ②	15. ②

01 자산과 부채는 1년 기준 또는 정상적인 영업주기를 기준으로 유동자산(유동부채)와 비유동자산(비유동부채)로 분류한다. 여기서 "영업주기"란 제조업의 경우에 제조과정에 투입될 재화와 용역을 취득한 시점부터 제품의 판매로 인한 현금의 회수완료시점까지 소요되는 기간을 나타낸다.

[해설] ① 자산과 부채는 유동성이 큰 항목부터 배열하는 것을 원칙으로 한다.
② 자산, 부채는 원칙적으로 상계하여 표시하지 않는다.
④ 자본항목 중 잉여금은 주주와의 거래인 자본잉여금과 영업활동의 결과인 이익잉여금으로 구분하여 표시한다.

02 현금및현금성자산은 현금(통화, 통화대용증권)과 예금(당좌예금, 보통예금) 및 현금성자산(취득 당시 만기일이 3개월 이내인 금융상품)으로 한다. 자기앞수표와 우편환증서는 통화대용증권에 해당한다.

[해설] ● 선일자수표는 수표에 기재된 발행일(예 2월 1일)이 실제 발행일(예 1월 1일)보다 앞선 수표를 말하며, 이는 거래의 성격에 따라 매출채권(받을어음) 또는 미수금으로 처리한다.
● 우표는 구입시 비용으로 처리한다.

03 ● 현금주의 매출 = 발생주의 매출 - 매출채권 증가 + 매출채권 감소
  └ 현금주의 당기순이익 = 발생주의 당기순이익 - 매출채권 증가 + 매출채권 감소

● 현금주의 비용 = 발생주의 비용 - 미지급비용 증가 + 미지급비용 감소
  └ 현금주의 당기순이익 = 발생주의 당기순이익 + 미지급비용 증가 - 미지급비용 감소

    ※ 비용의 증가는 당기순이익의 감소, 비용의 감소는 당기순이익의 증가이므로 부호가 바뀐다.

● 현금주의 당기순이익 = 발생주의 당기순이익 + 매출채권 감소 - 미지급비용 감소
  └ 300,000원 = 발생주의 당기순이익 + 70,000원 - 50,000원

    ∴ 발생주의 당기순이익은 280,000원

04 부채는 1년을 기준으로 유동부채와 비유동부채로 분류한다. 다만, 정상적인 영업주기 내에 소멸할 것으로 예상되는 매입채무와 미지급비용 등은 보고기간종료일로부터 1년 이내에 결제되지 않더라도 유동부채로 분류한다. (일반기업회계기준 2.23)

05 회계정보의 질적특성인 신뢰성을 갖기 위하여 필요한 요건은 ㉠ 검증가능성, ㉡ 중립성, ㉢ 표현의 충실성이며, 목적적합성을 갖기 위하여 필요한 요건은 ⓐ 예측가치, ⓑ 피드백가치, ⓒ 적시성이다.

06 자본적 지출이란 해당 자산으로부터 발생하는 미래경제적효익이 기업에 유입될 가능성이 매우 높은 지출을 말한다. 예를 들면, 새로운 생산공정의 채택이나 기계부품의 성능개선을 통하여 생산능력 증대, 내용연수 연장, 상당한 원가절감 또는 품질향상을 가져오는 경우에는 자본적 지출로 처리한다.

[해설] 자본적 지출과 수익적 지출의 예시(법인세법 시행규칙)

자본적 지출	수익적 지출
① 본래의 용도를 변경하기 위한 개조	① 건물 또는 벽의 도장
② 엘리베이터 또는 냉·난방장치의 설치	② 파손된 유리나 기와의 대체
③ 빌딩 등에 있어서 피난시설 등의 설치	③ 기계의 소모된 부속품의 대체와 벨트의 대체
④ 재해 등으로 인하여 멸실 또는 훼손되어 본래의 용도에 이용할 가치가 없는 건축물·기계·설비 등의 복구	④ 자동차의 타이어의 대체
	⑤ 재해를 입은 자산에 대한 외장의 복구, 도장, 유리의 삽입
⑤ 기타 개량·확장·증설 등 위 각호와 유사한 성질의 것	⑥ 기타 조업 가능한 상태의 유지 등 위 각호와 유사한 성질의 것

07 계정과목의 오기, 이중기입 등의 오류는 시산표상에서는 발견할 수 없다.

08 주식발행초과금 + 감자차익 + 자가주식처분이익 = 자본잉여금 금액
　└ 300,000 + 250,000 + 350,000 = 900,000원

[해설] ● 자기주식과 주식(매입)선택권은 자본조정 항목, 매도가능증권평가이익은 기타포괄손익누계액 항목, 이익준비금과 사업확장적립금은 이익잉여금 항목이다.
● 주식(매수)선택권이란 보유자에게 특정기간 고정가격 또는 결정가능한 가격으로 기업의 주식을 취득할 수 있는 권리를 부여하는 계약을 말한다.

09 매몰원가는 과거의 의사결정으로부터 이미 발생한 원가(즉, 취득가액 1,000,000원)로서 현재 또는 미래에 어떤 의사결정(대안⑴ 또는 대안⑵)을 하더라도 회수할 수 없는 원가로서 의사결정에 고려할 필요가 없다.

10 단일배분율법은 보조부문원가를 변동비와 고정비로 구분하지 않고 모든 원가를 단일배분기준을 사용하여 배분하는 방법이다.

[해설] ④ 이중배분율법은 보조부문원가를 변동비와 고정비로 구분하여 각각 별개의 배분기준을 사용하여 배분하는 방법으로서 변동비는 실제사용량을 기준으로, 고정비는 최대사용가능량을 기준으로 배분한다.

11 선입선출법과 평균법의 완성품환산량 차이는 기초재공품에 있으므로, 기초재공품이 전혀 없는 경우에는 선입선출법과 평균법의 완성품환산량은 동일하다.

12 관련범위 내에서 조업도의 변동과 관계없이 발생원가 총액이 일정한 것은 고정비이다. 공장 건물에 대한 화재보험료가 고정비에 해당한다.

13 조기환급기간이 끝난 날부터 25일 이내에 조기환급기간에 대한 과세표준과 환급세액을 신고하여야 한다.

[해설] 1. 조기환급대상

일반환급 절차에 불구하고 납세지 관할 세무서장은 다음의 어느 하나에 해당하여 환급을 신고한 사업자에게 환급세액을 조기에 환급할 수 있다.
① 사업자가 영세율을 적용받는 경우
② 사업자가 사업 설비를 신설·취득·확장 또는 증축하는 경우
③ 사업자가 재무구조개선계획을 이행 중인 경우

2. 조기환급절차

구 분	예정신고기간 중		과세기간 최종 3개월 중	
	조기환급기간	조기환급신고기한	조기환급기간	조기환급신고기한
① 매 월	1월	2월 25일	4월	5월 25일
	2월	3월 25일	5월	6월 25일
② 매 2월	1월·2월	3월 25일	4월·5월	6월 25일

14 무인판매기를 이용하여 재화를 공급하는 경우 공급시기는 무인판매기에서 현금을 꺼내는 때이다.

15 영세율 적용대상이 되는 일정한 재화 또는 용역 중 내국신용장 또는 구매확인서에 의하여 공급하는 재화는 세금계산서 발급의무가 면제되지 않는다.

http://cafe.naver.com/choidairi

실무시험 답안 및 해설 (제93회)

문제1 기초정보관리

1. 거래처등록
[기초정보관리]>[거래처등록]에서 『일반거래처』 탭을 선택하고, 코드 350번으로 거래처를 등록한다.

2. 거래처별 초기이월
[전기분재무제표]>[거래처별초기이월]에서 화면 좌측에 "외상매출금 · 외상매입금"을 각각 선택하고, 화면 우측에 다음과 같이 입력한다.
① 외상매출금 : 128.㈜국제무역 23,000,000원 → 38,000,000원으로 수정 입력
　　　　　　　149.㈜영진상사 13,000,000원 → 27,000,000원으로 수정 입력
② 외상매입금 : 155.㈜한국기업 50,000,000원 → 70,000,000원으로 수정 입력
　　　　　　　104.㈜한빛산업 23,500,000원 추가 입력

3. 전기이월작업
① [전기분원가명세서]에서 "525.교육훈련비 1,500,000원"을 입력하고, [당기제품제조원가]란 75,150,000원을 확인한다.
② [전기분손익계산서]에서 [455.제품매출원가]란에 커서를 놓고 키보드의 Enter↵ 키를 치고 「매출원가」 보조창의 [당기제품제조원가]란을 75,150,000원으로 수정 입력한다. 「매출원가」 보조창을 닫고 [당기순이익]란 13,230,000원을 확인한다.
③ [전기분잉여금처분계산서]에서 상단 툴바의 F6 불러오기를 클릭하고, [당기순이익]란 13,230,000원과 [미처분이익잉여금]란 51,120,000원을 확인한다.
④ [전기분재무상태표]에서 [375.이월이익잉여금]란을 51,120,000원으로 수정 입력한다.

문제2 일반전표입력

1. 8월 27일 : (차) 131.선급금　　　　1,600,000　/　(대) 102.당좌예금　　1,600,000
　　　　　　　(거래처 : ㈜풍암산업)

2. 9월 17일 : (차) 251.외상매입금   25,000,000   /   (대) 103.보통예금   20,000,000
              (거래처 : ㈜안동)   (대) 918.채무면제이익   5,000,000

3. 10월 25일 : (차) 103.보통예금   50,000,000   /   (대) 331.자본금   25,000,000
                                                        (대) 101.현금   500,000
                                                        (대) 341.주식발행초과금   24,500,000

4. 12월 8일 : (차) 812.여비교통비   1,250,000   /   (대) 134.가지급금   1,500,000
               (차) 101.현금   250,000   (거래처 : 홍길동)

5. 12월 10일 : (차) 254.예수금   206,250   /   (대) 101.현금   412,500
                (차) 511.복리후생비   123,750
                (차) 811.복리후생비   82,500

6. 12월 18일 : (차) 183.투자부동산   470,000,000   /   (대) 253.미지급금   450,000,000
                                                         (거래처 : ㈜우주상사)
                                                       (대) 103.보통예금   20,000,000

[해설] 투자자산 취득시에 발생하는 취득세는 자산의 원가에 가산한다.

문제3 매입매출전표입력

1. 8월 21일 : 유형(11.과세)/ 품목(가구)/ 수량( )/ 단가( )/ 공급가액(20,000,000)/ 부가세(2,000,000)/ 공급처명(㈜소이유통)/ 전자(1 : 여)/ 분개(3.혼합)
   (대변) 255.부가세예수금   2,000,000
   (대변) 404.제품매출   20,000,000
   (차변) 110.받을어음   12,000,000   (거래처 : 우현상사)
   (차변) 108.외상매출금   10,000,000

   [해설] 받을어음의 거래처를 "우현상사"로 변경하는 기출문제 답안을 따르기로 한다.

2. 10월 11일 : 유형(16.수출)/ 품목(제품)/ 수량( )/ 단가( )/ 공급가액(36,000,000)/ 부가세( )/ 공급처명(㈜필립스)/ 영세율구분(1)/ 분개(2.외상)
   (차변) 108.외상매출금   36,000,000
   (대변) 404.제품매출   36,000,000

   [해설] 공급시기 이후에 외국통화 그 밖의 외국환 상태로 보유하거나 지급받는 경우에는 공급시기(선적일)의 기준환율 또는 재정환율에 따라 계산한 금액을 과세표준으로 한다.
   과세표준 : $30,000 × 1,200원/$ = 36,000,000원

3. 11월 7일 : 유형(54.불공)/ 품목(자동차)/ 수량( )/ 단가( )/ 공급가액(22,000,000)/ 부가세
   (2,200,000)/ 공급처명(㈜전진자동차)/ 전자(1 : 여)/ 불공제사유(3)/ 분개(3.혼합)
   (차변) 208.차량운반구   24,200,000
   (대변) 103.보통예금   24,200,000
   [해설] 비영업용 소형승용자동차의 구입과 임차 및 유지비용은 매입세액이 공제되지 않는다.

4. 11월 17일 : 유형(22.현과)/ 품목(의자)/ 수량( )/ 단가( )/ 공급가액(790,000)/ 부가세
   (79,000)/ 공급처명(오미자)/ 분개(1.현금)
   (입금) 255.부가세예수금   79,000
   (입금) 404.제품매출   790,000
   [해설] [공급가액]란에 공급대가(869,000원)를 입력하면 공급가액과 세액이 자동으로 분리되어 입력된다. 수량
   만 제시되고 단가가 제시되지 않으면 수량 및 단가의 입력을 생략해도 된다.

5. 12월 15일 : 유형(51.과세)/ 품목(자재)/ 수량(100)/ 단가(23,000)/ 공급가액(2,300,000)/ 부
   가세(230,000)/ 공급처명(삼춘상사)/ 전자(1 : 여)/ 분개(3.혼합)
   (차변) 135.부가세대급금   230,000
   (차변) 153.원재료   2,300,000
   (대변) 101.현금   1,530,000
   (대변) 252.지급어음   1,000,000

6. 12월 24일 : 유형(57.카과)/ 품목(노트북)/ 수량( )/ 단가( )/ 공급가액(6,000,000)/ 부가세
   (600,000)/ 공급처명(㈜삼양전자)/ 신용카드사(삼성카드)/ 분개(3.혼합)
   (차변) 135.부가세대급금   600,000
   (차변) 212.비품   6,000,000
   (대변) 253.미지급금   6,600,000   (거래처 : 삼성카드)
   [해설] [공급가액]란에 공급대가(6,600,000원)를 입력하면 공급가액과 세액이 자동으로 분리되어 입력된다. 미
   지급금의 거래처를 "삼성카드"로 변경한다. 수량만 제시되고 단가가 제시되지 않으면 수량 및 단가의 입
   력을 생략해도 된다.

문제4 오류수정

1. [전표입력]>[매입매출전표입력]에서 다음과 같이 추가 입력하고, [일반전표입력]에서 8월
   17일 잘못 입력된 전표를 삭제한다.
   8월 17일 : 유형(61.현과)/ 품목(복사기)/ 수량( )/ 단가( )/ 공급가액(2,000,000)/ 부가세
   (200,000)/ 공급처명(㈜모두판다)/ 분개(3.혼합)
   (차변) 135.부가세대급금   200,000
   (차변) 212.비품   2,000,000
   (대변) 103.보통예금   2,200,000

[해설] [공급가액]란에 공급대가(2,200,000원)를 입력하면 공급가액과 세액이 자동으로 분리되어 입력된다.

2. [일반전표입력]에서 8월 25일 전표를 다음과 같이 수정 입력한다.

수정 전 : (차) 103.보통예금　　　25,000,000　/　(대) 108.외상매출금　　25,000,000
　　　　　　　　　　　　　　　　　　　　　　　　　(거래처 : ㈜마산)

수정 후 : (차) 103.보통예금　　　25,000,000　/　(대) 108.외상매출금　　15,000,000
　　　　　　　　　　　　　　　　　　　　　　　　　(거래처 : ㈜마산)
　　　　　　　　　　　　　　　　　　　　　　　(대) 110.받을어음　　　10,000,000
　　　　　　　　　　　　　　　　　　　　　　　　　(거래처 : ㈜마산)

문제5 결산정리

1단계 [일반전표입력] 메뉴에서 수동분개

[전표입력]>[일반전표입력]에서 결산일자(12월 31일)로 수동분개를 한다.

1. 12월 31일 : (차) 133.선급비용　　1,960,000　/　(대) 521.보험료　　1,050,000
　　　　　　　　　　　　　　　　　　　　　　　　　　(대) 821.보험료　　　910,000

　　[해설] 보험료(제) 선급분 : 1,800,000 × (차기 7개월/총 12개월) = 1,050,000원
　　　　　보험료(판) 선급분 : 1,560,000 × (차기 7개월/총 12개월) = 910,000원

2. 12월 31일 : (차) 141.현금과부족　　500,000　/　(대) 108.외상매출금　　300,000
　　　　　　　　　　　　　　　　　　　　　　　　　(거래처 : ㈜영진상사)
　　　　　　　　　　　　　　　　　　　　　　　(대) 930.잡이익　　　　200,000

2단계 [결산자료입력] 메뉴에서 해당란에 입력

[결산/재무제표]>[결산자료입력]에서 기간(1월 ~ 12월)을 입력한다.

▶ 일반감가상각비 : [기계장치 1,800,000원] 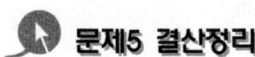(제조경비)

▶ 감가상각비 : [건물 1,000,000원] 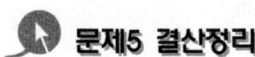(판매비와일반관리비)

3단계 [일반전표입력] 메뉴에 결산분개 추가

입력이 완료되면 상단 툴바의 F3전표추가를 클릭하고 대화창에서 를 클릭하여, [일반전표입력]에 결산분개를 추가한다.

문제6 장부조회

1. [장부관리]>[일계표(월계표)]에서 『월계표』 탭을 선택하고 조회기간(4월 ~ 4월)을 입력하고 판매비및일반관리비의 차량유지비 계정 차변 [현금]란의 금액을 확인한다.

   답안 : 560,000원

2. [거래처원장]에서 『잔액』 탭을 선택하고 기간(1월 1일 ~ 3월 31일)/ 계정과목(108.외상매출금)/ 거래처(모든 거래처)를 입력하고 [잔액]란의 금액을 확인한다.

   답안 : (주)유민, 50,700,000원

3. [부가가치]>[신고서/부속명세]>[세금계산서합계표]에서 『매출』 탭을 선택하고 조회기간(4월 ~ 6월)을 입력하고 [과세기간 종료일 다음달 11일까지 전송된 전자세금계산서 발급분/ 주민등록번호발급분]란의 공급가액을 확인한다.

   답안 : 5,000,000원

memo

특별회차
제 93회 기출문제 (이론+실무)

- 회사코드 : 3931
- 회 사 명 : ㈜보라패션
- 제한시간 : 60분

도전
34.59%
합격률

이 론 시 험

다음 문제를 보고 알맞은 것을 골라 [이론문제 답안작성] 메뉴에 입력하시오. (※ 객관식 문항당 2점)

01 다음 중 재고자산을 기말 장부금액에 포함할 것인지의 여부를 설명한 것으로 틀린 것은?

① 적송품 : 기말 현재 판매되지 않은 적송품은 수탁자의 재고자산에 포함된다.
② 시송품 : 고객이 구매의사를 표시하기 전까지는 판매자의 재고자산에 포함된다.
③ 할부판매상품 : 대금이 모두 회수되지 않았다고 하더라도 상품의 판매시점에서 판매자의 재고자산에서 제외한다.
④ 미착상품 : 선적지인도조건인 경우에는 상품이 선적된 시점에 소유권이 매입자에게 이전되기 때문에 미착상품은 매입자의 재고자산에 포함된다.

02 다음 중 재무상태표에 대한 설명으로 틀린 것은?

① 재무상태표는 일정 시점 현재 기업실체의 재무상태에 대한 정보를 제공하는 보고서로서 구성요소는 자산, 부채 및 자본이다.
② 자산에 내재된 미래의 경제적 효익이란 직접 또는 간접적으로 기업실체의 미래 현금흐름 창출에 기여하는 잠재력을 말한다.
③ 기업실체의 자산은 미래에 발생할 것으로 예상되는 거래나 사건만으로도 취득이 가능하다.
④ 자본은 기업실체의 자산 총액에서 부채 총액을 차감한 잔여액 또는 순자산으로서 기업실체의 자산에 대한 소유주의 잔여청구권이다.

03 다음은 재무제표의 기본가정에 대한 설명이다. 재무제표의 기본가정 중 무엇에 대한 설명인가?

> 기업을 소유주와는 독립적으로 존재하는 회계단위로 간주하고 이 회계단위의 관점에서 그 경제활동에 대한 재무정보를 측정, 보고하는 것을 말한다.

① 계속기업   ② 기업실체   ③ 기간별 보고   ④ 검증가능성

04 다음 중 무형자산에 해당하지 않는 것은?

① 어업권　　　　　　　　② 개발비
③ 컴퓨터 소프트웨어　　　④ 임차보증금

05 다음 중 자본의 분류와 해당 계정과목의 연결이 잘못된 것은?

① 자본금 : 보통주 자본금　　　　② 자본잉여금 : 주식발행초과금
③ 자본조정 : 감자차익　　　　　④ 기타포괄손익누계액 : 재평가잉여금

06 다음은 회계상 거래의 결합관계를 표시한 것이다. 옳지 않은 것은?

거래	거래의 결합관계
① 사무실청소비 30만원을 현금 지급하였다.	비용의 발생 - 자산의 감소
② 책상을 100만원에 현금 구입하였다.	자산의 감소 - 자산의 감소
③ 상품을 90만원에 현금으로 매출하였다.	자산의 증가 - 수익의 발생
④ 관리부 직원의 결혼 축의금 10만원을 현금 지급하였다.	비용의 발생 - 자산의 감소

07 기말 현재 보유하고 있는 유가증권의 현황이 다음과 같을 경우 손익계산서에 계상될 금액은 얼마인가?

- 갑회사 주식(단기보유목적, 시장성 있음)
  └ 취득원가 1,000,000원, 기말 공정가액 1,200,000원
- 을회사 주식(장기투자목적, 시장성 있음)
  └ 취득원가 9,000,000원, 기말 공정가액 8,500,000원

① 100,000원　　② 200,000원　　③ 500,000원　　④ 700,000원

08 다음 중 재무상태표상 비유동부채로 분류되는 것은?

① 매입채무　　　② 유동성장기부채
③ 미지급비용　　④ 장기차입금

09 다음의 제조경비 항목 중 당기 원가의 계산방식이 다른 하나는?

① 수선비 ② 운반비
③ 외주가공비 ④ 감가상각비

10 ㈜서울의 당기 직접재료비는 60,000원이고, 제조간접비는 99,000원이다. ㈜서울의 직접노무비는 가공비의 10%에 해당하는 경우, 당기의 직접노무비는 얼마인가?

① 9,000원 ② 10,000원 ③ 11,000원 ④ 12,000원

11 다음 중 의사결정과 관련한 원가에 대한 설명으로 옳지 않은 것은?

① 관련원가란 특정 의사결정과 직접적으로 관련 있는 원가로 선택 가능한 대안 사이에 발생할 수 있는 미래의 원가차이를 의미한다.
② 매몰원가란 과거의 의사결정의 결과로 인해 이미 발생된 원가로, 현재의 의사결정에는 아무런 영향을 미치지 못하는 원가를 말한다.
③ 기회원가란 자원을 다른 대체적인 용도로 사용할 경우 발생할 수 있는 최대손실을 의미한다.
④ 회피가능원가란 의사결정에 따라 절약할 수 있는 원가로 관련원가에 해당한다.

12 개별원가계산과 종합원가계산의 차이점을 설명한 것 중 틀린 것은?

① 종합원가계산은 동종 제품의 연속 대량생산형태에 적합하다.
② 종합원가계산의 핵심과제는 완성품환산량을 계산하는 것이다.
③ 개별원가계산은 공정별로 원가를 집계한다.
④ 개별원가계산은 종합원가계산에 비해 제품별 정확한 원가계산이 가능하다.

13 다음 중 부가가치세법상 수정(전자)세금계산서를 발급할 수 없는 경우는 어느 것인가?

① 처음 공급한 재화가 환입된 경우
② 해당 거래에 대하여 세무조사 통지를 받은 후에, 세금계산서의 필요적 기재사항이 잘못 기재된 것을 확인한 경우
③ 착오로 전자세금계산서를 이중으로 발급한 경우
④ 과세기간의 확정신고기한까지 경정할 것을 전혀 알지 못한 경우로서 필요적 기재사항이 착오 외의 사유로 잘못 적힌 경우

14 부가가치세법상 다음의 매입세액 중 매출세액에서 공제되는 매입세액은?

① 접대비 관련 매입세액
② 토지 관련 매입세액
③ 면세사업 관련 매입세액
④ 과세사업용 화물차 구입 관련 매입세액

15 다음 중 부가가치세법상 면세되는 재화 또는 용역은?

① 광고용역
② 인·허가받은 교육용역(무도학원과 자동차학원은 제외)
③ 일반의약품 판매
④ 항공기에 의한 여객운송용역

실 무 시 험

㈜보라패션(회사코드 : 3931)은 의류를 제조하여 판매하는 중소기업이며, 당기(제8기) 회계기간은 2022.1.1. ~ 2022.12.31.이다. 전산세무회계 수험용 프로그램을 이용하여 다음 물음에 답하시오.

문제1 다음은 기초정보관리 및 전기분 재무제표에 대한 자료이다. 각각의 요구사항에 대하여 답하시오. (10점)

1. 다음의 무형자산 계정을 추가로 등록하시오. (3점)

- 코드 : 229
- 성격 : 일반
- 계정과목 : 임차권리금
- 대체적요 : 1. 임차권리금 지급

2. 거래처별 초기이월 자료를 검토하여 올바르게 수정 또는 추가 입력하시오. (3점)

계정과목	거래처	금액	재무상태표 금액
단기차입금	미래은행	100,000,000원	300,000,000원
	한라은행	200,000,000원	
장기차입금	미래은행	200,000,000원	500,000,000원
	경제은행	300,000,000원	

3. 전기분 원가명세서에서 임차료(제조원가에 속함) 2,000,000원이 누락된 것으로 확인된다. 관련된 전기분 재무제표를 적절히 수정하시오. (4점)

문제2 다음 거래 자료를 [일반전표입력] 메뉴에 추가 입력하시오(일반전표입력의 모든 거래는 부가가치세를 고려하지 말 것). (18점)

1. 9월 30일 영업부서 직원 김성실에게 지급한 9월분 급여는 다음과 같다. 공제 후 차감지급액은 당사 보통예금계좌에서 이체하였다. (3점)

보라패션 9월 급여내역			
이 름	김 성 실	지 급 일	9월 30일
기본급여	3,200,000원	소 득 세	84,850원
		지방소득세	8,480원
		국민연금	135,000원
		건강보험	96,900원
		고용보험	19,500원
		장기요양보험	8,240원
급 여 계	3,200,000원	공제합계	352,970원
노고에 감사드립니다.		지급총액	2,847,030원

2. 10월 5일 단기시세차익을 목적으로 ㈜미래통상의 주식 100주(액면가 @1,000원)를 2,000,000원에 취득하였으며 취득대금은 보통예금으로 이체하였다(주식은 시장성이 있으며, 수수료는 무시함). (3점)

3. 10월 25일 공장건물을 신축하기 위하여 ㈜서산개발로부터 건물과 건물에 부수되는 토지를 일괄 구입하고 건물을 즉시 철거하였다. 일괄 구입대금 260,000,000원은 하나은행으로부터 대출(대출기간 5년)받아 지급하였다. (3점)

4. 11월 20일 ㈜대한의 외상매입금 30,000,000원을 지급하기 위해 20,000,000원은 보통예금에서 이체하고 10,000,000원은 매출처인 대웅전자로부터 받은 받을어음을 배서양도하였다. (3점)

5. 12월 13일 부산으로 출장갔던 영업부 사원 김철수(거래처를 입력할 것)로부터 내용불명의 돈 5,760,000원이 회사 보통예금계좌에 입금되었다. (3점)

6. 12월 22일 일양패션으로부터 받아 보관하던 받을어음 5,000,000원을 만기일이 되어 결제은행에 제시하였으나 잔액부족을 이유로 지급거절 되었다. (3점)

문제3 다음 거래 자료를 [매입매출전표입력] 메뉴에 입력하시오. (18점)

1. 7월 17일 영업부서는 매출거래처에 접대하기 위하여 ㈜이마트로부터 코로나19 방역에 좋은 마스크와 손세정제 세트를 구입하고 전자세금계산서(공급가액 2,300,000원, 부가가치세 230,000원)를 발급받았다. 대금은 보통예금에서 지급하였다. (3점)

2. 8월 14일 ㈜리아에 제품을 판매하고 다음의 신용카드매출전표를 발급하였다. (3점)

카드종류		거래종류	결제방법
하나카드		신용구매	일시불
회원번호(Card No)		취소시 원거래일자	
8210-0504-1176-5885			
유효기간		거래일시	품명
/		20□.08.14. 10 : 33	
전표제출		금 액	1,200,000원
		부 가 세	120,000원
전표매입사	하나카드	봉 사 료	
		합 계	**1,320,000원**
거래번호		승인번호/(Approval No.)	
		91324457	
가맹점	㈜보라패션		
대표자	허영호	TEL	02-276-5325
가맹점번호	1532453	사업자번호	104-86-40536
주소	서울특별시 중구 장충단로 6길 5		
		서명(Signature) (주)리아	

3. 8월 17일 수출업체인 ㈜화일건영에 구매확인서에 의하여 제품 300개를 1개당 100,000원에 납품하고 영세율 전자세금계산서를 발급하였다. 매출대금 중 20%는 자기앞수표로 받고 잔액은 외상으로 하였다. (3점)

4. 10월 2일 효원기계로부터 절단용 기계장치를 구입하고, 3개월 만기 약속어음을 발행하여 주었고 전자세금계산서(공급가액 72,000,000원, 부가가치세 7,200,000원)를 발급받았다(단, 고정자산 등록은 생략할 것). (3점)

5. 11월 10일 당사 제품인 의류 100개(원가 5,000,000원)를 접대 목적으로 매출거래처인 영남상사에 무상으로 제공하였다(단, 제품의 원가와 시가는 동일하다고 가정함). (3점)

6. 12월 2일 매출거래처 나인상사에 제품을 판매하고 아래와 같이 전자세금계산서를 발급하였다. (3점)

전자세금계산서(공급자 보관용)								승인번호		xxxxxxxx	
공급자	등록번호	104 - 86 - 40536				공급받는자	등록번호	227 - 02 - 34429			
	상호(법인명)	㈜보라패션		성명(대표자)	허영호		상호(법인명)	㈜나인상사		성명(대표자)	권용식
	사업장주소	서울시 중구 장충단로 6길 5					사업장주소	서울 종로구 동숭2길 5			
	업태	제조		종목	의류		업태	도소매		종목	의류
	이메일						이메일				
작성일자		공급가액		세액		수정사유					
20□. 12. 2.		15,000,000		1,500,000							

월	일	품목	규격	수량	단가	공급가액	세액	비고
12	2	의류		3	5,000,000	15,000,000	1,500,000	

합계금액	현금	수표	어음	외상미수금	이 금액을	영수 / 청구	함
16,500,000				16,500,000			

문제4 [일반전표입력] 및 [매입매출전표입력] 메뉴에 입력된 내용 중 다음과 같은 오류가 발견되었다. 입력된 내용을 확인하여 정정하시오. (6점)

1. 9월 7일 대웅전자로부터 관리부서에서 사용할 컴퓨터(유형자산)를 구입하고 종이세금계산서(공급가액 2,000,000원, 부가가치세 200,000원)를 발급받았다. 대금은 한 달 뒤에 지급하기로 하였다. (3점)

2. 9월 15일 보통예금 입금액 10,253,800원을 ㈜웅이의 외상매출금 회수로 처리하였으나, 이는 대한은행 정기예금이 만기가 되어 보통예금에 정산하여 입금한 것으로 확인되었다. 정기예금의 정산 내역은 원금 10,000,000원, 이자수익 300,000원 그리고 이자수익에 대한 원천징수세액(선납세금) 46,200원이다. (3점)

문제5 결산정리사항은 다음과 같다. 해당 메뉴에 입력하시오. (9점)

1. 10월 1일에 보통예금에 입금된 9,000,000원은 6개월분(임대기간 : 당기 10월 1일 ~ 차기 3월 31일) 임대료(영업외수익)이다(장부를 조회하여 월할 계산할 것). (3점)

2. 기말 외상매입금 계정 중에는 미국 스마트사(거래처를 입력할 것)의 외상매입금 5,000,000원(미화 $5,000)이 포함되어 있다(결산일 현재 적용환율 : 1,100원/$). (3점)

3. 당사는 일반기업회계기준에 의하여 퇴직급여충당부채를 설정하고 있다. 이와 관련된 자료는 다음과 같다. (3점)

구 분	기초 금액	기중 감소(사용)금액	퇴직금추계액
제조부문	60,000,000원	18,000,000원	62,000,000원

문제6 다음 사항을 조회하여 답안을 [이론문제 답안작성] 메뉴에 입력하시오. (9점)

1. 1월부터 3월까지의 현금 입금액 합계는 얼마인가? (3점)

2. 5월 8일 복리후생비(판)의 금액은 얼마인가? (3점)

3. 4월분 ~ 6월분 영세율 과세표준은 얼마인가? (3점)

이론시험 답안 및 해설 (제93회 특별)

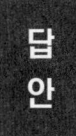

1. ①	2. ③	3. ②	4. ④	5. ③
6. ②	7. ②	8. ④	9. ④	10. ③
11. ③	12. ③	13. ②	14. ④	15. ②

01 기말 현재 판매되지 않은 적송품은 위탁자의 재고자산에 포함된다.

02 기업실체의 자산은 과거의 거래나 사건으로부터 발생한다. 자산이 과거의 거래나 사건의 결과라 함은 구매나 생산활동 등 자산을 취득하는 거래나 사건이 이미 발생하였음을 의미하는 것이므로 미래에 발생할 것으로 예상되는 거래나 사건만으로는 자산이 취득되지 않는다. (재무회계 개념체계 문단 95)

[해설] ② 자산에 내재된 미래의 경제적 효익이란 직접 또는 간접적으로 기업실체의 미래 현금흐름 창출에 기여하는 잠재력을 말한다. (재무회계 개념체계 문단 91)

03 기업실체의 가정에 대한 설명이다.

[해설] 재무제표의 기본가정

재무제표는 정보이용자에게 기업의 재무적 정보를 전달하는 보고수단이다. 재무제표는 일정한 가정 하에 작성되며, 그러한 기본가정으로는 기업실체, 계속기업, 기간별보고가 있다.

① 기업실체의 가정 : 기업을 소유주와는 독립적으로 존재하는 회계단위로 간주하고, 이 회계단위의 관점에서 그 경제활동에 대한 재무정보를 측정, 보고하는 것을 말한다.
② 계속기업의 가정 : 기업실체는 그 목적과 의무를 이행하기에 충분할 정도로 장기간 존속한다고 가정하는 것을 말한다.
③ 기간별 보고의 가정 : 기업실체의 존속기간을 일정한 기간 단위로 분할하여 각 기간별로 재무제표를 작성하는 것을 말한다.

04 임차보증금은 기타비유동자산에 해당한다.

05 감자차익은 자본잉여금에 해당한다.

[해설] ④ 유형자산은 최초 인식 후에 공정가치를 신뢰성 있게 측정할 수 있는 경우 재평가일의 공정가치로 유형자산을 재평가할 수 있다. 이 경우 재평가로 인한 공정가치 상승분을 재평가잉여금이라 하는데 이는 기타포괄손익누계액에 해당한다.

06 책상을 100만원에 현금 구입하였다. : 자산의 증가 - 자산의 감소

07 갑회사 주식 : 기말 공정가액 - 취득원가 = 단기매매증권평가이익(영업외수익)
  └ 1,200,000 - 1,000,000 = 200,000원

  을회사 주식 : 기말 공정가액 - 취득원가 = 매도가능증권평가손실(기타포괄손익누계액)
  └ 8,500,000 - 9,000,000 = -500,000원

  [해설] 매도가능증권평가손실은 기타포괄손익누계액으로 재무상태표에 계상된다.

08 장기차입금은 비유동부채로 분류되고, 나머지는 유동부채로 분류된다.

09 감가상각비는 월할제조경비에 해당하며, 나머지는 지급제조경비에 해당한다.

  [해설] ● 월할제조경비란 1년 또는 일정 기간분을 총괄하여 일시에 지급하는 제조경비를 말한다. (예 보험료, 임차료, 감가상각비 등)

  > 당월소비액 = 발생금액 ÷ 해당 개월수

  ● 지급제조경비란 매월의 소비액을 그 달에 지급하는 제조경비를 말한다. 그러나 때로는 전월 선급액이나 당월 미지급액이 있을 수 있는데, 이 때에는 다음의 식을 이용하여 계산한 금액을 당월의 소비액으로 계상해야 한다. (예 수선비, 운반비, 외주가공비, 잡비 등)

  > 당월소비액 = 당월지급액 - 당월선급액 - 전월미지급액 + 전월선급액 + 당월미지급액

10 직접노무비(X) = 가공비(직접노무비(X) + 제조간접비) × 10%
  └ X = (X + 99,000) × 10%
  └ X = 0.1X + 9,900   X - 0.1X = 9,900   0.9X = 9,900
  ∴ 직접노무비(X)는 11,000원

11 기회비용(기회원가)이란 자원을 현재 용도 이외에 다른 용도로 사용했을 경우에 얻을 수 있는 최대금액을 말한다. 즉, 여러 대체안 중에서 어느 하나를 선택함으로 인하여 상실하게 되는 최대의 경제적 효익을 말한다. 기회비용은 의사결정에 고려해야 한다.

12 개별원가계산은 개별작업별로 원가를 집계한다.

13 필요적 기재사항 등이 착오 또는 착오 외의 사유로 잘못 적힌 경우 수정(전자)세금계산서를 발급할 수 있다. 다만, 과세표준 또는 세액을 경정할 것을 미리 알고 있는 경우는 제외한다.

14 과세사업용 화물차는 비영업용 소형승용차동차에 해당하지 않기 때문에 구입 관련 매입세액은 공제되는 매입세액이다.

15. 교육용역(주무관청의 인가·허가를 받지 않은 학원·강습소 등에서 지식·기술 등을 가르치는 것은 과세)은 면세한다. 단, 다음의 교육용역은 과세한다.
   ㉠ 체육시설의 설치·이용에 관한 법률에 따른 무도학원
   ㉡ 도로교통법에 따른 자동차운전학원

실무시험 답안 및 해설 (제93회 특별)

문제1 기초정보관리

1. 계정과목 및 적요등록
[기초정보관리]>[계정과목및적요등록]에서 코드(229)/ 계정코드(명)(임차권리금)/ 성격(1.일반)을 입력하고, 적요No(1)/ 대체적요(임차권리금 지급)를 입력한다.

2. 거래처별 초기이월
[전기분재무제표]>[거래처별초기이월]에서 화면 좌측에 "단기차입금·장기차입금"을 각각 선택하고, 화면 우측에 다음과 같이 입력한다.
① 단기차입금 : 98001.미래은행 50,000,000원 → 100,000,000원으로 수정 입력
　　　　　　　　 98002.한라은행 200,000,000원 추가 입력
② 장기차입금 : 98001.미래은행 45,000,000원 → 200,000,000원으로 수정 입력
　　　　　　　　 98003.경제은행 99,000,000원 → 300,000,000원으로 수정 입력

3. 전기이월작업
① [전기분원가명세서]에서 "519.임차료 2,000,000원"을 입력하고, [당기제품제조원가]란 132,010,000원을 확인한다.
② [전기분손익계산서]에서 [455.제품매출원가]란에 커서를 놓고 키보드의 Enter↵ 키를 치고 「매출원가」 보조창의 [당기제품제조원가]란을 132,010,000원으로 수정 입력한다. 「매출원가」 보조창을 닫고 [당기순이익]란 45,123,000원을 확인한다.
③ [전기분잉여금처분계산서]에서 상단 툴바의 F6 불러오기 를 클릭하고, [당기순이익]란 45,123,000원과 [미처분이익잉여금]란 52,352,000원을 확인한다.
④ [전기분재무상태표]에서 [375.이월이익잉여금]란을 52,352,000원으로 수정 입력한다.

문제2 일반전표입력

1. 9월 30일 : (차) 801.급여　　　　　　3,200,000　/　(대) 254.예수금　　　　352,970
　　　　　　　　　　　　　　　　　　　　　　　　　　　　　　 (대) 103.보통예금　　2,847,030

2. 10월 5일 : (차) 107.단기매매증권　　2,000,000　/　(대) 103.보통예금　　2,000,000

3. 10월 25일 : (차) 201.토지   260,000,000 / (대) 293.장기차입금   260,000,000
                                                    (거래처 : 하나은행)

   [해설] 기존 건물이 있는 토지를 구입하여 철거한 후 건물을 신축하는 경우라면, 이 경우는 토지와 건물을 일괄 구입한 것이 아니라 토지를 구입한 것이므로 건물의 원가는 없다.

4. 11월 20일 : (차) 251.외상매입금   30,000,000 / (대) 110.받을어음   10,000,000
                  (거래처 : ㈜대한)   (거래처 : 대웅전자)
                                              / (대) 103.보통예금   20,000,000

5. 12월 13일 : (차) 103.보통예금   5,760,000 / (대) 257.가수금   5,760,000
                                                    (거래처 : 김철수)

6. 12월 22일 : (차) 246.부도어음과수표 5,000,000 / (대) 110.받을어음   5,000,000
                  (거래처 : 일양패션)   (거래처 : 일양패션)

문제3 매입매출전표입력

1. 7월 17일 : 유형(54.불공)/ 품목(마스크와 손세정제)/ 수량( )/ 단가( )/ 공급가액(2,300,000)/ 부가세(230,000)/ 공급처명(㈜이마트)/ 전자(1 : 여)/ 불공제사유(4)/ 분개(3.혼합)
   (차변) 813.접대비   2,530,000
   (대변) 103.보통예금   2,530,000
   [해설] 접대비 및 이와 유사한 비용과 관련된 매입세액은 공제되지 않는다.

2. 8월 14일 : 유형(17.카과)/ 품목(제품)/ 수량( )/ 단가( )/ 공급가액(1,200,000)/ 부가세(120,000)/ 공급처명(㈜리아)/ 신용카드사(하나카드)/ 분개(2.외상)
   (차변) 108.외상매출금   1,320,000 (거래처 : 하나카드)
   (대변) 255.부가세예수금   120,000
   (대변) 404.제품매출   1,200,000
   [해설] [공급가액]란에 공급대가(1,320,000원)를 입력하면 공급가액과 세액이 자동으로 분리되어 입력된다.

3. 8월 17일 : 유형(12.영세)/ 품목(제품)/ 수량(300)/ 단가(100,000)/ 공급가액(30,000,000)/ 부가세( )/ 공급처명(㈜화일건영)/ 전자(1 : 여)/ 영세율구분(3)/ 분개(3.혼합)
   (대변) 404.제품매출   30,000,000
   (차변) 101.현금   6,000,000
   (차변) 108.외상매출금   24,000,000

4. 10월 2일 : 유형(51.과세)/ 품목(기계장치)/ 수량( )/ 단가( )/ 공급가액(72,000,000)/ 부가세(7,200,000)/ 공급처명(효원기계)/ 전자(1 : 여)/ 분개(3.혼합)

(차변) 135.부가세대급금 7,200,000
(차변) 206.기계장치 72,000,000
(대변) 253.미지급금 79,200,000

5. 11월 10일 : 유형(14.건별)/ 품목(제품)/ 수량( )/ 단가( )/ 공급가액(5,000,000)/ 부가세(500,000)/ 공급처명(영남상사)/ 분개(3.혼합)
(대변) 255.부가세예수금 500,000
(대변) 150.제품(적요 : 8.타계정으로 대체액) 5,000,000
(차변) 813.접대비 5,500,000

[해설] 간주공급의 과세표준은 시가이므로 공급가액란이 5,000,000원을 입력되도록 해야 한다. 제품이 판매되지 않고 다른 용도로 사용되었으므로 반드시 적요(8)를 입력하고, 다른 용도로 사용된 제품의 원가를 장부에서 제거한다.

6. 12월 2일 : 유형(11.과세)/ 품목(의류)/ 수량(3)/ 단가(5,000,000)/ 공급가액(15,000,000)/ 부가세(1,500,000)/ 공급처명(나인상사)/ 전자(1 : 여)/ 분개(2.외상)
(차변) 108.외상매출금 16,500,000
(대변) 255.부가세예수금 1,500,000
(대변) 404.제품매출 15,000,000

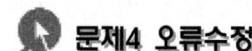 문제4 오류수정

1. [전표입력]>[매입매출전표입력]에서 9월 7일 전표를 다음과 같이 수정 입력한다.
수정 전 : 유형(51.과세)/ 품목(컴퓨터 구입)/ 수량( )/ 단가( )/ 공급가액(200,000)/ 부가세(20,000)/ 공급처명(대웅전자)/ 전자(1 : 여)/ 분개(3.혼합)
(차변) 135.부가세대급금 20,000
(차변) 830.소모품비 200,000
(대변) 253.미지급금 220,000

수정 후 : 유형(51.과세)/ 품목(컴퓨터 구입)/ 수량( )/ 단가( )/ 공급가액(2,000,000)/ 부가세(200,000)/ 공급처명(대웅전자)/ 전자( )/ 분개(3.혼합)
(차변) 135.부가세대급금 200,000
(차변) 212.비품 2,000,000
(대변) 253.미지급금 2,200,000

2. [일반전표입력]에서 9월 15일 전표를 다음과 같이 수정 입력한다.
수정 전 : (차) 103.보통예금 10,253,800 / (대) 108.외상매출금 10,253,800
(거래처 : ㈜웅이)

수정 후 : (차) 103.보통예금   10,253,800 / (대) 105.정기예금   10,000,000
         (차) 136.선납세금   46,200   / (대) 901.이자수익   300,000

 문제5 결산정리

1단계 [일반전표입력] 메뉴에서 수동분개

[전표입력]>[일반전표입력]에서 결산일자(12월 31일)로 수동분개를 한다.

1. 12월 31일 : (차) 263.선수수익   4,500,000 / (대) 904.임대료   4,500,000
   [해설] [일반전표입력] 10월 1일 전표에서 임대료가 선수수익 계정으로 회계처리된 것을 확인할 수 있다.
   기간경과분 임대료 : 9,000,000 × (차기 3개월/총 6개월) = 4,500,000원

2. 12월 31일 : (차) 955.외화환산손실   500,000 / (대) 251.외상매입금   500,000
                                                    (거래처 : 미국 스마트사)
   [해설] ($5,000 × 1,100/$) - 5,000,000 = 500,000원(환산손실)

2단계 [결산자료입력] 메뉴에서 해당란에 입력

[결산/재무제표]>[결산자료입력]에서 기간(1월 ~ 12월)을 입력한다.

▶ 퇴직급여(전입액) : 20,000,000원 ☞(제조부문)
   [해설] 제조부문 : 62,000,000 - (60,000,000 - 18,000,000) = 20,000,000원

▶ 퇴직급여(전입액) : 19,000,000원 ☞(관리부문)
   [해설] 관리부문 : 59,000,000 - (57,000,000 - 17,000,000) = 19,000,000원

3단계 [일반전표입력] 메뉴에 결산분개 추가

입력이 완료되면 상단 툴바의 F3 전표추가 를 클릭하고 대화창에서 를 클릭하여, [일반전표입력]에 결산분개를 추가한다.

문제6 장부조회

1. [장부관리]>[현금출납장]에서 『전체』 탭을 선택하고 기간(1월 1일 ~ 3월 31일)을 입력하고 입금의 [누계]란과 [전기이월]란의 금액을 확인한다.

> **답안** : 81,956,000원

[해설] 입금 누계(82,336,000) - 전기이월(380,000) = 81,956,000원

2. [계정별원장]에서 기간(5월 8일 ~ 5월 8일)/ 계정과목(811.복리후생비 ~ 811.복리후생비)을 입력하고 [차변]란의 금액을 확인한다.

> 답안 : 186,000원

3. [부가가치]>[신고서/부속명세]>[부가가치세신고서]에서 『일반과세』 탭을 선택하고 조회기간(4월 1일 ~ 6월 30일)을 입력하고, 과세표준 및 매출세액 [영세/ 세금계산서발급분(5)]란과 [영세/ 기타(6)]란의 금액을 확인한다.

> 답안 : 35,5000,000원

제 92회 기출문제 (이론+실무)

- 회사코드 : 3920
- 회 사 명 : 호수패션㈜
- 제한시간 : 60분

도전
51.14%
합격률

이 론 시 험

다음 문제를 보고 알맞은 것을 골라 [이론문제 답안작성] 메뉴에 입력하시오. (※ 객관식 문항당 2점)

01 다음 중 수익과 비용에 대한 설명으로 가장 잘못된 것은?
① 관련 수익과 직접적 인과관계를 파악할 수 있는 비용은 해당기간에 합리적이고 체계적인 배분을 하여 비용으로 인식한다.
② 수익은 특정 회계기간 동안에 발생한 경제적 효익의 증가로서, 지분참여자에 의한 출연과 관련된 것은 제외한다.
③ 수익이란 기업실체의 경영활동과 관련된 재화의 판매 또는 용역의 제공 등에 대한 대가로 발생하는 자산의 유입 또는 부채의 감소이다.
④ 수익은 자산의 증가나 부채의 감소와 관련하여 미래의 경제적 효익이 증가하고 이를 신뢰성 있게 측정할 수 있을 때 인식한다.

02 단기시세차익을 목적으로 상장된 ㈜세무의 주식을 ×1년도에 취득하여 아래와 같이 보유하고 있는 ㈜회계의 ×2년도 손익계산서상 인식할 영업외수익 및 영업외비용은 각각 얼마인가?

- ×1년 12월 31일 현재 ㈜세무 주식 1,000주를 보유하고 있고 주당 공정가치는 5,000원이다.
- ×2년 10월 12일 ㈜세무의 주식 500주를 주당 4,900원에 처분하고 현금을 받다.
- ×2년 12월 31일 현재 ㈜세무 주식 500주를 보유하고 있고 주당 공정가치는 5,100원이다.

	영업외비용	영업외수익		영업외비용	영업외수익
①	100,000원	100,000원	②	100,000원	50,000원
③	50,000원	100,000원	④	50,000원	50,000원

03 다음 중 재고자산으로 분류되는 경우는?
① 제조업을 운영하는 회사가 공장이전 목적으로 보유 중인 토지
② 도매업을 운영하는 회사가 판매 목적으로 보유하는 상품
③ 부동산매매업을 운영하는 회사가 장기 시세차익을 목적으로 보유하는 유가증권
④ 서비스업을 운영하는 회사가 사옥 이전 목적으로 보유 중인 건물

04 다음 중 기계장치의 취득원가로 올바른 것은?

> - 기계장치의 구입가격 : 50,000,000원
> - 기계장치의 구입시 운송비용 : 2,000,000원
> - 기계장치의 설치비 및 시운전비 : 500,000원
> - 기계장치 사용을 위한 직원 교육비 : 1,000,000원

① 53,500,000원　② 52,000,000원　③ 52,500,000원　④ 50,500,000원

05 다음 중 일반기업회계기준에 따른 재무제표에 해당하지 않는 것은?

① 재무상태표　　　　　　② 손익계산서
③ 주석　　　　　　　　　④ 시산표

06 다음 중 재무제표상 자산의 차감항목으로 표시되지 않는 거래는?

① 퇴직급여충당부채　　　② 감가상각누계액
③ 대손충당금　　　　　　④ 재고자산평가충당금

07 다음 중 사채에 대한 설명으로 틀린 것은?

① 유효이자율법 적용시 할인발행인 경우 사채이자는 매년 감소한다.
② 사채할증발행차금은 당해 사채의 액면가액에서 부가(+)하는 형식으로 기재한다.
③ 유효이자율법 적용시 사채할증발행차금 상각액은 매년 증가한다.
④ 유효이자율법 적용시 사채할인발행차금 상각액은 매년 증가한다.

08 1기 회계연도(1월 1일 ~ 12월 31일) 중 10월 1일에 내용연수 5년, 잔존가치 1,000,000원인 기계장치를 5,000,000원에 매입하였으며, 기계장치의 취득부대비용으로 500,000원을 지출하였다. 동 기계는 원가모형을 적용하고, 정액법으로 감가상각한다. 1기 회계연도에 계상될 감가상각비로 맞는 것은? (단, 월할 상각할 것)

① 150,000원　② 200,000원　③ 225,000원　④ 270,000원

9 갑사의 제품 A와 제품 B에 대한 제조원가 자료는 다음과 같다. 실제개별원가계산 방법에 따라 기계시간을 기준으로 제조간접비를 배부하였을 때 제품 A의 제조원가는 얼마인가?

구분	제품 A	제품 B	합계
직접재료비	7,000,000원	3,000,000원	10,000,000원
직접노무비	4,000,000원	1,000,000원	5,000,000원
제조간접비(실제)	?	?	3,000,000원
기계시간	600시간	400시간	1,000시간
노무시간	400시간	100시간	500시간

① 5,200,000원　② 12,200,000원　③ 12,800,000원　④ 13,400,000원

10 다음 중 원가의 행태에 따른 분류에 해당하지 않는 것은?

① 변동원가　② 고정원가
③ 준고정원가　④ 매몰원가

11 ㈜동영은 올해초 사업을 개시하였다. 다음의 자료에 의해 당기의 매출원가를 구하시오.

기본원가	500,000원	기말재공품	400,000원
제조간접원가	300,000원	기말제품	100,000원

① 100,000원　② 300,000원　③ 400,000원　④ 500,000원

12 다음 중 제조원가명세서에 포함되는 항목으로만 짝지어진 것은?

㉠ 기말원재료재고액	㉡ 기말제품재고액	㉢ 기말재공품재고액
㉣ 당기제품제조원가	㉤ 당기총제조원가	㉥ 당기제품매출원가

① ㉠, ㉢, ㉣, ㉤　② ㉠, ㉡, ㉣, ㉤
③ ㉡, ㉢, ㉣, ㉤　④ ㉢, ㉣, ㉤, ㉥

13 다음 자료를 이용하여 부가가치세 과세표준을 계산하면 얼마인가?

- 매출액 : 50,000,000원
- 판매장려금 : 3,000,000원
- 대손금 : 1,000,000원
- 매출에누리 : 2,000,000원

① 43,000,000원　② 48,000,000원　③ 49,000,000원　④ 50,000,000원

14 다음 중 부가가치세 과세대상 거래에 해당하지 않는 것은?
① 사업자가 행하는 재화의 공급　② 사업자가 행하는 용역의 공급
③ 재화의 수입　④ 용역의 수입

15 다음은 사업자등록 신청에 대한 설명이다. 빈칸에 들어갈 일수는 몇 일인가?

부가가치세법상 사업자등록을 신청하기 전의 매입세액은 매출세액에서 공제하지 않는다. 다만, 공급시기가 속하는 과세기간이 끝난 후 ___일 이내에 사업자등록 신청을 할 경우 등록신청일부터 공급시기가 속하는 과세기간 기산일까지 역산한 기간 내의 매입세액은 매출세액에서 공제 할 수 있다.

① 10일　② 15일　③ 20일　④ 25일

실 무 시 험

호수패션㈜(회사코드 : 3920)은 스포츠의류를 제조하여 판매하는 중소기업이며, 당기(제7기) 회계기간은 2022.1.1. ~ 2022.12.31.이다. 전산세무회계 수험용 프로그램을 이용하여 다음 물음에 답하시오.

문제1 다음은 기초정보관리 및 전기분 재무제표에 대한 자료이다. 각각의 요구사항에 대하여 답하시오. (10점)

1. 신규거래처인 현영상사를 [거래처등록] 메뉴에 추가 등록하시오. (3점)

- 거래처코드 : 3425
- 사업자등록번호 : 124-29-74624
- 대표자명 : 부현영
- 거래처명 : 현영상사
- 업태 : 제조
- 주소 : 광주광역시 동구 제봉로 10(학동)
- 유형 : 동시
- 종목 : 컴퓨터 및 부품

※ 주소 입력시 우편번호 입력을 생략함.

2. [계정과목 및 적요등록] 메뉴에 아래의 계정과목에 대한 적요를 등록하시오. (3점)

- 계정과목 : 833(광고선전비)
- 현금적요 9. 소셜마케팅 비용 지급

3. 전기분 원가명세서를 검토한 결과 다음과 같은 오류가 발견되었다. 모든 전기분 재무제표의 관련된 부분을 수정하시오. (4점)

계정과목	틀린 금액	올바른 금액	내 용
복리후생비(511)	3,200,000원	2,300,000원	입력 오류

문제2 다음 거래 자료를 [일반전표입력] 메뉴에 추가 입력하시오(일반전표입력의 모든 거래는 부가가치세를 고려하지 말 것). (18점)

1. 7월 30일 회사는 임직원을 위해 군민은행에 확정급여형(DB) 퇴직연금에 가입하고 7월분 퇴직연금 10,000,000원을 보통예금에서 납입하였다. (3점)

2. 8월 28일 부영상사의 파산으로 인해 단기대여금 5,000,000원이 회수가 불가능하여 대손처리 하였다. 단기대여금에 대한 대손충당금 현재 잔액은 3,000,000원이며, 대손세액공제는 고려하지 않기로 한다. (3점)

3. 10월 1일 ㈜한섬자동차로부터 업무용 승용차를 매입하면서 의무적으로 취득해야하는 공채를 구입하고, 대금 200,000원을 현금으로 지급하였다. 공채의 현재가치는 180,000원이며, 회사는 이를 단기매매증권으로 분류하였다. (3점)

4. 10월 7일 선적지 인도조건으로 ABC상사에 수출(선적일자 : 9월 23일, 도착일자 : 9월 28일)한 제품의 외상매출금이 보통예금계좌에 원화로 환전되어 입금되다. 관련 환율은 다음과 같다. (3점)

· 외상매출금 : $3,000	· 9월 23일 환율 : 1,200/$
· 9월 28일 환율 : 1,300/$	· 10월 7일 환율 : 1,400/$

5. 10월 21일 보통예금계좌에서 500,000원의 이자수익이 발생하였으며, 원천징수세액을 제외한 나머지 금액이 당사의 보통예금으로 입금되었다(원천징수세율은 15.4%로 가정하고 원천징수세액은 자산으로 처리함). (3점)

6. 11월 1일 다음은 영업팀에서 거래처 임원과의 식사비용을 법인카드(비씨카드)로 결제하고 수취한 신용카드매출전표이다. 일반전표에 입력하시오. (3점)

매 출 전 표

단말기번호 11213692	전표번호
카드종류	거래종류 결재방법
비씨카드	신용구매 일시불
회원번호(Card No)	취소시 원거래일자
2224-1222-1000-2000	
유효기간	거래일시 품명
	20□. 11. 1.
전표제출	금 액/AMOUNT 155,455원
	부 가 세/VAT 15,545원
전표매입사	봉 사 료/TIPS
	합 계/TOTAL 171,000원
거래번호	승인번호/(Approval No.)
	98421147
가맹점 세상의 모든아침	
대표자 정호용 TEL 02 402-235*	
가맹점번호 사업자번호 134-00-00587	
주소 서울시 서초구 명달로 101	
	서명(Signature) 호수패션(주)

문제3 다음 거래 자료를 [매입매출전표입력] 메뉴에 추가로 입력하시오. (18점)

1. 9월 30일 ㈜영광패션에 제품을 판매하고 전자세금계산서를 아래와 같이 발급하고 대금수령은 보통예금으로 30,000,000원, 나머지는 어음으로 수취하였다. (3점)

전자세금계산서(공급자 보관용)   승인번호 xxxxxxxxx

공급자	등록번호	506 - 81 - 94325			공급받는자	등록번호	137 - 81 - 30988		
	상호(법인명)	호수패션㈜	성명(대표자)	정홍규		상호(법인명)	㈜영광패션	성명(대표자)	박영광
	사업장주소	세종특별자치시 연기면 연기길 3				사업장주소	서울 영등포구 여의도동 234		
	업태	제조	종목	스포츠의류		업태	제조, 도매	종목	의류
	이메일					이메일			

작성일자	공급가액	세액	수정사유
20□. 9. 30.	50,000,000	5,000,000	

월	일	품목	규격	수량	단가	공급가액	세액	비고
9	30	의류		1,000	50,000	50,000,000	5,000,000	

합계금액	현금	수표	어음	외상미수금	이 금액을	영수/청구 함
55,000,000	30,000,000		25,000,000			

2. 10월 28일 본사 영업직원이 업무에 사용할 개별소비세 과세대상 자동차를 ㈜우주자동차에서 30,000,000원(부가가치세 별도)에 구입하고, 전자세금계산서를 수취하였으며 대금결제는 다음 달에 하기로 하였다. (3점)

3. 11월 5일 서석컨설팅에서 영업부 직원들의 회계업무 향상 교육을 실시하고, 강사료 550,000원에 대한 전자계산서를 발급 받았다. 강사료는 11월 2일에 지급한 계약금 100,000원을 차감한 잔액을 1개월 후에 지급하기로 하였다(단, 계약금은 선급금 계정으로 처리하였음). (3점)

4. 11월 10일 비사업자인 박사원에게 제품을 2,200,000원(부가가치세 포함)에 판매하였다. 대금은 현금으로 받고 현금영수증을 발행하였다(단, 거래처를 입력 할 것). (3점)

5. 12월 10일 생산부문 근로자들의 성탄절 선물로 하나로마트에서 종합선물세트를 1,100,000원(부가가치세 포함)에 구입하고 법인카드인 하나카드로 결제하였다(카드매입에 대한 부가가치세 매입세액 공제요건은 충족 함). (3점)

6. 12월 15일 호주에서 기계장치를 수입하고 수입전자세금계산서를 부산세관장으로부터 발급받았으며, 당일 부가가치세를 보통예금계좌에서 이체 납부하였다(부가가치세에 대한 회계처리만 할 것). (3점)

수입전자세금계산서					승인번호		xxxxxxxx	
공급자	등록번호	601-83-00048		공급받는자	등록번호	506-81-94325		
	세관명	부산세관	성 명	부산세관장		상 호 (법인명)	호수패션㈜	성 명 (대표자)	정홍규
	세관주소	부산 중구 충장대로 20			사업장주소	세종특별자치시 연기면 연기길 3		
	수입신고번호 또는 일괄발급기간	1325874487			업 태	제조	종 목	스포츠의류
					이메일			
작성일자	과세표준		세 액		수정사유			
20□. 12. 15.	50,000,000		5,000,000		해당없음			
월	일	품 목	규격	수량	단 가	공 급 가 액	세 액	비 고
12	15	기계장치				50,000,000	5,000,000	

※ 과세표준은 관세의 과세가격과 개별소비세, 주세, 교통세 및 농어촌특별세의 합계액으로 한다.

문제4
[일반전표입력] 및 [매입매출전표입력] 메뉴에 입력된 내용 중 다음과 같은 오류가 발견되었다. 입력된 내용을 확인하여 정정하시오. (6점)

1. 8월 15일 매출거래처 직원의 결혼축하금으로 200,000원을 현금 지급한 것으로 처리한 거래는 당사 생산부문 직원의 결혼축하금인 것으로 확인되었다. (3점)

2. 9월 22일 공장건물 공사에 대한 대금 2,000,000원을 가나건설에 지급하고 모두 수익적 지출로 처리하였다. 그러나 확인 결과 그 중에 50%의 지출은 건물의 가치가 증가한 자본적 지출에 해당한다. (3점)

문제5
결산정리사항은 다음과 같다. 해당 메뉴에 입력하시오. (9점)

1. 9월 1일 영업부에서 사용할 소모품 450,000원을 구입하면서 자산으로 회계 처리하였다. 이 중 기말 현재 소모품의 사용액이 330,000원이었다. (3점)

2. 기말 현재 퇴직급여추계액과 퇴직급여충당부채 설정 전 잔액은 다음과 같다. (3점)

구분	퇴직급여 추계액	퇴직급여충당부채 설정 전 잔액
생산직	20,000,000원	15,000,000원
관리직	20,000,000원	14,000,000원

3. 결산일 현재 생산부서가 보유하고 있는 유형자산은 다음과 같다. (3점)

취득일	유형자산	취득원가	잔존가치	내용연수	상각방법
당기 1월 2일	기계장치	40,000,000원	0원	5년	정액법

문제6 다음 사항을 조회하여 답안을 [이론문제 답안작성] 메뉴에 입력하시오. (9점)

1. 6월 30일 현재 유동자산과 유동부채의 금액 차이는 얼마인가? (3점)

2. 제1기 부가가치세 예정신고기간(1월 ~ 3월)의 신용카드매출전표수령금액합계표란의 일반매입세액은 얼마인가? (3점)

3. 제1기 부가가치세 예정신고기간(1월 ~ 3월)의 세금계산서 수취분 중 고정자산의 매입세액은 얼마인가? (3점)

이론시험 답안 및 해설 (제92회)

답안					
	1. ①	2. ④	3. ②	4. ③	5. ④
	6. ①	7. ①	8. ③	9. ③	10. ④
	11. ②	12. ①	13. ②	14. ④	15. ③

01 수익과 직접 관련하여 발생한 비용은 동일한 거래나 사건에서 발생하는 수익을 인식할 때 대응하여 인식한다. 이와 같은 예로는 매출수익에 대응하여 인식하는 매출원가를 들 수 있다. (재무회계 개념체계 문단 146(가))

[해설] ③ 수익이란 기업실체의 경영활동과 관련된 재화의 판매 또는 용역의 제공 등에 대한 대가로 발생하는 자산의 유입 또는 부채의 감소이다. 예를 들면, 재화 및 용역을 공급한 대가로서 현금이나 매출채권이 증가하게 된다. 또한 기업실체는 차입금을 상환하기 위하여 재화 및 용역을 채권자에게 공급할 수 있으며 그 결과로 부채가 감소된다. (재무회계 개념체계 문단 117)

④ 수익은 경제적 효익이 유입됨으로써 자산이 증가하거나 부채가 감소하고 그 금액을 신뢰성 있게 측정할 수 있을 때 인식한다. 이는 수익의 인식이 자산의 증가나 부채의 감소와 동시에 이루어짐을 의미한다. (재무회계 개념체계 문단 143)

02 10월 12일 : (차) 현금　　　　　　　　2,450,000　/　(대) 단기매매증권　　2,500,000
　　　　　 (차) 단기매매증권처분손실　 50,000

12월 31일 : (차) 단기매매증권　　　　　 50,000　/　(대) 단기매매증권평가이익　50,000

[해설] • 10월 12일 : 500주 × (4,900 - 5,000) = 단기매매증권처분손실 50,000원
• 12월 31일 : 50주 × (5,100 - 5,000) = 단기매매증권평가이익 50,000원

03 판매 목적으로 보유하는 상품은 재고자산으로 분류된다.

[해설] ① 공장이전 목적으로 보유 중인 토지는 유형자산으로 분류된다.
③ 장기 시세차익을 목적으로 보유하는 유가증권은 투자자산으로 분류된다.
④ 사옥 이전 목적으로 보유 중인 건물은 유형자산으로 분류된다.

04 구입가격 + 구입시 운송비용 + 설치비 및 시운전비) = 취득원가
└ 50,000,000 + 2,000,000 + 500,000 = 52,500,000원

05 일반기업회계기준에 따른 재무제표는 재무상태표, 손익계산서, 현금흐름표, 자본변동표로 구성되며, 주석을 포함한다.

06 퇴직급여충당부채는 비유동부채이다.

> [해설] ② 감가상각누계액은 유형자산의 차감계정이다.
> ③ 대손충당금은 채권의 차감계정이다.
> ④ 재고자산평가충당금은 재고자산의 차감계정이다.

07 사채를 할인발행한 경우에 발생하는 사채할인발행차금을 유효이자율법으로 상각하면 사채할인발행차금 상각액은 매년 증가한다. 이 사채할인발행차금 상각액은 이자비용에 가산되기 때문에 사채이자는 매년 증가한다.

> [해설] ② 사채할인발행차금은 사채의 액면가액에서 차감(-)하는 형식으로 기재하고, 사채할증발행차금은 사채의 액면가액에서 부가(+)하는 형식으로 기재한다.
> ③ 사채를 할증발행한 경우 발생하는 사채할증발행차금을 유효이자율법으로 상각하면 사채할증발행차금 상각액은 매년 증가한다. 이 사채할증발행차금 상각액은 이자비용에서 차감되기 때문에 사채이자는 매년 감소한다.

08 정액법 연 감가상각비 : {(취득원가 - 잔존가치) ÷ 내용연수} × 보유월수/12개월
　└ {(5,500,000 - 1,000,000) ÷ 5년} × 3개월/12개월 = 225,000원

> [해설] 매입가액(5,000,000) + 취득부대비용(500,000) = 취득원가 5,500,000원

09 제조간접비 총액 ÷ 기계시간 총액 = 기계시간 1시간당 제조간접비 실제배부율
　└ 3,000,000 ÷ 1,000시간 = @3,000원

제품 A의 기계시간 × 제조간접비 실제배부율 = 제품 A의 제조간접비 배부액
　└ 600시간 × @3,000 = 1,800,000원

직접재료비 + 직접노무비 + 제조간접비배부액 = 제품 A의 제조원가
　└ 7,000,000 + 4,000,000 + 1,800,000 = 12,800,000원

10 원가는 조업도의 변화에 대하여 어떤 반응을 보이느냐에 따라 변동비와 고정비, 준변동비와 준고정비로 분류된다.

> [해설] ④ 매몰원가란 과거의 의사결정으로부터 이미 발생한 원가로서 현재 또는 미래에 어떤 의사결정을 하더라도 회수할 수 없는 원가를 말한다. 매몰원가는 의사결정과의 관련성에 따른 원가의 분류에 해당한다.

11 기본원가(직접재료비 + 직접노무비) + 제조간접원가 = 당기총제조원가
　└ 500,000 + 300,000 = 800,000원

당기총제조원가(800,000) - 기말재공품(400,000) = 당기제품제조원가 400,000원

기초제품(0) + 당기제품제조원가(400,000) - 기말제품(100,000) = 매출원가 300,000원

12. 기초원재료재고액 + 당기원재료매입액 – 기말원재료재고액 = 직접재료비

    직접재료비 + 직접노무비 + 제조간접비 = 당기총제조원가

    기초재공품 + 당기총제조원가 – 기말재공품 = 당기제품제조원가

    [해설] ⓛ 기말제품재고액과 ⓑ 당기제품매출원가는 손익계산서에 포함되는 항목이다.

13. 매출액(50,000,000) – 매출에누리(2,000,000) = 과세표준 48,000,000원

    [해설] ⓢ 매출에누리는 과세표준에 포함하지 않는 것이므로 매출액에서 차감한다.
    ⓢ 사업자가 재화 또는 용역을 공급받는 자에게 지급하는 장려금이나 이와 유사한 금액 및 대손금액은 과세표준에서 공제하지 아니한다. 따라서 대손금과 판매장려금은 매출액에서 차감하지 않는다.

14. 용역의 수입은 과세대상 거래에 해당하지 않는다.

15. 사업자등록을 신청하기 전의 매입세액은 공제하지 아니한다. 다만, 공급시기가 속하는 과세기간이 끝난 후 20일 이내에 등록을 신청한 경우 등록신청일부터 공급시기가 속하는 과세기간 기산일(1.1. 또는 7.1.을 말한다)까지 역산한 기간 내의 것은 제외한다.

실무시험 답안 및 해설 (제92회)

문제1 기초정보관리

1. 거래처등록
[기초정보관리]>[거래처등록]에서 『일반거래처』 탭을 선택하고, 코드 3425번으로 거래처를 등록한다.

2. 계정과목 및 적요등록
[계정과목및적요등록]에서 "833.광고선전비"를 선택하고, 화면 우측에 적요No(9)/ 현금적요(소셜마케팅 비용 지급)를 입력한다.

3. 전기이월작업
① [전기분재무제표]>[전기분원가명세서]에서 [511.복리후생비]란을 2,300,000원으로 수정 입력하고, [당기제품제조원가]란 550,000,000원을 확인한다.
② [전기분손익계산서]에서 [455.제품매출원가]란에 커서를 놓고 키보드의 Enter↵ 키를 치고 「매출원가」 보조창의 [당기제품제조원가]란을 550,000,000원으로 수정 입력한다. 「매출원가」 보조창을 닫고 [당기순이익]란 88,000,000원을 확인한다.
③ [전기분잉여금처분계산서]에서 상단 툴바의 F6 불러오기를 클릭하고, [당기순이익]란 88,000,000원과 [미처분이익잉여금]란 125,000,000원을 확인한다.
④ [전기분재무상태표]에서 [375.이월이익잉여금]란을 125,000,000원으로 수정 입력한다.

문제2 일반전표입력

1. 7월 30일 : (차) 186.퇴직연금운용자산   10,000,000 / (대) 103.보통예금   10,000,000

2. 8월 28일 : (차) 115.대손충당금   3,000,000 / (대) 114.단기대여금   5,000,000
             (차) 954.기타의대손상각비   2,000,000   (거래처 : 부영상사)

3. 10월 1일 : (차) 107.단기매매증권   180,000   / (대) 101.현금   200,000
             (차) 208.차량운반구   20,000

[해설] 유형자산의 취득과 관련하여 불가피하게 채권을 매입하는 경우에는 당해 채권의 매입금액과 일반기업회계기준에 따라 평가한 현재가치와의 차액은 유형자산의 취득원가에 산입한다.

4. 10월 7일 : (차) 103.보통예금   4,200,000 / (대) 108.외상매출금   3,600,000
                                                    (거래처 : ABC상사)
                                             (대) 907.외환차익   600,000

   [해설] 외상매출금 : $3,000 × 1,200/$ = 3,600,000원
          보통예금 : $3,000 × 1,400/$ = 4,200,000원

5. 10월 21일 : (차) 136.선납세금   77,000 / (대) 901.이자수익   500,000
               (차) 103.보통예금   423,000
   [해설] 선납세금 : 500,000 × 15.4% = 77,000원

6. 11월 1일 : (차) 813.접대비   171,000 / (대) 253.미지급금   171,000
                                                 (거래처 : 비씨카드(법인))

문제3 매입매출전표입력

1. 9월 30일 : 유형(11.과세)/ 품목(의류)/ 수량(1,000)/ 단가(50,000)/ 공급가액(50,000,000)/ 부가세(5,000,000)/ 공급처명(㈜영광패션)/ 전자(1 : 여)/ 분개(3.혼합)
   (대변) 255.부가세예수금   5,000,000
   (대변) 404.제품매출   50,000,000
   (차변) 103.보통예금   30,000,000
   (차변) 110.받을어음   25,000,000

2. 10월 28일 : 유형(54.불공)/ 품목(자동차)/ 수량( )/ 단가( )/ 공급가액(30,000,000)/ 부가세(3,000,000)/ 공급처명(㈜우주자동차)/ 전자(1 : 여)/ 불공제사유(3)/ 분개(3.혼합)
   (차변) 208.차량운반구   33,000,000
   (대변) 253.미지급금   33,000,000
   [해설] 비영업용 소형승용자동차의 구입과 임차 및 유지비용은 매입세액이 공제되지 않는다.

3. 11월 5일 : 유형(53.면세)/ 품목(강사료)/ 수량( )/ 단가( )/ 공급가액(550,000)/ 부가세( )/ 공급처명(서석컨설팅)/ 전자(1 : 여)/ 분개(3.혼합)
   (차변) 825.교육훈련비   550,000
   (대변) 131.선급금   100,000
   (대변) 253.미지급금   450,000

4. 11월 10일 : 유형(22.현과)/ 품목(제품)/ 수량( )/ 단가( )/ 공급가액(2,000,000)/ 부가세(200,000)/ 공급처명(박사원)/ 분개(1.현금)
   (입금) 255.부가세예수금   200,000
   (입금) 404.제품매출   2,000,000

[해설] [공급가액]란에 공급대가(2,200,000원)를 입력하면 공급가액과 세액이 자동으로 분리되어 입력된다.

5. 12월 10일 : 유형(57.카과)/ 품목(종합선물세트)/ 수량( )/ 단가( )/ 공급가액(1,000,000)/ 부가세(100,000)/ 공급처명(하나로마트)/ 신용카드사(하나카드)/ 분개(3.혼합)

   (차변) 135.부가세대급금   100,000
   (차변) 511.복리후생비   1,000,000
   (대변) 253.미지급금   1,100,000 (거래처 : 하나카드(법인))

   [해설] [공급가액]란에 공급대가(1,100,000원)를 입력하면 공급가액과 세액이 자동으로 분리되어 입력된다. 미지급금의 거래처를 "하나카드(법인)"로 변경한다.

6. 12월 15일 : 유형(55.수입)/ 품목(기계장치)/ 수량( )/ 단가( )/ 공급가액(50,000,000)/ 부가세(5,000,000)/ 공급처명(부산세관)/ 전자(1 : 여)/ 분개(3.혼합)

   (차변) 135.부가세대급금   5,000,000
   (대변) 103.보통예금   5,000,000

문제4 오류수정

1. [전표입력]>[일반전표입력]에서 8월 15일 전표를 다음과 같이 수정 입력한다.

   수정 전 : (차) 813.접대비   200,000   / (대) 101.현금   200,000

   수정 후 : (차) 511.복리후생비   200,000   / (대) 101.현금   200,000

2. [일반전표입력]에서 9월 22일 전표를 다음과 같이 수정 입력한다.

   수정 전 : (차) 520.수선비   2,000,000   / (대) 103.보통예금   2,000,000
              (거래처 : 가나건설)   (거래처 : 신한은행)

   수정 후 : (차) 520.수선비   1,000,000   / (대) 103.보통예금   2,000,000
              (거래처 : 가나건설)   (거래처 : 신한은행)
           (차) 202.건물   1,000,000

문제5 결산정리

1단계 [일반전표입력] 메뉴에서 수동분개

[전표입력]>[일반전표입력]에서 결산일자(12월 31일)로 수동분개를 한다.

12월 31일 : (차) 830.소모품비   330,000   / (대) 173.소모품   330,000

2단계 [결산자료입력] 메뉴에서 해당란에 입력

[결산/재무제표]>[결산자료입력]에서 기간(1월 ~ 12월)을 입력한다.

▶ 퇴직급여(전입액) : 5,000,000원 ☞(생산직)

[해설] 생산직 : 20,000,000 - 15,000,000 = 5,000,000원

▶ 일반감가상각비 : [기계장치 8,000,000원] ☞(제조경비)

[해설] 정액법 감가상각비 : (40,000,000 - 0) ÷ 5년 = 8,000,000원

▶ 퇴직급여(전입액) : 7,000,000원 ☞(관리직)

[해설] 관리직 : 20,000,000 - 14,000,000 = 6,000,000원

3단계 [일반전표입력] 메뉴에 결산분개 추가

입력이 완료되면 상단 툴바의 를 클릭하고 대화창에서 를 클릭하여, [일반전표입력]에 결산분개를 추가한다.

문제6 장부조회

1. [결산/재무제표]>[재무상태표]에서 기간(6월)을 입력하고 [유동자산]란과 [유동부채]란의 금액을 확인한다.

> 답안 : 580,483,625원

[해설] 유동자산(998,135,000) - 유동부채(417,651,375) = 580,483,625원

2. [부가가치]>[신고서/부속명세]>[부가가치세신고서]에서 『일반과세』탭을 선택하고 조회기간(1월 1일 ~ 3월 31일)을 입력하고, 14.그 밖의 공제매입세액 [신용카드매출수령합계표/일반매입(41)]란의 세액을 확인한다.

> 답안 : 15,000원

3. [부가가치세신고서]에서 『일반과세』탭을 선택하고 조회기간(1월 1일 ~ 3월 31일)을 입력하고, 매입세액 [세금계산서수취분/ 고정자산매입(11)]란의 세액을 확인한다.

> 답안 : 4,200,000원

특별회차
제 92회 기출문제 (이론+실무)

도전 40.16% 합격률

- 회사코드 : 3921
- 회 사 명 : 보령물산㈜
- 제한시간 : 60분

이 론 시 험

다음 문제를 보고 알맞은 것을 골라 [이론문제 답안작성] 메뉴에 입력하시오. (※ 객관식 문항당 2점)

01 다음은 회계거래의 결합관계를 표시한 것이다. 옳지 않은 것은?

거 래	거래의 결합관계
① 수선비 10만원을 현금 지급하였다.	비용의 발생 – 자산의 감소
② 정수기를 50만원에 현금 구입하였다.	자산의 증가 – 비용의 발생
③ 주식발행으로 1억원을 현금 조달하였다.	자산의 증가 – 자본의 증가
④ 상품을 20만원에 현금 매출하였다.	자산의 증가 – 수익의 발생

02 다음 중 현금및현금성자산 금액을 모두 합하면 얼마인가?

- 선일자수표 : 300,000원
- 타인발행 당좌수표 : 400,000원
- 당좌예금 : 500,000원
- 차용증서 : 500,000원
- 취득 당시 만기가 2개월인 양도성예금증서 : 600,000원

① 800,000원 ② 1,100,000원 ③ 1,200,000원 ④ 1,500,000원

03 다음 중 물가가 지속적으로 하락하는 경우 매출원가, 매출총이익 및 기말재고자산의 금액이 가장 높게 평가되는 재고자산평가방법으로 짝지어진 것은? (단, 기초재고자산수량과 기말재고자산수량은 동일하다고 가정함)

	매출원가	매출총이익	기말재고자산금액
①	선입선출법	후입선출법	선입선출법
②	후입선출법	선입선출법	후입선출법
③	선입선출법	후입선출법	후입선출법
④	후입선출법	선입선출법	선입선출법

04 다음 중 유형자산의 정의와 인식조건에 해당하지 않는 것은?

① 자산으로부터 발생하는 미래 경제적 효익이 기업에 유입될 가능성이 매우 높다.
② 자산의 원가를 신뢰성 있게 측정할 수 있다.
③ 기업의 정상적인 영업활동 과정에서 판매를 목적으로 보유하는 물리적 형체가 있는 자산이다.
④ 1년을 초과하여 사용할 것이 예상되는 자산이어야 한다.

05 5월 2일 단기시세차익을 목적으로 ㈜동구의 주식을 액면금액 5,000원에 200주를 취득하고 수수료 50,000원과 함께 현금으로 지급하였다. 이 주식을 10월 1일 1주에 4,500원으로 100주를 매각하였을 경우 매각 시점의 손익에 미치는 영향을 바르게 설명한 것은?

① 당기순이익이 75,000원 증가한다. ② 당기순이익이 75,000원 감소한다.
③ 당기순이익이 50,000원 증가한다. ④ 당기순이익이 50,000원 감소한다.

06 기중에 수익(임대료)계정으로 회계처리 한 금액 중 차기분이 포함되어 있다. 결산시 선수수익을 계상하는 분개를 누락할 경우 당기 재무제표에 미치는 영향으로 올바른 것은?

① 수익은 과대계상, 부채는 과소계상 ② 수익은 과소계상, 부채는 과대계상
③ 수익은 과대계상, 자산은 과소계상 ④ 수익은 과소계상, 자산은 과대계상

07 주식배당시 자본금 및 이익잉여금의 변화에 대해 올바르게 짝지은 것은?

> 주식으로 배당하는 경우에는 발행주식의 액면금액을 배당액으로 하여 자본금의 (가)와 이익잉여금의 (나)로 회계처리 한다.

① (가) 증가, (나) 감소 ② (가) 증가, (나) 증가
③ (가) 감소, (나) 증가 ④ (가) 감소, (나) 감소

08 다음 중 재화의 판매에 대한 수익인식 요건에 해당하지 않는 것은?

① 재화의 소유에 따른 유의적인 위험과 보상이 구매자에게 이전된다.
② 판매자는 판매한 재화에 대하여 소유권이 있을 때 통상적으로 행사하는 정도의 관리나 효과적인 통제를 할 수 없다.
③ 거래와 관련하여 발생했거나 발생할 원가를 신뢰성 있게 측정할 수 있다.
④ 진행률을 신뢰성 있게 측정할 수 있다.

09 원가에 대한 다음의 설명 중 틀린 것은?

① 직접재료비와 직접노무비는 기본원가에 속하고, 직접노무비와 제조간접비는 가공원가에 속한다.
② 조업도가 증가함에 따라 단위당 고정비는 일정하지만 단위당 변동비는 감소한다.
③ 조업도가 증가함에 따라 변동비 총액은 증가하지만 고정비 총액은 일정하다.
④ 매몰원가는 과거에 발생한 원가로 현재의 의사결정에 영향을 미치지 못한다.

10 ㈜한국은 4월 중 50,000원의 직접재료를 구입하였다. 직접재료의 4월초 재고는 10,000원이고, 4월말 재고는 20,000원이다. 4월 총제조원가는 200,000원이고, 제조간접원가가 30,000원이면 4월 직접노무원가는 얼마인가?

① 120,000원   ② 130,000원   ③ 150,000원   ④ 170,000원

11 다음 중 실제개별원가계산과 정상개별원가계산에 대한 설명으로 옳지 않은 것은?

① 실제개별원가계산은 분자에 실제제조간접비 합계액을, 분모에 실제조업도(실제배부기준)을 사용하여 제조간접비 배부율을 구한다.
② 정상개별원가계산은 분자에 예정제조간접비 합계액을, 분모에 예정조업도(예정배부기준)을 사용하여 제조간접비 배부율을 구한다.
③ 실제개별원가계산에서 실제제조간접비 배부는 개별제품 등의 실제조업도(실제배부기준) × 제조간접비실제배부율을 사용한다.
④ 정상개별원가계산에서 예정제조간접비 배부는 개별제품 등의 예정조업도(예정배부기준) × 제조간접비예정배부율을 사용한다.

12 다음 자료를 이용하여 매출원가를 계산하면 얼마인가?

• 기초재공품재고액	350,000원	• 기말재공품재고액	400,000원
• 기초제품재고액	500,000원	• 기말제품재고액	250,000원
• 당기총제조원가	1,000,000원		

① 400,000원   ② 500,000원   ③ 950,000원   ④ 1,200,000원

13 다음 중 면세대상에 해당하는 것으로만 짝지어진 것은?

| ㉠ 수돗물 | ㉡ 도서, 신문 | ㉢ 가공식료품 |
| ㉣ 전세버스운송용역 | ㉤ 토지의 공급 | ㉥ 연탄 및 무연탄 |

① ㉠, ㉡, ㉣, ㉤
② ㉠, ㉡, ㉢, ㉥
③ ㉠, ㉡, ㉤, ㉥
④ ㉡, ㉣, ㉤, ㉥

14 부가가치세 과세사업을 영위하던 사업자가 폐업할 때 다음과 같은 남아 있는 재화의 부가가치세 과세표준은 얼마인가? (단, 매입할 당시 매입세액 공제를 받을 수 있는 항목에 대해서는 매입세액 공제를 받았음)

| 상품 | 취득가액 : 20,000,000원,   시가 : 15,000,000원 |
| 토지 | 취득가액 : 25,000,000원,   시가 : 10,000,000원 |

① 15,000,000원   ② 20,000,000원   ③ 25,000,000원   ④ 45,000,000원

15 다음은 부가가치세법에 따른 주사업장총괄납부와 사업자단위과세에 대한 설명이다. 가장 틀린 것은?

① 주사업장총괄납부란 사업장이 둘 이상 있는 사업자가 일정한 요건을 갖춘 경우 각 사업장의 납부세액 및 환급세액을 합산하여 주된 사업장에서 총괄하여 납부할 수 있는 제도이다.
② 주사업장총괄납부 제도는 세액의 납부(환급)만 총괄하는 것이 원칙이나, 별도로 신청하는 경우 주사업장에서 총괄하여 신고가 가능하다.
③ 사업자단위과세를 적용받는 경우 세금계산서의 발급·수취, 부가가치세신고, 납부 및 수정신고, 경정청구 모두 주된 사업장에서 총괄하여 이루어진다.
④ 주사업장총괄납부와 사업자단위과세 모두 원칙적으로 적용받고자하는 과세기간 개시 20일전까지 관할세무서장에게 신청하여야 적용이 가능하다.

실 무 시 험

보령물산㈜(회사코드 : 3921)은 가구류를 제조하여 판매하는 중소기업이며, 당기(제9기) 회계기간은 2022.1.1. ~ 2022.12.31.이다. 전산세무회계 수험용 프로그램을 이용하여 다음 물음에 답하시오.

문제1 다음은 기초정보관리 및 전기분 재무제표에 대한 자료이다. 각각의 요구사항에 대하여 답하시오. (10점)

1. 다음의 사항을 [거래처등록] 메뉴에 입력하시오. (3점)

- 코드 : 208
- 거래처명 : ㈜우진상사
- 유형 : 동시
- 사업자등록번호 : 132-81-26378
- 대표자성명 : 조민지
- 업태 : 도매
- 종목 : 스포츠용품
- 주소 : 서울특별시 서초구 명달로 105(서초동)
※ 주소입력 시 우편번호는 입력하지 않아도 무방함.

2. [계정과목및적요등록] 메뉴에 아래의 계정과목을 신규로 등록하시오. (3점)

- 계정코드 : 853
- 계정과목 : 외주용역비
- 성격 : 3. 경비
- 표준재무제표 코드 : 122 가. 국내외주용역비

3. 다음은 전기분 자료이다. 주어진 자료를 수정 및 입력하여 관련된 전기분 재무제표를 모두 수정하시오. (4점)

- 기초 원재료 재고액 : 20,000,000원
- 기초 재공품 재고액 : 30,000,000원
- 기초 제품 재고액 : 25,000,000원

문제2 다음 거래 자료를 [일반전표입력] 메뉴에 추가 입력하시오(일반전표입력의 모든 거래는 부가가치세를 고려하지 말 것). (18점)

1. 7월 12일 ㈜한국자동차에서 제품 운반용 화물차를 구입하는 과정에서 관련 법령에 따라 공채(액면가 870,000원)를 870,000원에 현금으로 구입하였다. 기업회계기준에 의해 평가한 공채의 현재가치는 780,000원이며, 매도가능증권(투자자산)으로 회계처리 한다. (3점)

2. 7월 22일 해외거래처인 뉴욕상사에 전기 12월 5일 제품 $20,000을 외상으로 수출하고 당기 7월 22일 외상대금 전액을 회수하여 보통예금계좌로 입금하였다. 당기 7월 22일 회계처리를 하시오. (단, 전기 12월 31일에 기업회계기준에 따라 적절하게 회계처리 하였다고 가정한다.) (3점)

   - 전기 12월 5일 환율 : 1,100원/$
   - 전기 12월 31일 환율 : 1,150원/$
   - 당기 7월 22일 환율 : 1,050원/$

3. 8월 11일 원재료 보관창고의 화재와 도난에 대비하기 위하여 화재손해보험에 가입하고 1년분 보험료 3,000,000원을 보통예금계좌에서 이체하였다. (단, 보험료는 전액 비용 계정으로 회계처리 한다.) (3점)

4. 8월 18일 당사 보통예금의 이자수익이 800,000원 발생하여, 원천징수세액(자산으로 처리할 것) 123,200원을 차감한 금액이 보통예금계좌로 입금되었다. (3점)

5. 9월 3일 3월 31일에 열린 주주총회에서 결의했던 금전배당금 10,000,000원을 보통예금으로 지급하였다. (단, 3월 31일의 회계처리는 적정하게 이루어졌고 원천징수는 없는 것으로 가정한다.) (3점)

6. 11월 1일 거래처 ㈜윤스상사가 법원으로부터 파산선고를 받음에 따라 ㈜윤스상사에 대한 외상매출금 10,000,000원의 회수가 불가능할 것으로 판단되어 해당 외상매출금을 대손으로 처리하였다. 당사의 대손충당금을 조회하여 회계처리하고 대손세액공제는 고려하지 않는다. (3점)

문제3 다음 거래 자료를 [매입매출전표입력] 메뉴에 입력하시오. (18점)

1. 10월 3일 해피상사에 제품을 판매하고 다음과 같이 전자세금계산서를 발급하였다. (3점)

전자세금계산서(공급자 보관용)					승인번호		xxxxxxxxx	
공급자	등록번호	141 - 81 - 08831			공급받는자	등록번호	220 - 81 - 60348	
	상호(법인명)	보령물산㈜	성명(대표자)	김윤석		상호(법인명)	㈜해피상사	성명(대표자)	김수은
	사업장주소	충청남도 보령시 궁촌중앙길 8				사업장주소	서울시 마포구 상암로 331	
	업태	제조	종목	가구외		업태	도매업	종목	가구
	이메일					이메일		

작성일자	공급가액	세액	수정사유
20□. 10. 3.	6,000,000	600,000	

월	일	품목	규격	수량	단가	공급가액	세액	비고
10	3	의자		100	60,000	6,000,000	600,000	

합계금액	현금	수표	어음	외상미수금	이 금액을	영수 청구	함
6,600,000	3,300,000			3,300,000			

2. 11월 15일 대표이사의 자택에서 사용할 목적으로 전자마트에서 3D TV를 3,500,000원(부가가치세 별도)에 구입하고, 회사 명의로 전자세금계산서를 발급 받았으며, 대금은 당사 당좌수표를 발행하여 지급하였다. (단, 차변 계정과목은 가지급금으로 처리한다.) (3점)

3. 11월 20일 대만에서 원재료를 공급가액 10,000,000원(부가가치세 별도)에 수입하고 수입전자세금계산서를 인천세관장으로부터 발급받았다. 당일 부가가치세를 현금으로 납부하였으며 부가가치세에 대한 회계처리만 하도록 한다. (3점)

수입전자세금계산서								승인번호		xxxxxxxxx	
공급자	등록번호	121 - 83 - 00561			공급받는자	등록번호		141 - 81 - 08831			
	상 호 (법인명)	인천세관		성명	인천세관장		상 호 (법인명)	보령물산㈜		성 명 (대표자)	김윤석
	사업장주소	인천광역시 중구 서해대로 339					사업장주소	충청남도 보령시 궁촌중앙길 9			
	수입신고번호 또는 일괄발급기간	1234567890					업 태	제조		종 목	가구외
							이메일				
작성일자		과세표준		세 액		수정사유					
20□. 11. 20.		10,000,000		1,000,000							
비고											
월	일	품 목	규격	수량	단 가		공 급 가 액		세 액		비 고
11	20	1234567890					10,000,000		1,000,000		

※ 과세표준은 과세의 과세가격과 개별소비세, 주세, 교통세 및 농어촌특별세의 합계액으로 한다.

4. 12월 13일 공장 건물을 신축하기 위해 ㈜영남개발로부터 토지를 10,000,000원에 매입하고 전자계산서를 발급 받았다. 대금 중 30%는 당사 보통예금계좌에서 이체하여 지급하고 나머지는 3개월 후에 지급하기로 하였다. (3점)

5. 12월 24일 김미선(비사업자)에게 제품을 1,100,000원(부가가치세 포함)에 판매하고 대금을 현금으로 수령하였으며, 매출에 대한 증빙은 발행하지 않았다(단, 거래처를 입력 할 것). (3점)

6. 12월 30일 당사는 영업부에서 사용할 컴퓨터(공급가액 1,000,000원, 세액 100,000원)를 제일상사에서 구입하였다. 대금은 현금으로 지급하고 현금영수증(지출증빙용)을 수취하였다(단, 컴퓨터는 자산처리 할 것). (3점)

문제4 [일반전표입력] 및 [매입매출전표입력] 메뉴에 입력된 내용 중 다음과 같은 오류가 발견되었다. 입력된 내용을 확인하여 정정하시오. (6점)

1. 7월 10일 세금과공과로 처리한 금액(100,000원)은 임직원들에게 6월 급여를 지급하면서 원천징수한 소득세를 현금으로 납부한 것으로 확인되었다. (3점)

2. 9월 20일 생산직 직원들에 대해 확정급여형 퇴직연금에 가입하고 6,000,000원을 보통예금계좌에서 이체하여 납부하였으나 확정기여형으로 잘못 회계처리 하였다. (3점)

문제5 결산정리사항은 다음과 같다. 해당 메뉴에 입력하시오. (9점)

1. 결산일 현재 영업부문 건물에 대한 삼성화재보험에 지급된 화재보험료의 상세 내역이다(단, 월할 계산하고 음수로 입력하지 말 것). (3점)

   - 보험기간 : 당기 7월 1일 ~ 차기 6월 30일
   - 보험료 납부일 : 당기 7월 1일(전액 비용처리 함)
   - 보험료 : 6,000,000원

2. 기말 현재 당사가 단기매매차익을 목적으로 보유하고 있는 수정상사㈜의 주식의 취득원가, 전년도말 및 당해연도말 공정가액은 다음과 같다. (3점)

주식명	계정과목	취득원가	전기말 공정가액	당기말 공정가액
수정상사㈜	단기매매증권	15,000,000원	14,000,000원	13,600,000원

3. 당사는 기업회계기준에 의하여 퇴직급여충당부채를 설정하고 있으며, 기말 현재 퇴직급여추계액 및 당기 퇴직급여충당부채 설정 전의 퇴직급여충당부채 잔액은 다음과 같다. (3점)

부 서	설정 전 퇴직급여충당부채 잔액	기말 현재 퇴직급여추계액
영 업 부	25,000,000원	28,000,000원
제 조 부	22,000,000원	26,000,000원

다음 사항을 조회하여 답안을 [이론문제 답안작성] 메뉴에 입력하시오. (9점)

1. 1월부터 3월까지 매입세금계산서 매수가 가장 많은 거래처명 및 매수를 입력하시오. (3점)

2. 1월부터 6월까지 판매비와관리비로 지출한 복리후생비는 얼마인가? (3점)

3. 1기 예정신고(1월 ~ 3월)시 공제받지 못할 매입세액은 얼마인가? (3점)

이론시험 답안 및 해설 (제92회 특별)

답안					
	1. ②	2. ④	3. ③	4. ③	5. ④
	6. ①	7. ①	8. ④	9. ②	10. ②
	11. ④	12. ④	13. ③	14. ①	15. ②

01 정수기를 50만원에 현금 구입하였다. : 자산의 증가 - 자산의 감소

02 현금및현금성자산은 현금(통화, 통화대용증권)과 예금(당좌예금, 보통예금) 및 현금성자산(취득 당시 만기일이 3개월 이내인 금융상품)으로 한다. 타인발행 당좌수표는 통화대용증권에 해당한다.

타인발행 당좌수표 + 당좌예금 + 취득 당시 만기가 2개월인 양도성예금증서 = 현금및현금성자산
└ 400,000 + 500,000 + 600,000 = 1,500,000원

[해설] ◉ 선일자수표는 수표에 기재된 발행일(예 2월 1일)이 실제 발행일(예 1월 1일)보다 앞선 수표를 말하며, 이는 거래의 성격에 따라 매출채권(받을어음) 또는 미수금으로 처리한다.
◉ 차용증서를 받고 금전을 대여해 준 경우라면 대여금으로 처리한다.

03 물가하락시 매출원가 크기 : 선입선출법 〉 이동평균법 〉 총평균법 〉 후입선출법
물가하락시 매출총이익 크기 : 후입선출법 〉 총평균법 〉 이동평균법 〉 선입선출법
물가하락시 기말재고자산 크기 : 후입선출법 〉 총평균법 〉 이동평균법 〉 선입선출법

04 재고자산이란 정상적인 영업과정에서 판매를 위하여 보유하거나 생산과정에 있는 자산 및 생산 또는 서비스 제공과정에 투입될 원재료나 소모품의 형태로 존재하는 자산을 말한다.

[해설] ◉ 유형자산이란 재화의 생산, 용역의 제공, 타인에 대한 임대 또는 자체적으로 사용할 목적으로 보유하는 물리적 형체가 있는 자산으로서, 1년을 초과하여 사용할 것이 예상되는 자산을 말한다.
◉ 유형자산으로 인식되기 위해서는 다음의 인식조건을 모두 충족하여야 한다.
㉠ 자산으로부터 발생하는 미래경제적효익이 기업에 유입될 가능성이 매우 높다.
㉡ 자산의 원가를 신뢰성 있게 측정할 수 있다.

05 처분금액 - 장부금액 = 단기매매증권처분손실(영업외비용)
└ (100주 × @4,500) - (100주 × @5,000) = 50,000원

[해설] 단기매매증권 취득과 직접 관련되는 거래원가(취득수수료)는 당기비용으로 처리한다.

06 누락 분개 : (차) 임대료(수익)   ×××   /   (대) 선수수익(부채)   ×××
수익은 과대계상 되고, 부채는 과소계상 된다.

07 분개 : (차) 미처분이익잉여금(이익잉여금 감소) ×××   /   (대) 자본금(자본 증가)   ×××

08 진행률을 신뢰성 있게 측정할 수 있어야 하는 것은 용역의 제공으로 인한 수익인식 요건에 해당한다.

> [해설] 일반기업회계기준 제16장 수익
> 16.10 재화의 판매로 인한 수익은 다음 조건이 모두 충족될 때 인식한다.
> (1) 재화의 소유에 따른 유의적인 위험과 보상이 구매자에게 이전된다.
> (2) 판매자는 판매한 재화에 대하여 소유권이 있을 때 통상적으로 행사하는 정도의 관리나 효과적인 통제를 할 수 없다.
> (3) 수익금액을 신뢰성 있게 측정할 수 있다.
> (4) 경제적 효익의 유입 가능성이 매우 높다.
> (5) 거래와 관련하여 발생했거나 발생할 거래원가와 관련 비용을 신뢰성 있게 측정할 수 있다.

09 조업도가 증가함에 따라 단위당 고정비는 감소하지만, 단위당 변동비는 일정하다.

10 4월초 직접재료 + 4월 중 직접재료구입액 - 4월말 직접재료 = 4월 직접재료비
└ 10,000 + 50,000 - 20,000 = 40,000원

직접재료비 + 직접노무원가 + 제조간접원가 = 4월 총제조원가
└ 40,000 + 직접노무원가 + 30,000 = 200,000원

∴ 4월 직접노무원가는 130,000원

11 정상개별원가계산에서 예정제조간접비 배부는 개별제품 등의 실제조업도(실제배부기준) × 제조간접비 예정배부율을 사용한다.

> [해설] ● 실제개별원가계산
>
> | 제조간접비 실제배부율 = 실제제조간접비 총액 / 실제조업도 총액 |
>
> | 제조간접비 실제배부액 = 제품별 실제조업도 × 실제배부율 |
>
> ● 정상개별원가계산
>
> | 제조간접비 예정배부율 = 예정제조간접비 총액 / 예정조업도 총액 |
>
> | 제조간접비 예정배부액 = 제품별 실제조업도 × 예정배부율 |

12. 기초재공품재고액 + 당기총제조원가 − 기말재공품재고액 = 당기제품제조원가
   └ 350,000 + 1,000,000 − 400,000 = 950,000원

   기초제품재고액 + 당기제품제조원가 − 기말제품재고액 = 매출원가
   └ 500,000 + 950,000 − 250,000 = 1,200,000원

13. 수돗물, 도서, 신문, 토지의 공급, 연탄 및 무연탄은 면세대상에 해당한다.
   [해설] ⓒ 가공식료품과 ⓔ 전세버스운송용역은 과세대상에 해당한다.

14. 폐업시 잔존재화의 과세표준은 폐업시 남아 있는 재화의 시가 15,000,000원이다.
   [해설] 토지의 공급은 면세대상이므로 과세표준에 영향을 미치지 않는다.

15. 주사업장 총괄납부 제도는 세액의 납부(환급)만 주된 사업장에서 총괄하는 것이며, 신고는 각 사업장별로 해야 한다.

실무시험 답안 및 해설 (제92회 특별)

문제1 기초정보관리

1. 거래처등록
[기초정보관리]>[거래처등록]에서 『일반거래처』 탭을 선택하고, 코드 208번으로 거래처를 등록한다.

2. 계정과목 및 적요등록
[계정과목및적요등록]에서 코드(853)/ 계정코드(명)(외주용역비)/ 성격(3.경비)/ 표준재무제표(122. 가.국내외주용역비)를 입력한다.

3. 전기이월작업
① [전기분재무제표]>[전기분원가명세서]에서 [501.원재료비]란에 커서를 놓고 키보드의 Enter↵ 키를 치고「원재료」보조창의 [기초원재료재고액]란에 20,000,000원을 입력한다. 「원재료」보조창을 닫고 화면 우측 [기초재공품재고액]란에 30,000,000원을 입력하고 [당기제품제조원가]란 335,622,500원을 확인한다.
② [전기분손익계산서]에서 [455.제품매출원가]란에 커서를 놓고 키보드의 Enter↵ 키를 치고 「매출원가」보조창의 [기초제품재고액]란에 25,000,000원을 입력한다. [당기제품제조원가]란을 335,622,500원으로 수정 입력하고, [당기순이익]란 79,800,000원을 확인한다.
③ [전기분잉여금처분계산서]에서 상단 툴바의 F6 불러오기 를 클릭하고, [당기순이익]란 79,800,000원과 [미처분이익잉여금]란 92,500,000원을 확인한다.
④ [전기분재무상태표]에서 [375.이월이익잉여금]란을 92,500,000원으로 수정 입력한다.

문제2 일반전표입력

1. 7월 12일 : (차) 178.매도가능증권   780,000 / (대) 101.현금   870,000
            (차) 208.차량운반구   90,000
[해설] 유형자산의 취득과 관련하여 불가피하게 채권을 매입하는 경우에는 당해 채권의 매입금액과 일반기업회계기준에 따라 평가한 현재가치와의 차액은 유형자산의 취득원가에 산입한다.

2. 7월 22일 : (차) 103.보통예금   21,000,000 / (대) 108.외상매출금   23,000,000
            (차) 952.외환차손   2,000,000   (거래처 : 뉴욕상사)

[해설] 외상매출금 : $20,000 × 1,150/$ = 23,000,000원
보통예금 : $20,000 × 1,050/$ = 21,000,000원

3. 8월 11일 : (차) 521.보험료   3,000,000   /   (대) 103.보통예금   3,000,000

4. 8월 18일 : (차) 136.선납세금   123,200   /   (대) 901.이자수익   800,000
            (차) 103.보통예금   676,800

5. 9월 3일 : (차) 265.미지급배당금   10,000,000   /   (대) 103.보통예금   10,000,000
   [해설] [일반전표입력] 3월 31일 전표에서 금전 배당금이 미지급배당금 계정으로 회계처리된 것을 확인할 수 있다.

6. 11월 1일 : (차) 109.대손충당금   750,000   /   (대) 108.외상매출금   10,000,000
             (차) 835.대손상각비   9,250,000   (거래처 : ㈜윤스상사)
   [해설] [결산/재무제표]>[합계잔액시산표]에서 기간(11월 1일)을 입력하고 외상매출금의 대손충당금 잔액 750,000원을 확인한다.

문제3 매입매출전표입력

1. 10월 3일 : 유형(11.과세)/ 품목(의자)/ 수량(100)/ 단가(60,000)/ 공급가액(6,000,000)/ 부가세(600,000)/ 공급처명(해피상사)/ 전자(1 : 여)/ 분개(3.혼합)
   (대변) 255.부가세예수금   600,000
   (대변) 404.제품매출   6,000,000
   (차변) 101.현금   3,300,000
   (차변) 108.외상매출금   3,300,000

2. 11월 15일 : 유형(54.불공)/ 품목(3D TV)/ 수량( )/ 단가( )/ 공급가액(3,500,000)/ 부가세(350,000)/ 공급처명(전자마트)/ 전자(1 : 여)/ 불공제사유(2)/ 분개(3.혼합)
   (차변) 134.가지급금   3,850,000
   (대변) 102.당좌예금   3,850,000
   [해설] 사업과 직접 관련 없는 지출에 대한 매입세액은 공제되지 않는다.

3. 11월 20일 : 유형(55.수입)/ 품목(원재료)/ 수량( )/ 단가( )/ 공급가액(10,000,000)/ 부가세(1,000,000)/ 공급처명(인천세관)/ 전자(1 : 여)/ 분개(1.현금)
   (출금) 135.부가세대급금   1,000,000

4. 12월 13일 : 유형(53.면세)/ 품목(토지)/ 수량( )/ 단가( )/ 공급가액(10,000,000)/ 부가세( )/ 공급처명(㈜영남개발)/ 전자(1 : 여)/ 분개(3.혼합)

(차변) 201.토지 10,000,000
(대변) 103.보통예금 3,000,000
(대변) 253.미지급금 7,000,000

5. 12월 24일 : 유형(14.건별)/ 품목(제품)/ 수량( )/ 단가( )/ 공급가액(1,000,000)/ 부가세 (100,000)/ 공급처명(김미선)/ 분개(1.현금)
    (입금) 255.부가세예수금 100,000
    (입금) 404.제품매출 1,000,000
    [해설] [공급가액]란에 공급대가(1,100,000원)를 입력하면 공급가액과 세액이 자동으로 분리되어 입력된다.

6. 12월 30일 : 유형(61.현과)/ 품목(컴퓨터)/ 수량( )/ 단가( )/ 공급가액(1,000,000)/ 부가세 (100,000)/ 공급처명(제일상사)/ 분개(1.현금)
    (출금) 135.부가세대급금 100,000
    (출금) 212.비품 1,000,000
    [해설] [공급가액]란에 공급대가(1,100,000원)를 입력하면 공급가액과 세액이 자동으로 분리되어 입력된다.

문제4 오류수정

1. [전표입력]>[일반전표입력]에서 7월 10일 전표를 다음과 같이 수정 입력한다.
    수정 전 : (차) 817.세금과공과 100,000 / (대) 101.현금 100,000
    수정 후 : (차) 254.예수금 100,000 / (대) 101.현금 100,000

2. [일반전표입력]에서 9월 20일 전표를 다음과 같이 수정 입력한다.
    수정 전 : (차) 508.퇴직급여 6,000,000 / (대) 103.보통예금 6,000,000
    수정 후 : (차) 186.퇴직연금운용자산 6,000,000 / (대) 103.보통예금 6,000,000

문제5 결산정리

[1단계] [일반전표입력] 메뉴에서 수동분개
    [전표입력]>[일반전표입력]에서 결산일자(12월 31일)로 수동분개를 한다.

1. 12월 31일 : (차) 133.선급비용 3,000,000 / (대) 821.보험료 3,000,000
    [해설] 보험료 선급분 : 6,000,000 × (차기 6개월/총 12개월) = 3,000,000원

2. 12월 31일 : (차) 957.단기매매증권평가손실　400,000　/　(대) 107.단기매매증권　400,000

[해설] 당기말 공정가액(13,600,000) - 전기말 공정가액(14,000,000) = -400,000원(평가손실)

2단계 [결산자료입력] 메뉴에서 해당란에 입력

[결산/재무제표]>[결산자료입력]에서 기간(1월 ~ 12월)을 입력한다.

▶ 퇴직급여(전입액) : 4,000,000원 ☞(제조부)

[해설] 제조부 : 26,000,000 - 22,000,000 = 4,000,000원

▶ 퇴직급여(전입액) : 3,000,000원 ☞(영업부)

[해설] 영업부 : 28,000,000 - 25,000,000 = 3,000,000원

3단계 [일반전표입력] 메뉴에 결산분개 추가

입력이 완료되면 상단 툴바의 F3전표추가를 클릭하고 대화창에서 예(Y)를 클릭하여, [일반전표입력]에 결산분개를 추가한다.

문제6 장부조회

1. [부가가치]>[신고서/부속명세]>[세금계산서합계표]에서 『매입』 탭을 선택하고 조회기간(1월 ~ 3월)을 입력하고 『전체데이터』 탭의 [매수]란을 확인한다.

   ◉ 답안 : 경기상사, 4매

2. [결산/재무제표]>[합계잔액시산표]에서 기간(6월 30일)을 입력하고 판매비및일반관리비의 복리후생비 계정 차변 [잔액]란의 금액을 확인한다.

   ◉ 답안 : 1,376,000원

3. [부가가치]>[신고서/부속명세]>[부가가치세신고서]에서 『일반과세』 탭을 선택하고 조회기간(1월 1일 ~ 3월 31일)을 입력하고, 매입세액 [공제받지못할매입세액(16)]란의 세액을 확인한다.

   ◉ 답안 : 321,000원

제 91회 기출문제 (이론+실무)

도전
34.96%
합격률

- 회사코드 : 3910
- 회 사 명 : ㈜용문전자
- 제한시간 : 60분

이 론 시 험

다음 문제를 보고 알맞은 것을 골라 [이론문제 답안작성] 메뉴에 입력하시오. (※ 객관식 문항당 2점)

01 다음 중 재고자산에 대한 설명으로 가장 옳지 않은 것은?

① 재고자산 매입시 발생하는 매입부대비용은 취득원가에 가산한다.
② 재고수량의 결정방법 중 계속기록법을 적용하면 기말재고자산 수량이 정확하게 계산되고, 실지재고조사법을 적용하면 매출 수량이 정확하게 계산된다.
③ 재고자산의 감모손실은 정상감모와 비정상감모로 구분한다.
④ 평균법은 기초재고자산과 당기에 매입한 상품에 대해 평균 단위당 원가를 구하여 기말재고자산과 매출원가를 계산하는 것이다.

02 다음 거래에 대한 회계처리를 정확히 하였을 경우 영업외비용에 포함되는 것은?

㉠ 매출거래처로부터 받은 약속어음을 만기 전에 금융기관에 매각거래 조건으로 할인받다.
㉡ 매입거래처에 지급한 약속어음이 만기 전에 금융기관에 매각되었다고 통보받다.
㉢ 매출거래처 파산으로 외상대금 중 일부를 회수하지 못하다.
㉣ 매입거래처의 외상대금을 조기상환하고 일정비율을 할인받다.

① ㉠   ② ㉡   ③ ㉢   ④ ㉣

03 다음의 내용을 결산시점에 결산수정분개로 반영하였을 경우 당기순이익의 변동은?

㉠ 매출채권잔액 5,500,000원에 대해 2%의 대손충당금을 설정하지 않았다. 단, 설정 전 대손충당금 기말잔액은 30,000원이라고 가정한다.
㉡ 12월 15일에 가수금으로 회계 처리하였던 50,000원에 대하여 기말에 가수금에 대한 원인이 파악되지 아니하여 결산수정분개를 해야 하는데 하지 않고 있다.

① 당기순이익을 30,000원 감소시킨다.   ② 당기순이익을 60,000원 감소시킨다.
③ 당기순이익을 130,000원 감소시킨다.   ④ 당기순이익을 160,000원 감소시킨다.

04 다음 일반기업회계기준에서 분류되는 계정과목 중 성격이 다른 것은?

① 자기주식 ② 미교부주식배당금
③ 미지급배당금 ④ 감자차손

05 다음은 유가증권에 대한 일반기업회계기준의 설명이다. 가장 옳지 않은 것은?

① 유가증권은 증권의 종류에 따라 지분증권과 채무증권으로 분류한다.
② 단기매매증권과 매도가능증권은 공정가치로 평가하는 것을 원칙으로 한다.
③ 만기보유증권은 상각후원가로 평가하며, 유효이자율법을 적용하여 상환기간에 걸쳐 배분한다.
④ 유가증권 처분시 발생하는 증권거래 수수료 등의 비용은 판매비와일반관리비로 회계처리 한다.

06 다음 중 유형자산의 감가상각과 관련한 설명으로 가장 옳지 않은 것은?

① 감가상각의 주목적은 취득원가의 배분에 있다.
② 정률법은 자산의 내용연수 동안 감가상각액이 매기간 증가하는 방법이다.
③ 감가상각비는 자산의 제조와 관련된 경우 관련자산의 제조원가로 계상한다.
④ 감가상각방법은 해당 자산으로부터 예상되는 미래경제적효익의 소멸형태에 따라 선택하고, 소멸 형태가 변하지 않는 한 매기 계속 적용한다.

07 다음 일반기업회계기준에 의한 손익계산서의 작성기준 중 옳지 않은 것은?

① 현금 유·출입시점에 관계없이 당해 거래나 사건이 발생한 기간에 수익·비용을 인식하는 발생주의에 따른다.
② 수익은 실현주의로 인식한다.
③ 비용은 관련 수익이 인식된 기간에 인식한다.
④ 서로 연관된 수익과 비용은 직접 상계함으로써 순액으로 기재해야 한다.

08 다음 중 사채에 대한 설명으로 옳지 않은 것은?

① 사채란 채권자들로부터 자금을 조달하는 방법이다.
② 사채발행과 관련하여 직접 발생한 사채발행수수료 등은 사채발행가액에서 직접 차감한다.
③ 사채할인발행차금과 사채할증발행차금은 유효이자율법에 따라 상각한다.
④ 시장이자율이 액면이자율보다 더 크다면 사채는 할증발행 된다.

09 공장에서 사용하던 밀링머신이 파손되어 처분하려 한다. 취득원가는 3,000,000원이며 파손시점까지 감가상각누계액은 1,500,000원이다. 동 기계를 바로 처분하는 경우 1,000,000원을 받을 수 있고, 200,000원을 추가로 지출하여 수리하는 경우 1,300,000원을 받을 수 있다. 이때 매몰원가는 얼마인가?

① 1,500,000원　② 1,300,000원　③ 1,000,000원　④ 200,000원

10 다음 중 제조원가명세서에 포함되지 않는 항목은 무엇인가?
① 직접재료원가　　　　　　② 당기제조원가
③ 기초제품재고액　　　　　④ 기말재공품재고액

11 다음 자료를 이용하여 제조부문 Y 에 배부되는 보조부문의 제조간접비 총액을 계산하면 얼마인가? (단, 단계배분법을 사용하고, A부문을 먼저 배분할 것)

	보조부문		제조부문	
	A부문	B부문	X부문	Y부문
A부문	-	40%	20%	40%
B부문	20%	-	30%	50%
발생원가	300,000원	400,000원	400,000원	600,000원

① 120,000원　② 315,000원　③ 325,000원　④ 445,000원

12 원가는 여러 가지 방법을 통해서 분류할 수 있다. 다음 중 원가분류에 대한 설명으로 옳지 않은 것은?
① 자산화 여부에 따라 제품원가와 기간원가로 분류한다.
② 원가행태에 따라 기초원가와 가공원가로 분류한다.
③ 의사결정의 관련성에 따라 관련원가와 비관련원가로 분류한다.
④ 제조활동과의 관련성에 따라 제조원가와 비제조원가로 분류한다.

13 다음 중 부가가치세법상 면세에 해당하지 않는 것은?

① 택시에 의한 여객운송용역 ② 도서대여 용역
③ 미술관에의 입장 ④ 식용으로 제공되는 임산물

14 다음 중 현행 부가가치세법에 대한 설명으로 가장 틀린 것은?

① 부가가치세는 전단계세액공제법을 채택하고 있다.
② 주사업장총괄납부시 종된 사업장은 부가가치세 신고와 납부의무가 없다.
③ 부가가치세는 0% 또는 10%의 세율을 적용한다.
④ 사업자는 사업장 관할 세무서장이 아닌 다른 세무서장에게도 사업자등록의 신청을 할 수 있다.

15 다음 중 사업자등록 정정사유가 아닌 것은?

① 통신판매업자가 사이버몰의 명칭 또는 인터넷 도메인 이름을 변경하는 때
② 공동사업자의 구성원 또는 출자지분의 변동이 있는 때
③ 증여로 인하여 사업자의 명의가 변경되는 때
④ 법인사업자의 대표자를 변경하는 때

실 무 시 험

㈜용문전자(회사코드 : 3910)은 전자제품을 제조하여 판매하는 중소기업이며, 당기(제7기) 회계기간은 2022.1.1. ~ 2022.12.31.이다. 전산세무회계 수험용 프로그램을 이용하여 다음 물음에 답하시오.

문제1 다음은 기초정보관리에 대한 자료이다. 각각의 요구사항에 대하여 답하시오. (10점)

1. 아래의 자료를 [거래처등록] 메뉴에 등록하시오. (3점)

- 거래처명 : ㈜유미상사(거래처코드 : 3020)
- 사업자등록번호 : 609-85-18769
- 사업장주소 : 서울시 강남구 테헤란로 275
- ※ 주소 입력시 우편번호 입력은 생략.
- 대표자 : 김유미
- 유형 : 매출
- 업태 : 도소매
- 종목 : 가전

2. 본사 영업부 직원 휴게실에서 사용할 음료 등 구입이 빈번한 내용을 복리후생비(판) 적요에 기입하고자 한다. 다음 내용의 적요를 각각 작성하시오. (3점)

- 현금 적요 9. 휴게실 음료 및 차 구입
- 대체 적요 3. 휴게실 음료구입 보통인출

3. 당해연도의 정확한 기초 원재료 금액은 5,000,000원이다. 전기분 재무상태표, 전기분 원가명세서, 전기분 손익계산서 및 전기분 잉여금처분계산서를 모두 수정 입력하시오. (4점)

문제2 다음 거래 자료를 [일반전표입력] 메뉴에 추가 입력하시오(일반전표입력의 모든 거래는 부가가치세를 고려하지 말 것). (18점)

1. 7월 4일 당사가 4월 4일 원재료 매입대금으로 거래처인 성남전자에 발행하였던 어음 13,000,000원이 만기가 되어 7월 4일에 당좌수표를 발행하여 지급하였다. (3점)

2. 8월 5일 당사는 ㈜봄날의 주식 100주(액면가 @5,000원)를 900,000원에 취득하였다. 취득시 수수료 30,000원을 포함하여 930,000원을 보통예금에서 이체하였다. 단, ㈜봄날의 주식은 시장성이 있으며 단기시세차익 목적이다(하나의 전표로 처리할 것). (3점)

3. 8월 13일 미국의 ABC MART에 수출(선적일 : 8월 3일)한 제품에 대한 외상매출금을 회수하여 원화로 당사 보통예금계좌에 입금하였다. (3점)

   • 외상매출금 : $10,000   • 8월 3일 환율 : 1,100원/$ • 8월 13일 환율 : 1,050원/$

4. 9월 10일 주주총회에서 결의된 바에 따라 유상증자를 실시하여 신주 10,000주(액면가액 1주당 1,000원)를 주당 1,500원에 발행하고, 증자와 관련하여 수수료 120,000원을 제외한 나머지 증자대금이 보통예금계좌에 입금되었다(단, 당사는 주식할인발행차금 잔액 2,000,000원이 있으며, 하나의 전표로 입력할 것). (3점)

5. 10월 15일 제조과정에 사용될 원재료 300,000원(시가 500,000원)을 공장 기계장치를 수선하는데 사용하였다. 단, 기계장치의 수선은 수익적 지출에 해당한다. (3점)

6. 10월 28일 생산부서에서 새로운 기술적 지식을 얻기 위해 계획적인 탐구활동을 하면서 사용한 물품의 대금 1,000,000원을 당좌수표를 발행하여 지급하였다. 단, 이는 자산 인식 조건을 충족하지 못하였다. (3점)

문제3 다음 거래 자료를 [매입매출전표입력] 메뉴에 입력하시오. (18점)

1. 8월 4일 매출거래처인 ㈜성진상사의 대표이사 취임식 행사에 보내기 위한 화분을 ㈜건우농원에서 구입하고 아래와 같이 전자계산서를 발급받았다. 대금은 전액 현금으로 지급 하였다. 적절한 회계처리를 하시오. (3점)

전자계산서(공급받는자 보관용)

공급자					공급받는자				
등록번호	202-81-00978				등록번호	206-81-95706			
상호(법인명)	㈜건우농업	성명(대표자)	김건우		상호(법인명)	㈜용문전자	성명(대표자)	김민재	
사업장주소	서울 광진구 광장동 143-210				사업장주소	경기도 양평군 용문면 용문로 300			
업태	소매업	종목	꽃,화환		업태	제조, 도소매	종목	전자제품	
이메일					이메일				

승인번호 xxxxxxxxx

작성일자	20□-08-04	공급가액	110,000

월	일	품목	규격	수량	단가	공급가액	비고
8	4	화분				110,000	

합계금액	현금	수표	어음	외상미수금	이 금액을 영수 함 청구
110,000	110,000				

2. 8월 16일 ㈜카씽으로부터 업무용 승용차(2,000cc, 5인승, 공급가액 19,000,000원, 부가가치세 별도)를 구입하고 전자세금계산서를 발급받았으며, 대금은 전액 외상으로 하였다. (3점)

3. 9월 25일 ㈜용산으로부터 원재료A를 구입하고 전자세금계산서를 발급받았으며, 대금 중 10,000,000원은 제품을 판매하고 받아 보관 중인 ㈜개포의 약속어음을 배서하여 지급하고 잔액은 약속어음을 발행하여 지급하다. (3점)

전자세금계산서(공급받는자 보관용)

공급자					공급받는자				
등록번호	220-81-19591				등록번호	206-81-95706			
상호(법인명)	㈜용산	성명(대표자)	백열음		상호(법인명)	㈜용문전자	성명(대표자)	김민재	
사업장주소	서울 용산구 한강로 700				사업장주소	경기도 양평군 용문면 용문로 300			
업태	제조, 도소매	종목	컴퓨터외		업태	제조, 도소매	종목	전자제품	
이메일					이메일				

승인번호 xxxxxxxxx

작성일자	공급가액	세액	수정사유
20□. 9. 25.	25,000,000	2,500,000	

월	일	품목	규격	수량	단가	공급가액	세액	비고
9	25	원재료A		1,000	25,000	25,000,000	2,500,000	

합계금액	현금	수표	어음	외상미수금	이 금액을 영수 함 청구
27,500,000			27,500,000		

4. 10월 2일 영업부서에서 사용할 A4용지를 일반과세자인 꽃비문구센터에서 현금으로 구입하고, 다음의 현금영수증(지출증빙)을 수령하였다(소모품비로 처리할 것). (3점)

```
             꽃비문구센터
         109-14-87811              신화영
    경기 양평군 용문면 용문로 147  TEL:3489-8076
    홈페이지 http://www.kacpta.or.kr

              현금(지출증빙)
    거래일시 : 20□/10/02/14:06:22   거래번호 : 01-0177
         상품명          수량              금액
         A4용지          10 Box           250,000원

                        공 급 가 액        250,000원
                        부 가 세           25,000원
         합   계                          275,000원
         승인금액                          275,000원
```

5. 11월 18일 무역업을 영위하는 ㈜케이상사에 구매확인서에 의하여 제품을 25,000,000원에 납품하고, 영세율 전자세금계산서를 발급하였다. 대금 중 10,000,000원은 동사가 발행한 당좌수표로 받고, 나머지 잔액은 월말에 받기로 하다. (3점)

6. 12월 11일 영업부 사무실에서 사용하던 비품인 냉장고(취득가액 3,200,000원, 처분시 감가상각누계액 1,600,000원)를 ㈜민국에 1,000,000원(부가가치세 별도)에 처분하고 전자세금계산서를 발급하였다. 대금은 현금으로 받았다. (3점)

문제4 [일반전표입력] 및 [매입매출전표입력] 메뉴에 입력된 내용 중 다음과 같은 오류가 발견되었다. 입력된 내용을 확인하여 정정하시오. (6점)

1. 8월 17일 제조공장의 창문이 파손되어 대한유리에서 수선(수익적 지출)한 후 관련 회계처리를 일반전표에 입력 하였다. 대금은 법인카드(신한카드)로 결제하였고, 이 거래는 부가가치세 포함금액으로 매입세액 공제가 가능하다. (3점)

2. 10월 15일 둘둘마트에서 선물세트 100개(공급가액 @50,000원, 부가세 별도)를 당좌예금으로 구입하여 영업부 직원에게 제공한 것으로 회계처리 하였으나 실제로는 매출거래처 직원에게 선물용으로 제공한 것으로 파악되었다. 단, 둘둘마트에서 선물세트를 구입하면서 전자세금계산서를 수취하였다. (3점)

문제5 결산정리사항은 다음과 같다. 해당 메뉴에 입력하시오. (9점)

1. 8월 1일 현금으로 받아 영업외수익인 임대료로 회계처리한 1,800,000원 중 임대기간(당기 8월 1일 ~ 차기 7월 31일)이 경과되지 아니한 것이 있다(단, 월할 계산하며 음수로 입력하지 말 것). (3점)

2. 매출채권(외상매출금, 받을어음) 잔액에 대하여 1%의 대손충당금을 보충법으로 설정하다. (3점)

3. 결산일 현재 다음과 같이 제조원가명세서와 손익계산서에 감가상각비를 계상하고자 한다. (3점)

- 기계장치(제조부) : 2,000,000원
- 비품(영업부) : 1,000,000원
- 차량운반구(제조부) : 3,500,000원

문제6 다음 사항을 조회하여 답안을 [이론문제 답안작성] 메뉴에 입력하시오. (9점)

1. 5월 중 영업외수익 합계금액과 영업외비용 합계금액의 차이는 얼마인가? (음수로 입력하지 말 것) (3점)

2. 3월 중 ㈜대한전자에 결제한 외상매입금은 얼마인가? (3점)

3. 제1기 부가가치세 예정신고기간 중 면세사업수입금액은 얼마인가? (3점)

이론시험 답안 및 해설 (제91회)

답안	1. ②	2. ①	3. ①	4. ③	5. ④
	6. ②	7. ④	8. ④	9. ①	10. ③
	11. ④	12. ②	13. ①	14. ②	15. ③

01 재고수량의 결정방법 중 계속기록법을 적용하면 매출 수량이 정확하게 계산되고, 실지재고 조사법을 적용하면 기말재고자산 수량이 정확하게 계산된다.

02 ㉠은 매출채권처분손실(영업외비용) 발생, ㉡은 회계처리 대상이 아님, ㉢은 대손충당금 또는 대손상각비(판매비와관리비) 발생, ㉣은 매입할인(매입원가에서 차감) 발생

03 ㉠ 수정분개 : (차) 대손상각비   80,000 / (대) 대손충당금   80,000
  ㉡ 수정분개 : (차) 가수금   50,000 / (대) 잡이익   50,000

결산수정분개를 하면 비용 80,000원과 수익 50,000원을 계상하여 당기순이익을 30,000원 감소시킨다.

[해설] 대손추산액(5,500,000 × 2%) − 대손충당금잔액(30,000) = 추가설정액 80,000원

04 미지급배당금은 유동부채로 분류되며, 나머지는 자본조정 항목으로 분류된다.

05 유가증권을 처분하는 경우에는 처분금액과 장부금액을 비교하여 그 차액을 처분손익으로 처리한다. 이때 처분금액은 매각대금에서 매각과 관련된 수수료를 차감한 금액이다. 따라서 처분시 발생하는 수수료는 처분이익을 감소시키거나 처분손실을 증가시키는 방향으로 영향을 주게 된다.

[해설] ③ 만기보유증권은 상각후원가로 평가하여 재무상태표에 표시한다. 만기보유증권을 상각후원가로 측정할 때에는 장부금액과 만기액면금액의 차이를 상환기간에 걸쳐 유효이자율법에 의하여 상각하여 취득원가와 이자수익에 가감한다. (일반기업회계기준 문단 6.29)

[예시] 액면금액 100,000원, 액면이자율 8%, 유효이자율 10%, 취득원가 96,529원인 경우

- 취 득 시 : (차) 만기보유증권   96,529 / (대) 현금   96,529
- 이자수취시 : (차) 현금   8,000 / (대) 이자수익   9,653
      만기보유증권   1,653
- 이자수취시 : (차) 현금   8,000 / (대) 이자수익   9,818
      만기보유증권   1,818
- 만 기 일 : (차) 현금   100,000 / (대) 만기보유증권   100,000

06 정률법은 자산의 내용연수 동안 감가상각액이 매기간 감소하는 방법이다.

07 수익과 비용은 각각 총액으로 보고하는 것을 원칙으로 한다. 다만, 다른 장에서 수익과 비용을 상계하도록 요구하는 경우에는 상계하여 표시하고, 허용하는 경우에는 상계하여 표시할 수 있다. (일반기업회계기준 문단 2.57)

08 시장이자율이 액면이자율보다 더 크다면 사채는 할인발행 된다.

09 매몰원가는 과거의 의사결정으로부터 이미 발생한 원가(즉, 장부가액 1,500,000원)로서 현재 또는 미래에 어떤 의사결정을 하더라도 회수할 수 없는 원가를 말한다.

10 직접재료원가 + 직접노무원가 + 제조간접원가 = 당기총제조원가
기초재공품재고액 + 당기총제조원가 - 기말재공품재고액 = 당기제품제조원가
[해설] ③ 기초제품재고액은 손익계산서에 포함되는 항목이다.

11 A부문 → B부문 배부액 : 300,000 × {0.4 ÷ (0.4+0.2+0.4)} = 120,000원
→ Y부문 배부액 : 300,000 × {0.4 ÷ (0.4+0.2+0.4)} = 120,000원
B부문 → Y부문 배부액 : (400,000 + 120,000) × {0.5 ÷ (0.3+0.5)} = 325,000원
∴ Y부문에 배부되는 보조부문의 제조간접비 총액 : 120,000 + 325,000 = 445,000원

12 원가행태에 따라 변동원가와 고정원가로 분류한다.

13 택시에 의한 여객운송용역은 과세에 해당한다.

14 주사업장총괄납부를 신청한 경우에는 납부할 세액을 주된 사업장에서 총괄하여 납부할 수 있다. 다만, 신고는 각 사업장별로 해야 한다.

15 상속으로 인하여 사업자의 명의가 변경되는 경우에는 사업자등록 정정사유에 해당하나, 증여로 인하여 사업자의 명의가 변경되는 경우에는 사업자등록 정정사유가 아니다.

실무시험 답안 및 해설 (제91회)

문제1 기초정보관리

1. 거래처등록
[기초정보관리]>[거래처등록]에서 『일반거래처』 탭을 선택하고, 코드 3020번으로 거래처를 등록한다.

2. 계정과목 및 적요등록
[계정과목및적요등록]에서 "811.복리후생비"를 선택하고, 화면 우측에
㉠ 적요No(9)/ 현금적요(휴게실 음료 및 차 구입)를 입력하고,
㉡ 적요No(3)/ 대체적요(휴게실 음료구입 보통인출)를 입력한다.

3. 전기이월작업
① [전기분재무제표]>[전기분재무상태표]에서 [153.원재료]란을 5,000,000원으로 수정 입력한다.
② [전기분원가명세서]에서 [501.원재료비]란에 커서를 놓고 키보드의 Enter↵ 키를 치고 「원재료」 보조창의 [기말원재료재고액]란 5,000,000원을 확인한다. 「원재료」 보조창을 닫고 화면 우측 [당기제품제조원가]란 300,000,000원을 확인한다.
③ [전기분손익계산서]에서 [455.제품매출원가]란에 커서를 놓고 키보드의 Enter↵ 키를 치고 「매출원가」 보조창의 [당기제품제조원가]란을 300,000,000원으로 수정 입력한다. 「매출원가」 보조창을 닫고 [당기순이익]란 100,000,000원을 확인한다.
④ [전기분잉여금처분계산서]에서 상단 툴바의 F6 불러오기 를 클릭하고, [당기순이익]란 100,000,000원과 [미처분이익잉여금]란 123,000,000원을 확인한다.
⑤ [전기분재무상태표]에서 [375.이월이익잉여금]란을 123,000,000원으로 수정 입력한다.

문제2 일반전표입력

1. 7월 4일 : (차) 252.지급어음　　　13,000,000　/　(대) 102.당좌예금　　13,000,000
　　　　　　(거래처 : 성남전자)

2. 8월 5일 : (차) 107.단기매매증권   900,000   /   (대) 103.보통예금   930,000
   (차) 984.수수료비용   30,000

   [해설] 당사는 제조업이므로 단기시세차익 목적으로 취득하는 단기매매증권의 취득과 관련된 수수료는 영업외 비용으로 처리한다.

3. 8월 13일 : (차) 103.보통예금   10,500,000   /   (대) 108.외상매출금   11,000,000
   (차) 952.외환차손   500,000   (거래처 : ABC MART)

   [해설] 외상매출금 : $10,000×1,100/$ = 11,000,000원
   보통예금 : $10,000×1,050/$ = 10,500,000원

4. 9월 10일 : (차) 103.보통예금   14,880,000   /   (대) 331.자본금   10,000,000
                                              (대) 381.주식할인발행차금   2,000,000
                                              (대) 341.주식발행초과금   2,880,000

   [해설] 주식발행초과금이 발생할 당시에 장부상 주식할인발행차금 미상각액이 존재하는 경우에는 발생된 주식발행초과금의 범위 내에서 주식할인발행차금 미상각액을 우선 상계한다.

5. 10월 15일 : (차) 520.수선비   300,000   /   (대) 153.원재료   300,000
                                              (적요 : 8.타계정으로 대체액)

   [해설] 원재료가 제조과정 이외의 다른 용도로 사용되었으므로 반드시 적요(8)를 입력하고, 다른 용도로 사용된 원재료의 원가를 장부에서 제거한다.

6. 10월 28일 : (차) 523.경상연구개발비   1,000,000   /   (대) 102.당좌예금   1,000,000

   [해설] 연구단계에서 발생한 지출(예 새로운 지식을 얻고자 하는 활동)은 무형자산으로 인식할 수 없고 발생한 기간의 비용으로 인식한다.

문제3 매입매출전표입력

1. 8월 4일 : 유형(53.면세)/ 품목(화분)/ 수량( )/ 단가( )/ 공급가액(110,000)/ 부가세( )/ 공급처명(㈜건우농원)/ 전자(1 : 여)/ 분개(1.현금)
   (출금) 813.접대비   110,000

2. 8월 16일 : 유형(54.불공)/ 품목(승용차)/ 수량( )/ 단가( )/ 공급가액(19,000,000)/ 부가세(1,900,000)/ 공급처명(㈜카씽)/ 전자(1 : 여)/ 불공제사유(3)/ 분개(3.혼합)
   (차변) 208.차량운반구   20,900,000
   (대변) 253.미지급금   20,900,000

   [해설] 비영업용 소형승용자동차의 구입과 임차 및 유지비용은 매입세액이 공제되지 않는다.

3. 9월 25일 : 유형(51.과세)/ 품목(원재료A)/ 수량(1,000)/ 단가(25,000)/ 공급가액(25,000,000)/ 부가세(2,500,000)/ 공급처명(㈜용산)/ 전자(1 : 여)/ 분개(3.혼합)
   (차변) 135.부가세대급금   2,500,000
   (차변) 153.원재료   25,000,000
   (대변) 110.받을어음   10,000,000   (거래처 : ㈜개포)
   (대변) 252.지급어음   17,500,000
   [해설] 받을어음의 거래처를 "㈜개포"로 변경한다.

4. 10월 2일 : 유형(61.현과)/ 품목(A4용지)/ 수량( )/ 단가( )/ 공급가액(250,000)/ 부가세(25,000)/ 공급처명(꽃비문구센터)/ 분개(1.현금)
   (출금) 135.부가세대급금   25,000
   (출금) 830.소모품비   250,000
   [해설] [공급가액]란에 공급대가(275,000원)를 입력하면 공급가액과 세액이 자동으로 분리되어 입력된다.

5. 11월 18일 : 유형(12.영세)/ 품목(제품)/ 수량( )/ 단가( ) 공급가액(25,000,000)/ 부가세( ) / 공급처명(㈜케이상사)/ 전자(1 : 여)/ 영세율구분(3)/ 분개(3.혼합)
   (대변) 404.제품매출   25,000,000
   (차변) 101.현금   10,000,000
   (차변) 108.외상매출금   15,000,000

6. 12월 11일 : 유형(11.과세)/ 품목(냉장고)/ 수량( )/ 단가( )/ 공급가액(1,000,000)/ 부가세(100,000)/ 공급처명(㈜민국)/ 전자(1 : 여)/ 분개(3.혼합)
   (대변) 255.부가세예수금   100,000
   (대변) 212.비품   3,200,000
   (차변) 213.감가상각누계액   1,600,000
   (차변) 101.현금   1,100,000
   (차변) 970.유형자산처분손실   600,000

문제4 오류수정

1. [전표입력]>[매입매출전표입력]에서 다음과 같이 추가 입력하고, [일반전표입력]에서 8월 17일 잘못 입력된 전표를 삭제한다.
   8월 17일 : 유형(57.카과)/ 품목(수선비)/ 수량( )/ 단가( )/ 공급가액(400,000)/ 부가세(40,000)/ 공급처명(대한유리)/ 신용카드사(신한카드)/ 분개(3.혼합)
   (차변) 135.부가세대급금   40,000
   (차변) 520.수선비   400,000
   (대변) 253.미지급금   440,000   (거래처 : 신한카드)
   [해설] [공급가액]란에 공급대가(440,000원)를 입력하면 공급가액과 세액이 자동으로 분리되어 입력된다. 미지급금의 거래처를 "신한카드"로 변경한다.

2. [매입매출전표입력]에서 10월 15일 전표를 다음과 같이 수정 입력한다.

수정 전 : 유형(51.과세)/ 품목(선물용품)/ 수량(100)/ 단가(50,000)/ 공급가액(5,000,000)/
부가세(500,000)/ 공급처명(둘둘마트)/ 전자(1 : 여)/ 분개(3.혼합)
(차변) 135.부가세대급금   500,000
(차변) 811.복리후생비   5,000,000
(대변) 102.당좌예금   5,500,000

수정 후 : 유형(54.불공)/ 품목(선물용품)/ 수량(100)/ 단가(50,000)/ 공급가액(5,000,000)/
부가세(500,000)/ 공급처명(둘둘마트)/ 전자(1 : 여)/ 불공제사유(4)/ 분개(3.혼합)
(차변) 813.접대비   5,500,000
(대변) 102.당좌예금   5,500,000

[해설] 접대비 및 이와 유사한 비용과 관련된 매입세액은 공제되지 않는다.

문제5 결산정리

1단계 [일반전표입력] 메뉴에서 수동분개

[전표입력]>[일반전표입력]에서 결산일자(12월 31일)로 수동분개를 한다.

12월 31일 : (차) 904.임대료   1,050,000 / (대) 263.선수수익   1,050,000
[해설] 기간미경과분 임대료 : 1,800,000 × (차기 7개월/총 12개월) = 1,050,000원

2단계 [결산자료입력] 메뉴에서 해당란에 입력

[결산/재무제표]>[결산자료입력]에서 기간(1월 ~ 12월)을 입력한다.

▶ 일반감가상각비 : [기계장치 2,000,000원] [차량운반구 3,500,000원]   (제조경비)

▶ 감가상각비 : [비품 1,000,000원]   (판매비와일반관리비)

▶ 대손상각 : [외상매출금 2,193,220원] [받을어음 357,000원]   (대손충당금)

[해설] [결산/재무제표]>[합계잔액시산표]에서 기간(12월 31일)을 입력하고 대손충당금 추가 설정액을 계산한다. 또는 상단 툴바의 [F8 대손상각]을 클릭하여 입력할 수 도 있다.
① 외상매출금 : (249,322,000 × 1%) - 300,000 = 2,193,220원
② 받을어음 : (48,700,000 × 1%) - 130,000 = 357,000원

3단계 [일반전표입력] 메뉴에 결산분개 추가

입력이 완료되면 상단 툴바의 [F3전표추가]를 클릭하고 대화창에서 [예(Y)]를 클릭하여, [일반전표입력]에 결산분개를 추가한다.

 문제6 장부조회

1. [장부관리]>[일계표(월계표)]에서 『월계표』 탭을 선택하고 조회기간(5월 ~ 5월)을 입력하고, 영업외수익 대변 [계]란의 금액과 영업외비용 차변 [계]란의 금액을 확인한다.

   ● 답안 : 70,000원

   [해설] 영업외수익(200,000) - 영업외비용(130,000) = 70,000원

2. [거래처원장]에서 『내용』 탭을 선택하고 기간(3월 1일 ~ 3월 31일)/ 계정과목(251.외상매입금)/ 거래처(112.㈜대한전자 ~ 112.㈜대한전자)를 입력하고 [차변]란의 금액을 확인한다.

   ● 답안 : 10,000,000원

3. [부가가치]>[신고서/부속명세]>[부가가치세신고서]에서 『일반과세』 탭을 선택하고 조회기간(1월 1일 ~ 3월 31일)을 입력하고 상단 툴바의 [F4 과표명세] 키를 클릭한다.

   ● 답안 : 550,000원

memo

이 론 시 험

다음 문제를 보고 알맞은 것을 골라 [이론문제 답안작성] 메뉴에 입력하시오. (※ 객관식 문항당 2점)

01 다음의 자산을 일반기업회계기준에 따라 유동성배열법으로 나열할 경우 배열 순서로 옳은 것은?

> a. 재고자산   b. 투자자산   c. 무형자산   d. 유형자산   e. 당좌자산

① 당좌자산 → 투자자산 → 재고자산 → 유형자산 → 무형자산
② 당좌자산 → 재고자산 → 투자자산 → 유형자산 → 무형자산
③ 재고자산 → 당좌자산 → 유형자산 → 무형자산 → 투자자산
④ 재고자산 → 당좌자산 → 투자자산 → 유형자산 → 무형자산

02 다음은 무형자산의 상각방법에 대한 설명이다. 틀린 것은?
① 취득원가에서 상각액을 직접 차감하는 직접상각법을 사용할 경우 재무상태표상의 무형자산은 미상각잔액으로 보고된다.
② 무형자산의 잔존가치는 없는 것을 원칙으로 한다.
③ 무형자산의 상각기간은 독점적·배타적인 권리를 부여하고 있는 관계 법령이나 계약에 정해진 경우에는 20년을 초과할 수 있다.
④ 무형자산의 상각방법에는 정액법, 체감잔액법(정률법 등), 연수합계법, 생산량비례법 등이 있다. 다만, 합리적인 상각방법을 정할 수 없는 경우에는 정률법을 사용한다.

03 다음은 ㈜한국이 1월 1일 취득한 기계장치에 대한 자료이다. 연수합계법에 의한 3차년도 감가상각비는 얼마인가?

> • 기계장치 취득원가 : 40,000,000원   • 내용연수 : 5년   • 잔존가치 : 취득원가의 10%

① 16,000,000원   ② 12,000,000원   ③ 9,600,000원   ④ 7,200,000원

04 기업은 정상적인 영업활동을 계속적으로 영위할 것이라는 전제하에 역사적 원가주의의 근간이 되는 회계의 기본가정은?

① 기업실체의 가정   ② 계속기업의 가정
③ 기간별보고의 가정   ④ 발생주의

05 다음의 외상거래 중 미지급금으로 처리해야 할 거래는?

① 제품을 판매하고 한 달 후에 3개월 만기 어음으로 받다.
② 상품을 외상으로 구입하고 한 달 후 현금으로 지급하다.
③ 사무실에서 사용할 에어컨을 외상으로 구입하다.
④ 원재료를 구입하면서 보통예금으로 이체하다.

06 다음 중 자본잉여금으로 분류하는 항목을 모두 고른 것은?

| 가. 주식 발행금액이 액면금액에 미달하는 경우 그 미달하는 금액 |
| 나. 상법규정에 따라 적립된 법정적립금 |
| 다. 주식을 할증발행하는 경우에 발행금액이 액면금액을 초과하는 부분 |
| 라. 자기주식을 처분하는 경우 취득원가를 초과하여 처분할 때 발생하는 이익 |

① 가, 나   ② 가, 다   ③ 다, 라   ④ 가, 다, 라

07 다음과 같이 제3자로부터 토지와 건물을 일괄 취득한 후 공장 신축을 위해 건물을 즉시 철거하였을 경우 토지의 취득원가는 얼마인가? (단, 모든 대금은 당좌수표를 발행하여 지급하였다고 가정한다.)

- 건물의 공정가치 : 100,000,000원
- 토지의 공정가치 : 400,000,000원
- 건물 철거비용 : 5,000,000원
- 토지에 대한 취득세 : 5,000,000원
- 일괄 취득함으로서 제3자에게 지급한 금액 : 400,000,000원

① 325,000,000원   ② 405,000,000원   ③ 410,000,000원   ④ 510,000,000원

08 ㈜세무전자는 거래처와 제품 판매계약을 체결하면서 계약금 명목으로 수령한 5,000,000원에 대하여 이를 수령한 시점에 제품매출로 회계처리 하였다. 이러한 회계처리로 인해 나타난 결과는?

① 자산 과대계상 ② 비용 과대계상
③ 자본 과소계상 ④ 부채 과소계상

09 다음 자료를 통해 평균법에 의한 재료비와 가공비의 완성품환산량을 계산하면 얼마인가?

- 기초재공품 : 100개(완성도 30%)
- 당기착수량 : 900개
- 당기완성품 : 700개
- 기말재공품 : 300개(완성도 50%)
- 재료는 공정초에 전량 투입되고, 가공비는 공정전반에 걸쳐 균등하게 투입된다.

① 재료비 700개, 가공비 850개 ② 재료비 700개, 가공비 1,000개
③ 재료비 1,000개, 가공비 850개 ④ 재료비 1,000개, 가공비 1,000개

10 원가행태에 따라 다음의 설명에 해당되는 것은 무엇인가?

수도요금의 원가행태는 사용량이 없는 경우에도 발생하는 기본요금과 조업도(사용량)이 증가함에 따라 비례적으로 납부금액이 증가하는 추가요금으로 구성되어 있다.

① 준고정비 ② 고정비 ③ 변동비 ④ 준변동비

11 다음 자료를 이용하여 제조지시서#1의 제조원가를 계산하면 얼마인가? (단, 제조간접비는 기계작업시간을 기준으로 배분한다.)

분 류	제조지시서#1	총원가
직접재료비	150,000원	1,000,000원
직접노무비	140,000원	500,000원
제조간접비	( )	1,500,000원
기계작업시간	200시간	3,000시간

① 390,000원 ② 420,000원 ③ 490,000원 ④ 520,000원

12 다음 중 보조부문의 원가배부에 대한 설명으로 가장 옳은 것은?

① 직접배부법은 보조부문 상호간의 용역수수 중 일부를 인식하는 방법이다.
② 보조부문비 배부효과에 있어서 단계배부법은 직접배부법과 상호배부법의 중간 정도의 효과가 있다.
③ 상호배부법은 이론적으로 가장 타당하면서 배부 절차도 매우 간편하다.
④ 단계배부법은 보조부문의 배부 순서와 상관없이 원가를 계산한다.

13 다음 중 부가가치세법상 용역의 공급으로 과세하지 아니하는 것은?

① 고용관계에 의하여 근로를 제공하는 경우
② 건설업자가 건설자재의 전부 또는 일부를 부담하고 공급하는 용역의 경우
③ 상대방으로부터 인도받은 재화에 주요자재를 전혀 부담하지 아니하고 단순히 가공만 하는 경우
④ 사업자가 특수관계 있는 자에게 사업용 부동산의 임대용역을 무상공급하는 경우

14 다음 자료를 이용하여 부가가치세법상 일반과세자의 부가가치세 매출세액을 계산하면 얼마인가?

| • 총매출액 : 10,000,000원 • 매출할인액 : 2,000,000원 • 대손세액 : 50,000원 |

① 750,000원 ② 800,000원 ③ 950,000원 ④ 1,000,000원

15 부가가치세법상 과세기간에 대한 설명으로 옳지 않은 것은?

① 일반과세자의 과세기간은 제1기와 제2기로 구분한다.
② 일반과세자가 4월 25일에 사업자등록을 신청하고 실제 사업개시일은 5월 1일인 경우 5월 1일부터 6월 30일까지가 최초 과세기간이 된다.
③ 간이과세자의 과세기간은 원칙적으로 1월 1일부터 12월 31일까지이다.
④ 간이과세자가 폐업하는 경우의 과세기간은 폐업일이 속하는 과세기간의 개시일부터 폐업일까지로 한다.

실 무 시 험

㈜대미가구(회사코드 : 3911)은 가구를 제조하여 판매하는 중소기업이며, 당기(제5기) 회계기간은 2022.1.1. ~ 2022.12.31.이다. 전산세무회계 수험용 프로그램을 이용하여 다음 물음에 답하시오.

문제1 다음은 기초정보관리에 대한 자료이다. 각각의 요구사항에 대하여 답하시오. (10점)

1. 다음 자료를 보고 [거래처등록] 메뉴에 거래처를 등록하시오. (3점)

- 거래처코드 : 01037
- 거래처명 : ㈜상록가구
- 유형 : 동시
- 사업자등록번호 : 314-81-35237
- 대표자 : 김재욱
- 업태 : 도소매
- 종목 : 가구
- 사업장주소 : 대전광역시 서구 유등로 641(7층)

※ 주소 입력시 우편번호 입력은 생략해도 무방함.

2. 다음은 거래처별 초기이월 자료이다. 올바르게 수정 또는 추가 입력하시오. (3점)

계정과목	거래처	금액	재무상태표 금액
선급금	㈜대한	4,000,000원	9,500,000원
	㈜민국	5,500,000원	
선수금	㈜한강	2,800,000원	5,400,000원
	㈜동강	2,600,000원	

3. 전기분 손익계산서를 검토한 결과 다음과 같은 오류가 발견되었다. 전기분 손익계산서, 전기분 잉여금처분계산서, 전기분 재무상태표를 모두 수정하시오. (4점)

계정과목	틀린 금액	올바른 금액	내용
복리후생비(811)	33,500,000원	23,500,000원	입력오류

문제2 다음 거래 자료를 [일반전표입력] 메뉴에 추가 입력하시오(일반전표입력의 모든 거래는 부가가치세를 고려하지 말 것). (18점)

1. 7월 3일 수재민을 돕기 위하여 당사가 만든 원가 5,000,000원의 제품을 부산광역시청에 기부하였다. (3점)

2. 7월 4일 당사의 최대주주인 이주인씨로부터 본사건물을 신축할 토지를 기증받았다. 토지에 대한 소유권 이전비용 2,000,000원은 당좌수표를 발행하여 지급하였다. 토지의 공정가액은 100,000,000원이다(하나의 전표로 입력할 것). (3점)

3. 7월 5일 당사는 임직원의 안정적인 퇴직금 지급을 위해 국민은행에 확정기여형(DC) 퇴직연금에 가입하고, 8,500,000원을 당사 보통예금에서 지급하였다. 이 금액 중 50%는 공장 생산직 근로자분이고, 나머지는 본사 영업부 근로자분이다. (3점)

4. 7월 22일 이자수익 300,000원이 발생하여, 원천징수세액 46,200원을 차감한 나머지 금액이 보통예금계좌로 입금되었다(단, 원천징수세액은 선납세금으로 처리할 것). (3점)

5. 9월 28일 매출거래처인 ㈜대한유통의 외상매출금 25,000,000원에 대하여 다음의 약속어음을 배서양도 받고, 나머지 금액은 보통예금으로 받았다. (3점)

> **약 속 어 음**
>
> ㈜대한유통 귀하
> 금 ₩ 10,000,000
>
> 위의 금액을 귀하 또는 귀하의 지시인에게 이 약속어음과 상환하여 지급하겠습니다.
>
> 지급기일 : 당기 09. 30.   발행일 : 당기 04. 30.
> 지급지 ****************   발행시 *******************
> 지급장소 *************   주소 **********************
>   발행인 ㈜민국상사

6. 9월 30일 영업부서 건물의 재산세 1,200,000원과 제조부서 건물의 재산세 1,300,000원을 모두 보통예금계좌에서 이체 납부하였다. (3점)

문제3 다음 거래 자료를 [매입매출전표입력] 메뉴에 입력하시오. (18점)

1. 8월 1일 ㈜이안상사에 당사의 제품을 판매하고 다음과 같은 전자세금계산서를 발급하였다. [매입매출전표입력] 메뉴에 입력하시오(복수거래를 이용할 것). (3점)

전자세금계산서(공급자 보관용)						승인번호		xxxxxxxx	
공급자	등록번호	141 - 81 - 08831			공급받는자	등록번호	122 - 81 - 28030		
	상호(법인명)	㈜대미가구	성명(대표자)	김윤석		상호(법인명)	㈜이안상사	성명(대표자)	김이안
	사업장주소	충북 제천시 덕산면 월악로 17길 10				사업장주소	서울시 강남구 삼성로 560		
	업태	제조,도소매외	종목	가구		업태	도소매	종목	가구
	이메일					이메일			
작성일자	공급가액		세액		수정사유				
20□. 8. 1.	22,000,000		2,200,000						

월	일	품목	규격	수량	단가	공급가액	세액	비고
8	1	책상		20	800,000	16,000,000	1,600,000	
8	1	의자		100	60,000	6,000,000	600,000	

합계금액	현금	수표	어음	외상미수금	이 금액을	영수 / 청구	함
24,200,000			8,000,000	16,200,000			

2. 8월 6일 원재료 매입거래처인 ㈜흥민의 체육대회에 증정할 물품을 상패닷컴에서 1,100,000원(부가세포함)에 구입하고 전자세금계산서를 수취하였다. 대금은 전액 보통예금으로 이체하였다. (3점)

3. 9월 20일 생산직 사원의 명절선물을 구입하고 다음과 같은 현금영수증을 수취하였다. (3점)

```
            하나로마트(주)
       114-81-80641             박하나
  충청북도 제천시 덕산면 약초로 3길 10 TEL : 3289-8085
  홈페이지 http : //www.kacpta.or.kr
            현금(지출증빙)
  구매 20□/09/20/17 : 06    거래번호 : 0026-0107
     상품명              수량              금액
      명절선물            10             90,000원
     2043655000009
                        과세물품가액        900,000원
                        부 가 세           90,000원
        합   계                          990,000원
        받은금액                          990,000원
```

4. 9월 22일 구매확인서에 의하여 제품을 납품하고 다음과 같은 영세율 전자세금계산서를 발급하였다. (3점)

영세율 전자세금계산서						승인번호		xxxxxxxx	
공급자	등록번호	141 - 81 - 08831			공급받는자	등록번호	106 - 81 - 74624		
	상 호 (법인명)	㈜대미가구	성 명 (대표자)	김윤석		상 호 (법인명)	㈜채움유통	성 명 (대표자)	김채연
	사업장주소	충북 제천시 덕산면 월악로 17길 10				사업장주소	서울 관악구 관악로 104(봉천동)		
	업 태	제조,도소매외	종목	가구		업 태	도소매	종 목	가구
	이메일					이메일			
작성일자		공 급 가 액	세 액		수정사유				
20□. 9. 22.		40,000,000	0						
비고									

월	일	품 목	규격	수량	단 가	공 급 가 액	세 액	비 고
9	22	제품		40	1,000,000	40,000,000	0	

합계금액	현 금	수 표	어 음	외상미수금	이 금액을	영수 청구	함
40,000,000				40,000,000			

5. 9월 27일 영업부 직원들이 워크샵에서 사용할 도서를 신선서적㈜에서 구입하였으며, 대금 700,000원은 회사 우리카드(법인)로 결제하였다. (3점)

6. 12월 6일 독일의 포드사에서 상품를 수입하면서 이와 관련한 전자수입세금계산서 (공급가액 40,000,000원, 부가가치세 4,000,000원)을 인천세관으로부터 발급받고, 이에 대한 부가가치세 4,000,000원과 관세 8,000,000원을 현금으로 납부하였다. (단, 관세는 미착품 계정으로 회계처리 한다.) (3점)

문제4 [일반전표입력] 및 [매입매출전표입력] 메뉴에 입력된 내용 중 다음과 같은 오류가 발견되었다. 입력된 내용을 확인하여 정정하시오. (6점)

1. 10월 10일 세금과공과로 회계처리한 전표는 임직원들에게 급여를 지급하면서 원천징수한 소득세를 보통예금에서 자동 이체하여 납부한 것으로 확인되었다. (3점)

2. 11월 2일 본사 판매부서가 사용할 건물의 증축공사에 대하여 ㈜보수건설에 30,000,000원을 보통예금으로 지급하고 수선비로 처리하였으나 그 중 25,000,000원은 건물의 가치가 증가한 자본적 지출에 해당한다. (3점)

문제5 결산정리사항은 다음과 같다. 해당 메뉴에 입력하시오. (9점)

1. 당사는 기중에 영업부에서 사용할 소모품을 구입하면서 모두 비용으로 회계처리 하였다. 12월 31일 현재 재고실사 결과 영업부에서 보관 중인 소모품은 230,000원이다. (3점)

2. 보통예금 계정의 음수(-)잔액 3,500,000원은 당사가 보유한 한길은행 마이너스통장의 잔액으로 확인되었다. 적절한 계정과목으로 전환하시오. (3점)

3. 입력된 데이터는 무시하고 다음 자료를 이용하여 제2기 확정 부가가치세에 대한 부가가치세 예수금과 부가가치세 대급금 관련 회계처리를 하시오(단, 부가가치세 예수금과 부가가치세 대급금의 상계 후 잔액에 대하여 미지급세금 또는 미수금으로 처리하며 거래처입력은 생략할 것). (3점)

  - 부가가치세 대급금 잔액 : 24,000,000원
  - 부가가치세 예수금 잔액 : 32,500,000원

문제6 다음 사항을 조회하여 답안을 [이론문제 답안작성] 메뉴에 입력하시오. (9점)

1. 제1기 확정(4월 ~ 6월) 부가가치세 신고기간 중 매입세액이 공제되지 아니한 건수와 공급가액은 각각 얼마인가? (3점)

2. 4월부터 6월까지 제조원가가 가장 큰 월과 금액은 얼마인가? (3점)

3. 6월말 현재 유동자산과 유동부채 간의 차액은 얼마인가? (단, 양수로 입력할 것) (3점)

이론시험 답안 및 해설 (제91회 특별)

	1. ②	2. ④	3. ④	4. ②	5. ③
답안	6. ③	7. ③	8. ④	9. ③	10. ④
	11. ①	12. ②	13. ①	14. ①	15. ②

01 당좌자산 → 재고자산 → 투자자산 → 유형자산 → 무형자산 → 기타비유동자산

02 무형자산의 상각방법에는 정액법, 체감잔액법(정률법 등), 연수합계법, 생산량비례법 등이 있다. 다만, 합리적인 상각방법을 정할 수 없는 경우에는 정액법을 사용한다.

03 연수합계법 연 감가상각비 : (취득원가 - 잔존가치) ÷ 내용연수의 역순/내용연수의 합
 └ (40,000,000 - 4,000,000) ÷ 3/15 = 7,200,000원(3차년도 감가상각비)

04 계속기업의 가정 : 기업실체는 그 목적과 의무를 이행하기에 충분할 정도로 장기간 존속한다고 가정하는 것을 말한다. 즉 기업실체는 그 경영활동을 청산하거나 중대하게 축소시킬 의도가 없을 뿐 아니라 청산이 요구되는 상황도 없다고 가정한다. 예컨대 곧 청산할 것으로 예상하는 자산에 대해서는 취득원가(역사적원가) 보다는 청산가치로 측정하는 것이 더욱 적합할 것이다.

[해설] ① 기업실체의 가정 : 기업을 소유주와는 독립적으로 존재하는 회계단위로 간주하고, 이 회계단위의 관점에서 그 경제활동에 대한 재무정보를 측정, 보고하는 것을 말한다.
③ 기간별 보고의 가정 : 기업실체의 존속기간을 일정한 기간 단위로 분할하여 각 기간별로 재무제표를 작성하는 것을 말한다.

05 사무실에서 사용할 에어컨을 외상으로 구입하는 것은 일반적인 상거래가 아니므로 미지급금으로 처리해야 한다.

[해설] ①은 외상매출금으로 처리하고 한 달 후에 받을어음으로 처리한다.
②는 외상매입금으로 처리하고 한 달 후에 현금으로 처리한다.
④는 보통예금으로 처리한다.

06 다. 주식발행초과금과 라. 자기주식처분이익은 자본잉여금으로 분류하는 항목이다.

[해설] 가. 주식할인발행차금은 자본조정으로 분류하는 항목이고, 나. 이익준비금은 이익잉여금으로 분류하는 항목이다.

07 일괄 취득함으로서 제3자에게 지급한 금액 + 건물 철거비용 + 토지에 대한 취득세 = 토지 취득원가
　└ 400,000,000 + 5,000,000 + 5,000,000 = 410,000,000원

　[해설] 기존 건물이 있는 토지를 구입하여 철거한 후 건물을 신축하는 경우라면, 이 경우는 토지와 건물을 일괄 구입한 것이 아니라 토지를 구입한 것이므로 건물의 원가는 없다. 이때 기존 건물의 철거 관련 비용과 취득세 등 유형자산의 취득과 직접 관련된 제세공과금도 토지의 취득원가에 포함한다.

08 선수금(부채)을 제품매출(수익)로 회계처리한 경우에는 부채를 과소계상하게 되고, 수익을 과대계상하게 된다. 부채를 과소계상하면 자본이 과대계상 된다.

09 [1] 물량흐름 파악(평균법)

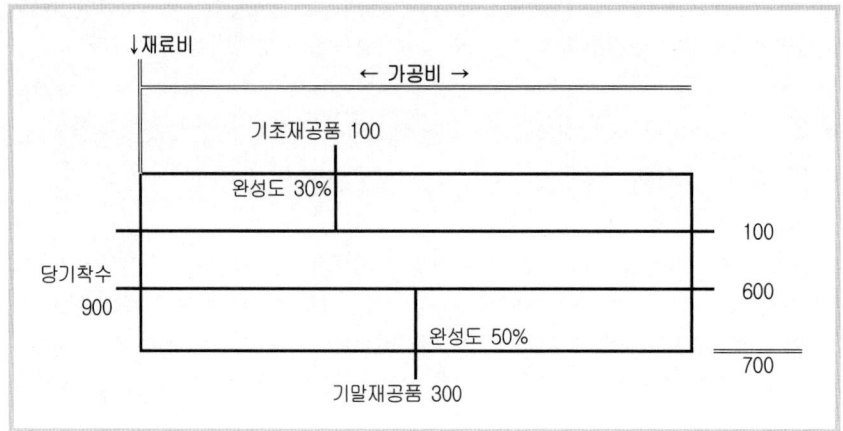

[2] 완성품환산량 계산
(1) 재료비 : 당 기 완성 :　700개 (기초재공품 100개 + 당기착수 600개)
　　　　　　기말재공품 :　300개
　　　　　　합　　계 : 1,000개
(2) 가공비 : 당 기 완성 :　700개 (기초재공품 100개 + 당기착수 600개)
　　　　　　기말재공품 :　150개 (300개 × 50%)
　　　　　　합　　계 :　850개

10 준변동비(혼합원가) : 고정비와 변동비의 성격을 동시에 갖고 있는 원가를 말한다. 준변동비에는 전력비, 통신비 등이 있다.

11 제조간접비 총액 ÷ 총 기계작업시간 = 기계작업시간 1시간당 제조간접비 배부율
　└ 1,500,000 ÷ 3,000시간 = 500원

제조지시서#1의 기계작업시간 × 제조간접비 배부율 = 제조지시서#1의 제조간접비 배부액
  └ 200시간 × 500원 = 100,000원

직접재료비 + 직접노무비 + 제조간접비 배부액 = 제조지시서#1의 제조원가
  └ 150,000 + 140,000 + 100,000 = 390,000원

12 ① 직접배부법은 보조부문 상호간의 용역수수 관계를 완전히 무시하는 방법이다.
③ 상호배부법은 이론적으로 가장 타당하지만 배부 절차가 매우 복잡하다.
④ 단계배부법은 보조부문의 배부 순서를 정한 다음 그 배부 순서에 따라 원가를 계산한다.

13 고용관계에 의하여 근로를 제공하는 것은 용역의 공급으로 보지 않는다.

14 (총매출액 - 매출할인액) × 10% - 대손세액 = 매출세액
  └ (10,000,000 - 2,000,000) × 10% - 50,000 = 750,000원

[해설] 매출할인액은 과세표준에 포함하지 않는 것이므로 총매출액에서 차감하고, 대손세액은 매출세액에서 차감한다.

15 신규로 사업을 시작하는 자에 대한 최초의 과세기간은 사업개시일부터 그 날이 속하는 과세기간의 종료일까지로 한다. 다만, 사업개시일(5월 1일) 이전에 사업자등록을 신청한 경우에는 그 신청한 날(4월 25일)부터 그 신청일이 속하는 과세기간의 종료일까지로 한다.

실무시험 답안 및 해설 (제91회 특별)

문제1 기초정보관리

1. 거래처등록
[기초정보관리]>[거래처등록]에서 『일반거래처』 탭을 선택하고, 코드 1037번으로 거래처를 등록한다.

2. 거래처별 초기이월
[전기분재무제표]>[거래처별초기이월]에서 화면 좌측에 "선급금·선수금"을 각각 선택하고, 화면 우측에 다음과 같이 입력한다.
① 선급금 : 172.㈜민국 4,500,000원 ➡ 5,500,000원으로 수정 입력
② 선수금 : 101.㈜한강 8,200,000원 ➡ 2,800,000원으로 수정 입력
154.㈜동강 2,600,000원 추가 입력

3. 전기이월작업
① [전기분손익계산서]에서 [811.복리후생비]란을 23,500,000원으로 수정 입력하고, [당기순이익]란 50,579,900원을 확인한다.
② [전기분잉여금처분계산서]에서 상단 툴바의 [F6 불러오기]를 클릭하고, [당기순이익]란 50,579,900원과 [미처분이익잉여금]란 123,500,000원을 확인한다.
③ [전기분재무상태표]에서 [375.이월이익잉여금]란을 123,500,000원으로 수정 입력한다.

문제2 일반전표입력

1. 7월 3일 : (차) 953.기부금　　　　5,000,000 / (대) 150.제품　　　　5,000,000
(적요 : 8.타계정으로 대체액)

[해설] 제품이 판매되지 않고 다른 용도로 사용되었으므로 반드시 적요(8)를 입력하고, 다른 용도로 사용된 제품의 원가를 장부에서 제거한다.

2. 7월 4일 : (차) 201.토지　　　　102,000,000 / (대) 917.자산수증이익　100,000,000
　　　　　　　　　　　　　　　　　　　　　　/ (대) 102.당좌예금　　　2,000,000

[해설] 소유권 이전비용은 토지의 취득원가에 가산한다.

3. 7월 5일 : (차) 508.퇴직급여   4,250,000   / (대) 103.보통예금   8,500,000
         (차) 806.퇴직급여   4,250,000

4. 7월 22일 : (차) 136.선납세금   46,200   / (대) 901.이자수익   300,000
          (차) 103.보통예금   253,800

5. 9월 28일 : (차) 110.받을어음   10,000,000   / (대) 108.외상매출금   25,000,000
          (거래처 : ㈜민국상사)   (거래처 : ㈜대한유통)
          (차) 103.보통예금   15,000,000
   [해설] 받을어음의 거래처를 "㈜민국상사"로 변경하는 기출문제 답안을 따르기로 한다.

6. 9월 30일 : (차) 817.세금과공과   1,200,000   / (대) 103.보통예금   2,500,000
          (차) 517.세금과공과   1,300,000

문제3 매입매출전표입력

1. 8월 1일 : 유형(11.과세)/ 품목(책상외)/ 수량( )/ 단가( )/ 공급가액(22,000,000)/ 부가세(2,200,000)/ 공급처명(㈜이안상사)/ 전자(1 : 여)/ 분개(3.혼합)
   (대변) 255.부가세예수금   2,200,000
   (대변) 404.제품매출   22,000,000
   (차변) 110.받을어음   8,000,000
   (차변) 108.외상매출금   16,200,000
   [해설] 상단 툴바의 [F7 복수거래] 키를 이용하여 품목을 등록한다.

2. 8월 6일 : 유형(54.불공)/ 품목(물품)/ 수량( )/ 단가( )/ 공급가액(1,000,000)/ 부가세(100,000)/ 공급처명(상패닷컴)/ 전자(1 : 여)/ 불공제사유(4)/ 분개(3.혼합)
   (차변) 513.접대비   1,100,000
   (대변) 103.보통예금   1,100,000
   [해설] 접대비 및 이와 유사한 비용과 관련된 매입세액은 공제되지 않는다.

3. 9월 20일 : 유형(61.현과)/ 품목(명절선물)/ 수량(10)/ 단가(90,000)/ 공급가액(900,000)/ 부가세(90,000)/ 공급처명(하나로마트㈜)/ 분개(1.현금)
   (출금) 135.부가세대급금   90,000
   (출금) 511.복리후생비   900,000
   [해설] 수량을 입력하고 [단가]란에 90,000원을 입력하면 [공급가액]란이 818,182원으로 입력되는데, 이를 다시 900,000원으로 수정하여 입력한다.

4. 9월 22일 : 유형(12.영세)/ 품목(제품)/ 수량(40)/ 단가(1,000,000)/ 공급가액(40,000,000)/ 부가세( )/ 공급처명(㈜채움유통)/ 전자(1 : 여)/ 영세율구분(3)/ 분개(2.외상)
   (차변) 108.외상매출금   40,000,000
   (대변) 404.제품매출   40,000,000

5. 9월 27일 : 유형(58.카면)/ 품목(도서)/ 수량( )/ 단가( )/ 공급가액(700,000)/ 부가세( )/ 공급처명(신선서적㈜)/ 신용카드사(우리카드(법인))/ 분개(3.혼합)
   (차변) 826.도서인쇄비   700,000
   (대변) 253.미지급금   700,000 (거래처 : 우리카드(법인))
   [해설] 미지급금의 거래처를 "우리카드(법인)"로 변경한다.

6. 12월 6일 : 유형(55.수입)/ 품목(상품)/ 수량( )/ 단가( )/ 공급가액(40,000,000)/ 부가세(4,000,000)/ 공급처명(인천세관)/ 전자(1 : 여)/ 분개(3.혼합)
   (차변) 135.부가세대급금   4,000,000
   (차변) 168.미착품   8,000,000
   (대변) 101.현금   12,000,000

문제4 오류수정

1. [전표입력]>[일반전표입력]에서 10월 10일 전표를 다음과 같이 수정 입력한다.
   수정 전 : (차) 817.세금과공과   337,000   /   (대) 103.보통예금   337,000
   수정 후 : (차) 254.예수금   337,000   /   (대) 103.보통예금   337,000

2. [일반전표입력]에서 11월 2일 전표를 다음과 같이 수정 입력한다.
   수정 전 : (차) 820.수선비   30,000,000   /   (대) 103.보통예금   30,000,000
   수정 후 : (차) 820.수선비   5,000,000   /   (대) 103.보통예금   30,000,000
          (차) 202.건물   25,000,000

문제5 결산정리

1단계 [일반전표입력] 메뉴에서 수동분개
   [전표입력]>[일반전표입력]에서 결산일자(12월 31일)로 수동분개를 한다.

1. 12월 31일 : (차) 173.소모품   230,000   /   (대) 830.소모품비   230,000

2. 12월 31일 : (차) 103.보통예금   3,500,000   /   (대) 260.단기차입금   3,500,000
                                                    (거래처 : 한길은행)

3. 12월 31일 : (차) 255.부가세예수금 32,500,000   /   (대) 135.부가세대급금 24,000,000
                                                    (대) 261.미지급세금   8,500,000

2단계 [결산자료입력] 메뉴에서 해당란에 입력
- 입력할 내용은 없음 -

3단계 [일반전표입력] 메뉴에 결산분개 추가
입력이 완료되면 상단 툴바의 F3전표추가 를 클릭하고 대화창에서 를 클릭하여, [일반전표입력]에 결산분개를 추가한다.

[해설] [결산자료입력] 메뉴에 추가로 입력할 내용이 없는 경우 2단계와 3단계는 채점대상이 아니므로 생략가능하다.

문제6 장부조회

1. [장부관리]>[매입매출장]에서 조회기간(4월 1일 ~ 6월 30일)/ 구분(3.매입)/ 유형(54.불공/⓪전체)을 입력하고 건수와 [공급가액]란의 분기누계를 확인한다.

   ● 답안 : 2건, 16,000,000원

2. [일계표(월계표)]에서 『월계표』탭을 선택하고 조회기간(4월 ~ 4월), (5월 ~ 5월), (6월 ~ 6월)을 각각 입력하고 제조원가의 차변 [계]란의 금액을 확인한다.

   ● 답안 : 5월, 13,090,000원

   [해설] 제조원가 : 4월 6,396,000원 , 5월 13,090,000원, 6월 8,420,200원

3. [결산/재무제표]>[재무상태표]에서 기간(6월)을 입력하고 [유동자산]란과 [유동부채]란의 금액을 확인한다.

   ● 답안 : 558,386,480원

   [해설] 유동자산(807,723,080) - 유동부채(249,336,600) = 558,386,480원

memo

제 90회 기출문제 (이론+실무)

도전
65.67%
합격률

- 회사코드 : 3900
- 회 사 명 : 봉화물산㈜
- 제한시간 : 60분

이 론 시 험

다음 문제를 보고 알맞은 것을 골라 [이론문제 답안작성] 메뉴에 입력하시오. (※ 객관식 문항당 2점)

01 다음은 도매업을 영위하는 ㈜한국의 비용 관련 자료이다. 영업외비용의 합계액은 얼마인가?

- 복리후생비 : 1,000,000원
- 이자비용 : 1,500,000원
- 재고자산감모손실(비정상적 발생) : 1,500,000원
- 감가상각비 : 1,500,000원
- 외환차손 : 1,000,000원
- 급여 : 3,000,000원

① 4,000,000원 ② 3,500,000원 ③ 3,000,000원 ④ 2,500,000원

02 다음은 재무회계개념체계에 대한 설명이다. 회계정보의 질적특성 중 무엇에 대한 설명인가?

> 정보이용자가 기업실체의 미래 재무상태, 경영성과, 순현금흐름 등을 예상하는데 그 정보가 활용될 수 있는 능력을 의미한다. 예를 들어, 반기 재무제표에 의해 발표되는 반기 이익은 올해의 연간 이익을 예상하는데 활용될 수 있다.

① 신뢰성 ② 예측가치 ③ 표현의 충실성 ④ 피드백가치

03 다음 중 자본에 대한 설명으로 옳지 않은 것은?

① 이익잉여금을 자본 전입하는 주식배당시, 자본금은 증가하고 이익잉여금은 감소한다.
② 주식발행초과금은 주식의 발행가액이 액면가액을 초과하는 경우 그 초과 금액을 말한다.
③ 기말 재무상태표상 미처분이익잉여금은 당기 이익잉여금의 처분사항이 반영되기 전 금액이다.
④ 주식배당과 무상증자는 순자산의 증가가 발생한다.

04 다음 사항 중 재고자산에 포함되는 금액은 얼마인가? (단, 미착상품은 모두 매입하는 상품으로 운송 중에 있는 것으로 가정한다)

- 미착상품(도착지 인도조건) : 50,000원
- 미착상품(선적지 인도조건) : 50,000원
- 위탁상품(수탁자 창고보관) : 50,000원
- 시송품(구매 의사표시 없음) : 50,000원

① 50,000원   ② 100,000원   ③ 150,000원   ④ 200,000원

05 다음 거래를 모두 반영하였을 경우 나타날 결과에 대한 설명으로 옳은 것은?

- 6월 1일 : 시장성 있는 ㈜세무의 주식(액면금액 5,000원) 100주를 단기간 보유할 목적으로 주당 5,200원에 취득하였다. (단, 취득과정에서 수수료 10,000원이 발생하였다)
- 8월 1일 : ㈜세무로부터 중간배당금으로 주당 300원씩 수취하였다.
- 9월 1일 : ㈜세무의 주식 100주를 주당 5,100원에 처분하였다.

① 당기순이익이 10,000원 감소한다.   ② 당기순이익이 20,000원 감소한다.
③ 당기순이익이 10,000원 증가한다.   ④ 당기순이익이 20,000원 증가한다.

06 다음의 내용을 수정 분개 하는 경우 적절한 회계 처리로 옳은 것은?

임직원의 퇴직금과 관련하여 외부 금융기관에 보통예금 계좌에서 500,000원을 예치하면서 회계담당자가 확정급여형(DB) 퇴직연금으로 회계처리 하였다. 그러나 기업은 퇴직금을 확정기여형(DC) 퇴직연금으로만 운영하고 있다.

① (차) 퇴직급여   500,000원 / (대) 보통예금   500,000원
② (차) 퇴직연금운용자산 500,000원 / (대) 보통예금   500,000원
③ (차) 퇴직급여   500,000원 / (대) 퇴직연금운용자산 500,000원
④ (차) 퇴직연금운용자산 500,000원 / (대) 퇴직급여   500,000원

07 다음은 ㈜서울의 재고자산 관련 자료이다. 선입선출법에 의한 기말재고자산 금액은 얼마인가?

일 자	적 요	수 량	단 가
1월 3일	기초재고	20개	100원
3월 14일	매입	10개	120원
7월 20일	매출	20개	150원
11월 12일	매입	10개	140원

① 2,000원   ② 2,400원   ③ 2,500원   ④ 2,600원

08 다음 중 유동부채에 해당하는 금액을 모두 합하면 얼마인가?

- 외상매입금 : 100,000원
- 장기차입금 : 800,000원(유동성장기부채 300,000원 포함)
- 단기차입금 : 150,000원
- 미지급비용 : 50,000원
- 선 수 금 : 70,000원

① 300,000원 ② 670,000원 ③ 750,000원 ④ 870,000원

09 회사는 제조간접비를 직접노무시간을 기준으로 배부하고 있다. 당해 제조간접비 배부차이는 10,000원이 과대배부 되었다. 당기말 현재 실제제조간접비발생액은 40,000원이고, 실제직접노무시간이 2,000시간일 경우 예정배부율은 얼마인가?

① 25원/시간당
② 30원/시간당
③ 40원/시간당
④ 50원/시간당

10 종합원가계산방법과 개별원가계산방법에 대한 내용으로 올바르게 연결된 것은?

구분	종합원가계산방법	개별원가계산방법
① 핵심과제 :	제조간접비 배분	완성품환산량 계산
② 업 종 :	건설업	식품제조업
③ 원가집계 :	공정 및 부문별 집계	개별작업별 집계
④ 장 점 :	정확한 원가계산	경제성 및 편리함

11 다음은 원가 개념에 대한 설명이다. 공인중개사 수험서 구입비 50,000원은 어떤 원가를 의미하는가?

공인중개사 자격시험을 위해 관련 수험서를 50,000원에 구입하여 공부하다가, 진로를 세무회계 분야로 전환하면서 전산세무회계 자격증 수험서를 40,000원에 새로 구입하였다.

① 전환원가 ② 매몰원가 ③ 미래원가 ④ 대체원가

12 다음 중 원가에 대한 설명으로 가장 옳지 않은 것은?

① 직접재료비는 기초원가에 해당된다.
② 매몰원가는 의사결정과정에 영향을 미치지 않는 원가를 말한다.
③ 고정원가는 조업도의 변동에 관계없이 총 원가가 일정한 원가를 말한다.
④ 직접원가란 특정한 원가 집적대상에 추적할 수 없는 원가를 말한다.

13 다음 중 부가가치세법상 재화 공급시기에 대한 설명으로 옳지 않은 것은?

① 상품권을 외상으로 판매하는 경우에는 외상대금의 회수일을 공급시기로 본다.
② 폐업 전에 공급한 재화의 공급시기가 폐업일 이후에 도래하는 경우에는 그 폐업일을 공급시기로 본다.
③ 반환조건부판매의 경우에는 그 조건이 성취되거나 기한이 경과되어 판매가 확정되는 때를 공급시기로 본다.
④ 무인판매기를 이용하여 재화를 공급하는 경우에는 당해 사업자가 무인판매기에서 현금을 인취하는 때를 공급시기로 본다.

14 다음 중 부가가치세법상 영세율과 면세에 대한 설명으로 옳지 않은 것은?

① 면세사업자는 부가가치세법상 납세의무자가 아니다.
② 면세사업자가 영세율을 적용받고자 하는 경우에는 면세포기 신고를 하여야 한다.
③ 영세율은 부가가치세 부담이 전혀 없는 완전면세제도에 해당한다.
④ 면세제도는 소비지국과세원칙을 구현하고 부가가치세의 역진성을 완화하기 위해 도입된 제도이다.

15 당사는 5월 1일부터 5월 31일까지 공급한 금액을 모두 합하여 작성연월일을 5월 말일자로 세금계산서를 발급하기로 하였다. 부가가치세법상 세금계산서는 언제까지 발급하여야 하는가?

① 6월 7일 　　　　　　　　　② 6월 10일
③ 6월 15일 　　　　　　　　 ④ 6월 30일

실 무 시 험

봉화물산㈜(회사코드 : 3900)은 완구류를 제조하여 판매하는 중소기업이며, 당기(제6기) 회계기간은 2022.1.1. ~ 2022.12.31.이다. 전산세무회계 수험용 프로그램을 이용하여 다음 물음에 답하시오.

문제1 다음은 기초정보관리에 대한 자료이다. 각각의 요구사항에 대하여 답하시오. (10점)

1. 다음 자료를 이용하여 거래처등록의 [신용카드] 탭에 추가로 입력하시오. (3점)

- 코드 : 99613
- 카드번호 : 9408-0000-3481-0019
- 결제계좌 : 국민은행 095-21-0013-112
- 사용한도 : 5,000,000원
- 거래처명 : 카카오법인카드
- 유형 : 매입
- 결제일 : 매월 20일
- 카드종류 : 사업용카드

2. 거래처별 초기이월 채권과 채무 잔액에 있어서 다음과 같은 차액이 발생하였을 경우 적절하게 정정하시오. (4점)

계정과목	거래처	수정 전 잔액	수정 후 잔액
외상매출금	㈜대원	1,550,000원	1,500,000원
	㈜대현	6,905,000원	6,900,000원
받을어음	㈜안동	8,500,000원	5,500,000원
	㈜안성	7,250,000원	10,250,000원

3. [계정과목 및 적요등록] 메뉴에서 복리후생비(판) 계정의 대체전표 적요 3번에 "영업직원 대상포진 예방접종비 지원"을 등록하시오. (3점)

문제2 다음 거래 자료를 [일반전표입력] 메뉴에 추가 입력하시오(일반전표입력의 모든 거래는 부가가치세를 고려하지 말 것). (18점)

1. 7월 8일 공장 건물신축을 위한 1차 중도금 30,000,000원을 자기앞수표로 지급하다. 공장의 착공일은 당기 7월 3일이며, 준공예정일은 차기 8월 31일이다. (3점)

2. 7월 20일 공장 이전을 위하여 공장 건물의 3층을 ㈜수경산업으로 부터 임차하기로 하였으며, 임차보증금 50,000,000원을 보통예금으로 이체하였다. (3점)

3. 7월 30일 보유 중인 자기주식 100주(1주당 액면가 10,000원, 1주당 취득가 12,000원) 중 25%를 500,000원에 처분하고 처분대금 전액이 당일에 보통예금으로 입금되었다. 처분 전 자기주식처분이익 및 자기주식처분손실 계정의 잔액은 없다. (3점)

4. 8월 25일 당해연도 중 단기시세차익을 목적으로 취득하였던 ㈜엘지의 주식 1,000주(1주당 액면가 500원, 1주당 취득가 1,000원) 중 50%를 1주당 1,500원에 처분하고 보통예금에 입금하였다. 시세차익을 모두 단기매매증권처분이익으로 회계처리 하시오. (3점)

5. 10월 19일 화재피해를 입은 지역주민의 자립을 돕기 위해 현금 500,000원을 지역주민센터를 통하여 기부하고, 지역주민센터로부터 기부금 영수증을 수령하다. (3점)

6. 10월 31일 매출처 ㈜대원의 부도로 외상매출금 잔액 1,500,000원이 회수불가능하여 대손처리 하였다. 대손처리하기 전 재무상태표상 대손충당금잔액은 84,000원이다(단, 부가가치세는 고려하지 말 것). (3점)

문제3 다음 거래 자료를 [매입매출전표입력] 메뉴에 입력하시오. (18점)

1. 8월 7일 비사업자인 김민영에게 제품을 판매하고 대금 550,000원(부가세 포함)은 현금으로 받고 현금영수증을 발급하였다. (3점)

2. 8월 17일 ㈜인왕에게 제품B 50개를 판매하고 전자세금계산서를 발급하였으며, 대금은 ㈜인왕이 발행한 약속어음으로 받다. (3점)

전자세금계산서							승인번호		xxxxxxxxx	
공급자	등록번호	506-81-94325			공급받는자	등록번호	610-81-51299			
	상호(법인명)	봉화물산㈜	성명(대표자)	김진수		상호(법인명)	㈜인왕	성명(대표자)	박삼구	
	사업장주소	경북 봉화군 봉화읍 내성로 3길 18				사업장주소	울산 중구 태화로 150			
	업태	제조, 도소매	종목	완구류		업태	제조, 도소매	종목	완구	
	이메일					이메일				
작성일자	공급가액		세액		수정사유					
20□.8.17.	4,000,000		400,000							
월	일	품목	규격	수량	단가	공급가액	세액	비고		
8	17	제품B		50	80,000	4,000,000	400,000			
합계금액	현금	수표	어음	외상미수금	이 금액을	영수 / 청구	함			
4,400,000			4,400,000							

3. 9월 26일 ㈜대전에 공장에서 사용하는 기계장치(취득원가 25,000,000원, 감가상각누계액 21,000,000원)를 5,000,000원(부가세 별도)에 매각하면서 전자세금계산서를 발급하였으며, 대금은 ㈜대전이 발행한 약속어음으로 받다. (3점)

4. 9월 30일 ㈜한국마트에서 도라지배즙 선물세트를 1세트당 55,000원(부가가치세 별도)에 10세트를 구입하여 영업부서의 매출거래처에 선물하였다. 전자세금계산서를 수취하였으며, 대금은 보통예금으로 지급하였다. (3점)

5. 11월 15일 ㈜현대로부터 비품인 업무용 노트북을 2,200,000원(부가가치세 포함)에 구입하고 전자세금계산서를 발급받았다. 대금 중 100,000원은 11월 1일에 계약금으로 이미 지급하였고, 남은 잔액은 보통예금으로 이체하였다. (3점)

6. 11월 20일 원재료 매입처의 공장 이전을 축하하기 위해 가나조경에서 축하화환을 주문하여 배송하고, 대금 300,000원은 당사 법인카드(국민카드)로 결제하고, 아래와 같은 신용카드매출전표를 수취하였다. 적절한 회계 처리를 하시오. (3점)

```
           신용카드매출전표
-------------------------
카드종류 : 국민카드
회원번호 : 2224-1222-****-1345
거래일시 : 20□.11.20. 14:05:16
거래유형 : 신용승인
매    출 : 300,000원
부 가 세 :       0원
합    계 : 300,000원
결제방법 : 일시불
승인번호 : 71999995
은행확인 : 국민은행
-------------------------
가맹점명 : 가나조경
          - 이 하 생 략 -
```

문제4 [일반전표입력] 및 [매입매출전표입력] 메뉴에 입력된 내용 중 다음과 같은 오류가 발견되었다. 입력된 내용을 확인하여 정정하시오. (6점)

1. 7월 25일 회계 처리한 세금과공과금은 제1기 확정신고 기간에 대한 부가가치세를 보통예금에서 인터넷뱅킹을 통해 납부한 것이다. 회사는 6월 30일자로 부가가치세와 관련한 회계처리를 이미 하였다. (3점)

2. 9월 4일 영업부서에서 ㈜한국마트에 지출한 복리후생비 50,000원은 일반 간이영수증이 아닌 현금영수증으로 매입세액공제가 가능한 것으로 확인되었다. (3점)

문제5 결산정리사항은 다음과 같다. 해당 메뉴에 입력하시오. (9점)

1. 대한은행으로부터 차입한 장기차입금 중 *12,000,000*원이 만기가 1년 미만으로 도래하였다. (3점)

2. 외상매출금 계정에는 미국에 소재한 STAR CAMP에 대한 외화외상매출금 $*40,000*이 포함되어 있다(회계기간 종료일 현재 기준환율 : $*1=1,250*원, 선적(발생)일 기준환율 : $*1=1,200*원). (3점)

3. 12월 31일 결산일 현재 재고자산의 기말재고액은 다음과 같다. (3점)

   - 원재료 : *5,500,000*원   • 재공품 : *10,000,000*원   • 제품 : *15,700,000*원

문제6 다음 사항을 조회하여 [이론문제 답안작성] 메뉴에 입력하시오. (9점)

1. 제1기 확정 신고기간 중 영세율 전자세금계산서를 발행한 금액은 얼마인가? (3점)

2. 5월 31일 현재 외상매출금 잔액이 가장 큰 거래처의 외상매출금 잔액은 얼마인가? (3점)

3. 상반기 중 제조부의 전력비가 가장 적게 발생한 월과 금액은 얼마인가? (3점)

이론시험 답안 및 해설 (제90회)

답안					
	1. ①	2. ②	3. ④	4. ③	5. ③
	6. ③	7. ④	8. ②	9. ①	10. ③
	11. ②	12. ④	13. ①	14. ④	15. ②

01 이자비용 + 외환차손 + 재고자산감모손실(비정상적 발생) = 영업외비용
  └ 1,500,000 + 1,000,000 + 1,500,000 = 4,000,000원

[해설] 복리후생비, 감가상각비, 급여는 판매비와관리비에 해당한다.

02 회계정보의 질적특성 중 예측가치에 대한 설명이다.

[해설] 회계정보의 질적특성(목적적합성)
  ① 예측가치 : 정보이용자가 기업실체의 미래 재무상태, 경영성과 등을 예측하는 데에 그 정보가 활용될 수 있는 능력을 의미한다.
  ② 피드백가치 : 제공되는 회계정보가 기업실체의 재무상태, 경영성과 등에 대한 정보이용자의 당초 기대치(예측치)를 확인 또는 수정되게 함으로써 의사결정에 영향을 미칠 수 있는 능력을 말한다.
  ③ 적시성 : 회계정보가 정보이용자에게 유용하기 위해서는 그 정보가 의사결정에 반영될 수 있도록 적시에 제공되어야 한다.

03 ㉠ 주식배당 : (차) 미처분이익잉여금   ××× / (대) 미교부주식배당금   ×××
                  (자본 감소)   (자본 증가)

         (차) 미교부주식배당금   ××× / (대) 자본금   ×××
             (자본 감소)   (자본 증가)

   ㉡ 무상증자 : (차) 이익잉여금 등   ××× / (대) 자본금   ×××
                  (자본 감소)   (자본 증가)

[해설] 주식배당과 무상증자는 순자산의 증가가 발생하지 않는다.

04 미착상품(선적지 인도조건) + 위탁상품 + 시송품 = 재고자산 금액
  └ 50,000 + 50,000 + 500,000 = 150,000원

[해설] 재고자산에 포함될 항목의 결정
  (1) 미착상품
    ① 선적지인도조건 : 상품이 선적된 시점에 소유권이 매입자에게 이전되기 때문에 미착상품은 매입자의 재고자산에 포함된다.
    ② 목적지인도조건 : 상품이 목적지에 도착하여 매입자가 인수한 시점에 소유권이 매입자에게 이전되기 때문에 매입자의 재고자산에 포함되지 않는다.

(2) 시송품

시송품이란 매입자로 하여금 일정기간 사용한 후에 매입 여부를 결정하라는 조건으로 판매한 상품을 말한다. 시송품은 비록 상품에 대한 점유는 이전되었으나 매입자가 매입의사표시를 하기 전까지는 판매되지 않은 것으로 보아야 하기 때문에 판매자의 재고자산에 포함한다.

(3) 적송품

적송품이란 위탁자(본인)가 수탁자(타인)에게 판매를 위탁하기 위하여 보낸 상품을 말한다. 적송품은 수탁자가 제3자에게 판매를 할 때까지 비록 수탁자가 점유하고 있으나 단순히 보관하고 있는 것에 불과하므로 소유권이 이전된 것이 아니다. 따라서 적송품은 수탁자가 제3자에게 판매하기 전까지는 위탁자의 재고자산에 포함한다.

05 6월 1일 : (차) 단기매매증권   520,000 / (대) 자산   530,000
　　　　　　수수료비용   10,000

　　 8월 1일 : (차) 자산   30,000 / (대) 배당금수익   30,000

　　 9월 1일 : (차) 자산   510,000 / (대) 단기매매증권   520,000
　　　　　　단기매매증권처분손실   10,000

[해설] 비용 20,000원과 수익 30,000원이 발생하여 당기순이익이 10,000원 증가한다.

06 ㉠ 회사분개 : (차) 퇴직연금운용자산   500,000 / (대) 보통예금   500,000
　　 ㉡ 옳은분개 : (차) 퇴직급여   500,000 / (대) 보통예금   500,000
　　 ㉢ 수정분개 : (차) 퇴직급여   500,000 / (대) 퇴직연금운용자산   500,000

[해설] 기업이 확정기여형을 설정한 경우에는 당해 회계기간에 대하여 기업이 납부하여야 할 부담금을 퇴직급여로 인식하고, 확정급여형을 설정한 경우에는 기업의 연금부담금을 퇴직연금운용자산으로 계상한다.

07 선입선출법 7월 20일 매출 20개 : 1월 3일 기초재고 20개로 구성

　　 선입선출법 기말재고 : 3월 14일(10개×120원) + 11월 12일(10개×140원) = 2,600원

08 외상매입금 + 유동성장기부채 + 단기차입금 + 미지급비용 + 선수금 = 유동부채 합계
　　└ 100,000 + 300,000 + 150,000 + 50,000 + 70,000 = 670,000원

09 예정배부액 − 과대배부액(10,000) = 실제발생액(40,000)
　　∴ 예정배부액은 50,000원
　　실제직접노무시간(2,000시간) × 예정배부율 = 예정배부액(50,000)
　　∴ 예정배부율은 25원/시간당

10.
구 분	개별원가계산방법	종합원가계산방법
① 핵심과제	제조간접비 배분	완성품환산량 계산
② 업종	건설업, 조선업, 기계제작업	식품제조업, 화학공업, 제지업
③ 원가집계	개별작업별 집계	공정 및 부문별 집계
④ 장점	정확한 원가계산	경제성 및 편리함

11. 매몰원가란 과거의 의사결정으로부터 이미 발생한 원가(공인중개사 수험서 구입비 50,000원)로서 현재 또는 미래에 어떤 의사결정을 하더라도 회수할 수 없는 원가를 말한다.

12. 직접원가란 특정한 원가 집적대상에 추적할 수 있는 원가를 말한다.

13. 상품권 등을 현금 또는 외상으로 판매하고 그 후 해당 상품권 등이 현물과 교환되는 경우에는 재화가 실제로 인도되는 때를 공급시기로 본다.

14. 면세제도는 부가가치세의 역진성을 완화하기 위해 도입된 제도이며, 소비지국과세원칙의 구현은 영세율제도에 대한 설명이다.

15. 거래처별로 1역월의 공급가액을 합하여 해당 달의 말일을 작성연월일로 하여 세금계산서를 발급하는 경우에는, 재화 또는 용역의 공급일이 속하는 달의 다음 달 10일까지 세금계산서를 발급할 수 있다.

실무시험 답안 및 해설 (제90회)

문제1 기초정보관리

1. **거래처등록**
   [기초정보관리]>[거래처등록]에서 『신용카드』 탭을 선택하고, 코드 99613번으로 거래처를 등록한다.

2. **거래처별 초기이월**
   [전기분재무제표]>[거래처별초기이월]에서 화면 좌측에 "외상매출금·받을어음"을 각각 선택하고, 화면 우측에 다음과 같이 입력한다.
   ① 외상매출금 : 128.㈜대원 1,550,000원 ➡ 1,500,000원으로 수정 입력
   　　　　　　　 140.㈜대현 6,905,000원 ➡ 6,900,000원으로 수정 입력
   ② 받을어음 : 106.㈜안동 8,500,000원 ➡ 5,500,000원으로 수정 입력
   　　　　　　 115.㈜안성 7,250,000원 ➡ 10,250,000원으로 수정 입력

3. **계정과목 및 적요등록**
   [기초정보관리]>[계정과목및적요등록]에서 "811.복리후생비"를 선택하고, 화면 우측에 적요No(3)/ 대체적요(영업직원 대상포진 예방접종비 지원)를 입력한다.

문제2 일반전표입력

1. 7월 8일 : (차) 214.건설중인자산　30,000,000　/　(대) 101.현금　30,000,000
   [해설] 건설중인자산은 유형자산의 취득을 위하여 취득 완료시까지 지출한 금액을 처리하는 임시계정으로서 취득 완료시에 본 계정으로 대체된다.

2. 7월 20일 : (차) 232.임차보증금　50,000,000　/　(대) 103.보통예금　50,000,000
   　　　　　　(거래처 : ㈜수경산업)

3. 7월 30일 : (차) 103.보통예금　500,000　/　(대) 383.자기주식　300,000
   　　　　　　　　　　　　　　　　　　　　　/　(대) 343.자기주식처분이익　200,000
   [해설] 자기주식 : @12,000 × (100주×25%) = 300,000원

4. 8월 25일 : (차) 103.보통예금   750,000 / (대) 107.단기매매증권   500,000
                                             (대) 906.단기매매증권처분이익 250,000

   [해설] 단기매매증권 : @1,000 × (1,000주×50%) = 500,000원

5. 10월 19일 : (차) 953.기부금   500,000 / (대) 101.현금   500,000

6. 10월 31일 : (차) 109.대손충당금   84,000 / (대) 108.외상매출금   1,500,000
              (차) 835.대손상각비 1,416,000   (거래처 : ㈜대원)

문제3 매입매출전표입력

1. 8월 7일 : 유형(22.현과)/ 품목(제품)/ 수량( )/ 단가( )/ 공급가액(500,000)/ 부가세(50,000)/ 공급처명(김민영)/ 분개(1.현금)
   (입금) 255.부가세예수금   50,000
   (입금) 404.제품매출   500,000
   [해설] [공급가액]란에 공급대가(550,000원)를 입력하면 공급가액과 세액이 자동으로 분리되어 입력된다.

2. 8월 17일 : 유형(11.과세)/ 품목(제품B)/ 수량(50)/ 단가(80,000)/ 공급가액(4,000,000)/ 부가세(400,000)/ 공급처명(㈜인왕)/ 전자(1 : 여)/ 분개(3.혼합)
   (대변) 255.부가세예수금   400,000
   (대변) 404.제품매출   4,000,000
   (차변) 110.받을어음   4,400,000

3. 9월 26일 : 유형(11.과세)/ 품목(기계장치)/ 수량( )/ 단가( )/ 공급가액(5,000,000)/ 부가세(500,000)/ 공급처명(㈜대전)/ 전자(1 : 여)/ 분개(3.혼합)
   (대변) 255.부가세예수금   500,000
   (대변) 206.기계장치   25,000,000
   (차변) 207.감가상각누계액   21,000,000
   (차변) 120.미수금   5,500,000
   (대변) 914.유형자산처분이익   1,000,000

4. 9월 30일 : 유형(54.불공)/ 품목(도라지배즙)/ 수량(10)/ 단가(55,000)/ 공급가액(550,000)/ 부가세(55,000)/ 공급처명(㈜한국마트)/ 전자(1 : 여)/ 불공제사유(4)/ 분개(3.혼합)
   (차변) 813.접대비   605,000
   (대변) 103.보통예금   605,000
   [해설] 접대비 및 이와 유사한 비용과 관련된 매입세액은 공제되지 않는다.

5. 11월 15일 : 유형(51.과세)/ 품목(노트북)/ 수량( )/ 단가( )/ 공급가액(2,000,000)/ 부가세 (200,000)/ 공급처명(㈜현대)/ 전자(1 : 여)/ 분개(3.혼합)
   (차변) 135.부가세대급금   200,000
   (차변) 212.비품   2,000,000
   (대변) 131.선급금   100,000
   (대변) 103.보통예금   2,100,000

6. 11월 20일 : 유형(58.카면)/ 품목(축하화환)/ 수량( )/ 단가( )/ 공급가액(300,000)/ 부가세 ( )/ 공급처명(가나조경)/ 신용카드사(국민카드)/ 분개(3.혼합)
   (차변) 513.접대비   300,000
   (대변) 253.미지급금   300,000   (거래처 : 국민카드)
   [해설] 미지급금의 거래처를 "국민카드"로 변경한다.

문제4 오류수정

1. [전표입력]>[일반전표입력]에서 7월 25일 전표를 다음과 같이 수정 입력한다.
   수정 전 : (차) 817.세금과공과   3,750,000 / (대) 103.보통예금   3,750,000

   수정 후 : (차) 261.미지급세금   3,750,000 / (대) 103.보통예금   3,750,000
   [해설] [일반전표입력] 6월 30일 전표에서 미지급세금 계정으로 3,750,000원이 회계처리된 것을 확인한다.

2. [매입매출전표입력]에서 다음과 같이 추가 입력하고, [일반전표입력]에서 9월 4일 잘못 입력된 전표를 삭제한다.
   9월 4일 : 유형(61.현과)/ 품목(커피믹스)/ 수량( )/ 단가( )/ 공급가액(45,455)/ 부가세 (4,545)/ 공급처명(㈜한국마트)/ 분개(3.혼합)
   (차변) 135.부가세대급금   4,545
   (차변) 811.복리후생비   45,455
   (대변) 103.보통예금   50,000

문제5 결산정리

1단계 [일반전표입력] 메뉴에서 수동분개

[전표입력]>[일반전표입력]에서 결산일자(12월 31일)로 수동분개를 한다.

1. 12월 31일 : (차) 293.장기차입금   12,000,000 / (대) 264.유동성장기부채   12,000,000
              (거래처 : 대한은행)   (거래처 : 대한은행)

2. 12월 31일 : (차) 108.외상매출금   2,000,000   /   (대) 910.외화환산이익   2,000,000
         (거래처 : STAR CAMP)

   [해설] $40,000 × (1,250/$ - 1,200/$) = 2,000,000원(환산이익)

2단계 [결산자료입력] 메뉴에서 해당란에 입력

[결산/재무제표]>[결산자료입력]에서 기간(1월 ~ 12월)을 입력한다.

▸ 기말원재료재고액 : 5,500,000원

▸ 기말재공품재고액 : 10,000,000원

▸ 기말제품재고액 : 15,700,000원

3단계 [일반전표입력] 메뉴에 결산분개 추가

입력이 완료되면 상단 툴바의 [F3 전표추가]를 클릭하고 대화창에서 [예(Y)]를 클릭하여, [일반전표입력]에 결산분개를 추가한다.

문제6 장부조회

1. [장부관리]>[매입매출장]에서 조회기간(4월 1일 ~ 6월 30일)/ 구분(2.매출)/ 유형(12.영세/ ⓪전체)을 입력하고 [공급가액]란의 분기누계를 확인한다.

   😀 답안 : 24,500,000원

2. [거래처원장]에서 『잔액』 탭을 선택하고 기간(1월 1일 ~ 5월 31일)/ 계정과목(108.외상매출금)/ 거래처(모든 거래처)를 입력하고 [잔액]란의 금액을 확인한다.

   😀 답안 : 73,500,000원 ((주)관령전자)

3. [총계정원장]에서 『월별』 탭을 선택하고 기간(1월 1일 ~ 6월 30일)/ 계정과목(516.전력비 ~ 516.전력비)을 입력하고 [차변]란의 금액을 확인한다.

   😀 답안 : 3월, 5,400,000원

memo

제 88회 기출문제 (이론+실무)

- 회사코드 : 3880
- 회 사 명 : ㈜남일전자
- 제한시간 : 60분

도전
24.85%
합격률

이 론 시 험

다음 문제를 보고 알맞은 것을 골라 [이론문제 답안작성] 메뉴에 입력하시오. (※ 객관식 문항당 2점)

01 다음 거래를 회계처리 함에 있어서 사용되지 않는 계정과목은?

> 비업무용 토지(장부금액 6,000,000원)를 7,000,000원에 ㈜세무에 처분하고, 처분대금 50%는 ㈜세무가 발행한 당좌수표로, 나머지는 ㈜세무가 발행한 약속어음을 받다.

① 투자부동산 ② 받을어음 ③ 미수금 ④ 현금

02 ㈜서초는 10월 25일 단기 시세차익을 목적으로 상장주식 100주를 주당 20,000원에 취득하고 수수료 200,000원 포함하여 2,200,000원을 현금 결제하였다. 기말 현재 ㈜서초는 이 주식을 그대로 보유하고 있으며, 12월 31일의 공정가치는 주당 21,000원이었다. 손익계산서에 반영될 단기매매증권 평가손익은 얼마인가?

① 평가이익 100,000원 ② 평가이익 200,000원
③ 평가손실 100,000원 ④ 평가손실 200,000원

03 다음 유형자산 중 감가상각 대상이 되는 항목은?

① 업무용 토지 ② 건설중인 자산
③ 공장 생산설비 ④ 영업활동에 사용하지 않는 투자부동산

04 다음은 무형자산에 대한 일반기업회계기준의 규정이다. 이 중 가장 잘못된 설명은?

① 영업권, 산업재산권, 개발비, 소프트웨어 등이 포함된다.
② 상각대상금액은 그 자산의 추정 내용연수 동안 체계적인 방법을 사용하여 비용으로 배분하여야 한다.
③ 물리적 형체는 없지만 식별가능하고 기업이 통제하고 있으며 미래 경제적 효익이 있는 화폐성 자산이다.
④ 상각기간은 관계 법령이나 계약에 정해진 경우를 제외하고는 20년을 초과할 수 없다.

05 제조업을 운영하는 A회사가 기말에 외상매출금에 대한 대손충당금을 설정할 경우, 다음의 손익계산서 항목 중 변동되는 것은?

① 영업이익　　　　　　　　　② 매출원가
③ 매출액　　　　　　　　　　④ 매출총이익

06 다음 중 기말 결산시 계정별원장의 잔액을 차기에 이월하는 방법을 통하여 장부를 마감하는 계정과목은?

① 기부금　　　　　　　　　　② 접대비
③ 개발비　　　　　　　　　　④ 광고선전비

07 다음 중 유동성배열법에 의해 작성되는 재무상태표에 있어서 가장 먼저 표시되는 것은?

① 투자부동산　　　　　　　　② 임차보증금
③ 임차권리금　　　　　　　　④ 전세권

08 다음 중 일반기업회계기준에서 자본조정으로 분류되는 계정과목은?

① 자기주식처분이익　　　　　② 자기주식
③ 주식발행초과금　　　　　　④ 감자차익

09 다음 원가 및 비용의 분류 중 제조원가에 해당되지 않는 거래는?

① 원재료 구입비　　　　　　　② 원재료 운반차량 처분손실
③ 제품 포장설비 감가상각비　 ④ 제품 생산공장 화재보험료

10 다음 자료에 의하여 당기총제조원가를 계산하면 얼마인가?

- 기초원재료 : 100,000원
- 기말원재료 : 100,000원
- 제조간접비 : (원재료비 + 직접노무비) × 20%
- 당기매입원재료 : 500,000원
- 직접노무비 : 3,500,000원

① 4,020,000원 ② 4,220,000원 ③ 4,300,000원 ④ 4,800,000원

11 다음 내용의 개별원가계산 절차를 순서대로 바르게 나열한 것은?

가. 개별작업과 관련하여 발생한 제조간접원가를 파악한다.
나. 제조간접원가를 원가대상에 배부하기 위해 배부기준을 선정해야 한다.
다. 원가계산대상이 되는 개별작업을 파악하고, 개별작업에 대한 직접원가를 계산한다.
라. 원가배부 기준에 따라 제조간접원가배부율을 계산하여 제조간접원가를 배부한다.

① 가 → 나 → 다 → 라
② 다 → 가 → 나 → 라
③ 다 → 라 → 나 → 가
④ 가 → 다 → 나 → 라

12 종합원가계산은 원가흐름에 대한 가정에 따라 완성품환산량에 차이가 있다. 이에 관한 설명 중 옳지 않은 것은?

① 평균법은 기초재공품원가와 당기투입원가를 구분하지 않고 모두 당기 발생원가로 가정한다.
② 선입선출법은 기초재공품부터 먼저 완성되고 난 후, 당기 투입분을 완성시킨다고 가정한다.
③ 기초재공품이 없을 경우 선입선출법과 평균법의 완성품환산량은 동일하다.
④ 재료비의 경우 공정초에 투입된다고 가정할 경우와 공정 전반에 걸쳐 균등하게 발생한다고 가정할 경우에 기말재공품의 완성품환산량은 차이가 없다.

13 다음 중 현행 부가가치세법의 특징에 대한 설명으로 가장 잘못된 것은?

① 일반 소비세이다.
② 국세에 해당된다.
③ 10%와 0%의 세율을 적용하고 있다.
④ 역진성의 문제를 해결하기 위하여 영세율 제도를 도입하고 있다.

14 과세사업자인 ㈜서초는 ×1년 당사 제품인 기계장치를 공급하는 계약을 아래와 같이 체결하였다. 이 거래와 관련하여 ×1년 2기 예정신고기간의 과세표준에 포함되어야 할 공급가액은 얼마인가?

> - 총 판매대금 : 6,500,000원(이하 부가가치세 별도)
> - 계약금(3월 15일) : 2,000,000원 지급
> - 중도금(5월 15일, 7월 15일) : 1,500,000원씩 각각 지급
> - 잔금(9월 30일) : 1,500,000원 지급
> - 제품인도일 : 9월 30일

① 6,500,000원　　② 5,000,000원　　③ 3,000,000원　　④ 1,500,000원

15 다음 중 부가가치세법상 세금계산서의 필요적 기재사항이 아닌 것은?

① 공급연월일
② 공급자의 등록번호와 성명 또는 명칭
③ 공급가액과 부가가치세액
④ 공급받는 자의 등록번호

실 무 시 험

㈜남일전자(회사코드 : 3880)은 전자제품을 제조하여 판매하는 중소기업이며, 당기(제10기) 회계기간은 2022.1.1. ~ 2022.12.31.이다. 전산세무회계 수험용 프로그램을 이용하여 다음 물음에 답하시오.

문제1 다음은 기초정보관리 및 전기분 재무제표에 대한 자료이다. 각각의 요구사항에 대하여 답하시오. (10점)

1. 전기분 손익계산서를 검토한 결과 다음과 같은 오류가 발견되었다. 관련되는 전기분 재무제표를 모두 수정하시오. (4점)

계정과목	틀린 금액	올바른 금액	내 용
수도광열비(815)	5,600,000원	6,500,000원	입력오류

2. 아래의 거래처를 [거래처등록] 메뉴에 입력하시오. (3점)

코드번호	거래처명	사업자등록번호	대표자	유형
50001	㈜한진캐피탈	121-81-22407	김용수	동시
50002	㈜성우중기	131-81-25245	이판술	동시

3. 계정과목 및 적요등록 메뉴에서 511.복리후생비 계정의 대체전표 적요 3번에 "공장직원 일본뇌염 예방접종비"를 등록하시오. (3점)

문제2 다음 거래 자료를 [일반전표입력] 메뉴에 추가 입력하시오(일반전표입력의 모든 거래는 부가가치세를 고려하지 말 것). (18점)

1. 7월 25일 제1기 확정신고분 부가가치세와 신용카드수수료(판관비) 350,000원을 포함하여 신용카드(비씨카드)로 납부하였다(단, 6월 30일에 적정하게 회계 처리된 부가가치세관련 분개를 확인 후 회계처리 할 것). (3점)

2. 8월 20일 회사는 기업은행과 당좌차월 계약을 맺고 있으며, 현재 당좌수표 발행액은 당좌예금 예입액을 초과한 상태이다. 당일 회사는 7월 20일에 ㈜토즈상사에서 외상으로 구입한 기계장치의 구입대금 18,000,000원을 당좌수표를 발행하여 지급하였으며 이는 당좌계약 한도 내의 금액이다. (3점)

3. 9월 10일 당사의 최대주주인 김지운씨로부터 본사를 신축할 토지를 기증받았다. 토지의 공정가치는 40,000,000원이다. (3점)

4. 10월 12일 ㈜봄꽃상사의 미수금 2,000,000원이 대손처리 요건에 충족되어 당일 대손처리하기로 하였다. 대손충당금을 조회하여 회계처리 하시오. 단, 부가가치세는 고려하지 않는다. (3점)

5. 11월 3일 ㈜울진에 단기 대여(6개월 후 회수, 연 이자율 3%)하면서 타인발행 당좌수표 10,000,000원을 지급하였다. (3점)

6. 11월 10일 회사 판매직 직원이 퇴직하였으며, 동 직원의 퇴직금은 8,000,000원이다. 회사는 은행에 확정급여형(DB형) 퇴직연금에 가입하고 있다(단, 관련 자료를 조회한 후 회계처리 할 것). (3점)

문제3 다음 거래 자료를 [매입매출전표입력] 메뉴에 입력하시오. (18점)

1. 9월 2일 ㈜제주로부터 원재료 500개(공급가액 @50,000원, 부가가치세 별도)를 구입하고 전자세금계산서를 교부받았으며, 대금 중 10,000,000원은 제품을 판매하고 받아 보관 중인 ㈜마포의 약속어음을 배서하여 지급하고, 잔액은 외상으로 하였다. (3점)

2. 9월 4일 공장에서 사용하던 기계장치를 ㈜민영기업에 매각하고 전자세금계산서를 발급하였다. 매각대금은 8,800,000원(부가세 포함)이며 보통예금으로 수취하였다. 동 기계장치는 취득원가가 20,000,000원이며 매각 당시 감가상각누계액은 9,000,000원이었다(매각일까지의 감가상각에 대한 회계처리는 무시하고 매각관련 처분손익분개를 매입매출전표입력 메뉴에서 진행 할 것). (3점)

3. 10월 31일 제조부서에서 사용하기 위한 컴퓨터를 ㈜프라엘전자로부터 구입하였고 대금 2,178,000원(VAT 포함)을 비씨카드로 결제하였다(단, 컴퓨터는 유형자산 계정으로 처리할 것). (3점)

4. 11월 10일 동해상사에 제품을 판매하고 다음의 전자세금계산서를 발급하였다. 대금은 8월 1일에 수령한 계약금을 제외하고 나머지는 보통예금계좌로 받았다. (3점)

전자세금계산서

	승인번호	xxxxxxxxx

공급자	등록번호	131-81-35215			공급받는자	등록번호	130-33-68798		
	상호(법인명)	㈜남일전자	성명(대표자)	남진호		상호(법인명)	동해상사	성명(대표자)	박찬종
	사업장주소	경기도 광명시 광명로 58(가학동)				사업장주소	서울시 마포구 상암동 261		
	업태	제조, 도매	종목	전자제품		업태	도매업	종목	컴퓨터
	이메일					이메일			

작성일자	공급가액	세액	수정사유
20□. 11. 10.	15,000,000	1,500,000	

월	일	품목	규격	수량	단가	공급가액	세액	비고
11	10	전자부품		150	100,000	15,000,000	1,500,000	

합계금액	현금	수표	어음	외상미수금	이 금액을	영수 / 청구	함
16,500,000	16,500,000						

5. 12월 1일 연말 선물용으로 당사 제품인 VIP선물세트[원가 50,000원, 시가 88,000원 (부가세 포함)]를 매출 거래처인 ㈜우진에 제공하였다. (3점)

6. 12월 10일 회사는 일부 원재료를 수입하고 있다. 수입원재료의 통관비용을 현금 지급하고 다음의 전자세금계산서를 발급받았다. (3점)

	전자세금계산서					승인번호		xxxxxxxx	
공급자	등록번호	229-81-28156			공급받는자	등록번호	131-81-35215		
	상호(법인명)	㈜에이스국제운송	성명(대표자)	이신중		상호(법인명)	㈜남일전자	성명(대표자)	남진호
	사업장주소	서울 서초구 방배로 142				사업장주소	경기도 광명시 광명로 58(가학동)		
	업태	운수	종목	화물,중개		업태	제조, 도소매	종목	전자제품
	이메일					이메일			
작성일자		공급가액		세액		수정사유			
20□. 12. 10.		470,000		47,000					
월	일	품목	규격	수량	단가	공급가액	세액	비고	
12	10	통관수수료				120,000	12,000		
12	10	운송료				350,000	35,000		
합계금액		현금		수표	어음	외상미수금	이 금액을	영수 / 청구	함
517,000		517,000							

문제4 [일반전표입력] 및 [매입매출전표입력] 메뉴에 입력된 내용 중 다음과 같은 오류가 발견되었다. 입력된 내용을 확인하여 정정하시오. (6점)

1. 10월 25일 회계처리한 세금과공과는 업무용 차량운반구의 취득세를 국민은행 보통 예금 계좌이체를 통해 납부한 것이다. (3점)

2. 11월 2일 당사 직원 박성실에 대한 단기대여금 3,000,000원은 상환기간이 2026년 9월 30일이다. (3점)

문제5 결산정리사항은 다음과 같다. 해당 메뉴에 입력하시오. (9점)

1. 외상매입금 계정에는 홍콩 거래처 만리상사에 대한 외화외상매입금 2,400,000원 ($2,000)이 계상되어 있다(회계기간 종료일 현재 적용환율 : $1당 1,180원). (3점)

2. 매출채권(외상매출금, 받을어음) 잔액에 대하여 1%의 대손충당금을 보충법으로 설정하다. (3점)

3. 당기에 회사가 계상할 감가상각비는 아래와 같다. (3점)

   - 공장 기계장치 감가상각비 : 9,200,000원
   - 제품판매 홍보용 트럭 감가상각비 : 2,100,000원

문제6 다음 사항을 조회하여 답안을 [이론문제 답안작성] 메뉴에 입력하시오. (9점)

1. 1월부터 6월까지 계산서를 수취한 금액은 얼마인가? (3점)

2. 6월 중 판매비및관리비로 분류되는 복리후생비 중 현금으로 지급된 금액은 얼마인가? (3점)

3. 당기(1.1. ~ 3.31.)에 고정자산을 매각하고 세금계산서를 발행한 금액(공급가액)의 합계액은? (3점)

이론시험 답안 및 해설 (제88회)

답안	1. ②	2. ①	3. ③	4. ③	5. ①
	6. ③	7. ①	8. ②	9. ①,②	10. ④
	11. ②	12. ④	13. ④	14. ③	15. ①

01 분개 : (차) 현금　　　　　　　3,500,000　/　(대) 투자부동산　　　6,000,000
　　　　　　미수금　　　　　　3,500,000　　　(대) 투자자산처분이익　1,000,000

02 기말 공정가치 - 기말 장부가액 = 단기매매증권평가이익
　└ (100주 × @21,000) - (100주 × @20,000) = 100,000원

[해설] 단기매매증권 취득과 직접 관련되는 거래원가(취득수수료)는 당기비용으로 처리한다.

03 ① 업무용 토지는 내용연수가 무한하기 때문에, ② 건설중인자산은 아직 취득이 완료된 것이 아니므로, ④ 투자부동산은 영업활동에 사용하는 것이 아니기 때문에 감가상각대상 자산이 아니다.

04 무형자산이란 재화의 생산이나 용역의 제공, 타인에 대한 임대, 관리에 사용할 목적으로 기업이 보유하고 있으며, 물리적 실체는 없지만 식별할 수 있고, 기업이 통제하고 있으며, 미래 경제적효익이 있는 비화폐성자산을 말한다.

05 외상매출금에 대한 대손상각비는 판매비와관리비에 해당하므로 영업이익이 변동된다.

[해설] ◉ 매출액 - 매출원가 = 매출총이익
　　　　◉ 매출총이익 - 판매비와관리비 = 영업이익

06 재무상태표 계정(개발비)은 차기이월 방식을 통하여 장부를 마감하고, 손익계산서 계정(기부금, 접대비, 광고선전비)은 집합손익 계정에 대체하는 방식으로 장부를 마감한다.

07 투자자산(투자부동산) ⇨ 유형자산 ⇨ 무형자산(임차권리금) ⇨ 기타비유동자산(임차보증금, 전세권)

08 자기주식은 자본조정으로 분류되는 계정과목이고, 나머지는 자본잉여금으로 분류되는 계정과목이다.

09 원재료 구입비는 자산으로 계상되며, 원재료 운반차량 처분손실은 영업외비용(유형자산처분손실)에 해당한다.

10 기초원재료 + 당기매입원재료 - 기말원재료 = 원재료비
└ 100,000 + 500,000 - 100,000 = 500,000원

원재료비 + 직접노무비 + 제조간접비{(원재료비 + 직접노무비) × 20%} = 당기총제조원가
└ 500,000 + 3,500,000 + {(500,000 + 3,500,000) × 20%} = 4,800,000원

11 개별원가계산의 절차
다. 원가계산대상이 되는 개별작업을 파악하고, 개별작업에 대한 직접원가를 계산한다.
가. 개별작업과 관련하여 발생한 제조간접원가를 파악한다.
나. 제조간접원가를 원가대상에 배부하기 위해 배부기준을 선정해야 한다.
라. 원가배부기준에 따라 제조간접원가배부율을 계산하여 제조간접원가를 배부한다.

12 재료비의 경우 공정초에 투입된다고 가정할 경우와 공정전반에 걸쳐 균등하게 발생한다고 가정할 경우에 기말재공품의 미완성도 만큼 완성품환산량에 차이가 발생한다.

13 역진성의 문제를 해결하기 위하여 면세제도를 도입하고 있다.

14 중간지급조건부공급의 공급시기는 대가의 각 부분을 받기로 한 때이다.
└ 1기 예정신고(1월 ~ 3월) 과세표준 : 3월 15일 2,000,000원
└ 1기 확정신고(4월 ~ 6월) 과세표준 : 5월 15일 1,500,000원
└ 2기 예정신고(7월 ~ 9월) 과세표준 : 7월 15일 1,500,000원, 9월 30일 1,500,000원

[해설] 중간지급조건부공급이란 계약금을 받기로 한 날(3월 15일)의 다음 날부터 재화를 인도하는 날(9월 30일) 또는 재화를 이용가능하게 하는 날까지의 기간이 6개월 이상인 경우로서 그 기간 이내에 계약금 외의 대가를 분할(중도금 2번)하여 받는 경우를 말한다.

15 공급연월일은 세금계산서의 임의적 기재사항이다.

[해설] 세금계산서의 필요적 기재사항
① 공급하는 사업자의 등록번호와 성명 또는 명칭
② 공급받는 자의 등록번호
③ 공급가액과 부가가치세액
④ 작성 연월일

실무시험 답안 및 해설 (제88회)

문제1 기초정보관리

1. 전기이월작업
① [전기분재무제표]>[전기분손익계산서]에서 [815.수도광열비]란을 6,500,000원으로 수정 입력하고, [당기순이익]란 23,600,000원을 확인한다.
② [전기분잉여금처분계산서]에서 상단 툴바의 F6 불러오기를 클릭하고, [당기순이익]란 23,600,000원과 [미처분이익잉여금]란 47,335,000원을 확인한다.
③ [전기분재무상태표]에서 [375.이월이익잉여금]란을 47,335,000원으로 수정 입력한다.

2. 거래처등록
[기초정보관리]>[거래처등록]에서 『일반거래처』 탭을 선택하고, 코드 50001번과 50002번으로 거래처를 각각 등록한다.

3. 계정과목 및 적요등록
[계정과목및적요등록]에서 "511.복리후생비"를 선택하고, 화면 우측에 적요No(3)/ 대체적요(공장 직원 일본뇌염 예방접종비)를 입력한다.

문제2 일반전표입력

1. 7월 25일 : (차) 261.미지급세금   35,000,000 / (대) 253.미지급금   35,350,000
　　　　　　 (차) 831.수수료비용   350,000   (거래처 : 비씨카드)
[해설] [일반전표입력] 6월 30일 전표에서 미지급세금 계정으로 35,000,000원이 회계처리된 것을 확인한다.

2. 8월 20일 : (차) 253.미지급금   18,000,000 / (대) 256.당좌차월   18,000,000
　　　　　　 (거래처 : ㈜토즈상사)   (거래처 : 기업은행)
[해설] 대변을 당좌차월 계정 대신에 단기차입금 계정으로 입력한 것도 답안으로 인정한다.

3. 9월 10일 : (차) 201.토지   40,000,000 / (대) 917.자산수증이익   40,000,000

4. 10월 12일 : (차) 121.대손충당금   800,000 / (대) 120.미수금   2,000,000
　　　　　　　 (차) 954.기타의대손상각비 1,200,000   (거래처 : ㈜봄꽃상사)

[해설] [결산/재무제표]>[합계잔액시산표]에서 기간(10월 12일)을 입력하고 미수금의 대손충당금 잔액 800,000원을 확인한다.

5. 11월 3일 : (차) 114.단기대여금   10,000,000   / (대) 101.현금   10,000,000
   (거래처 : ㈜울진)

6. 11월 10일 : (차) 295.퇴직급여충당부채   8,000,000   / (대) 186.퇴직연금운용자산   8,000,000
   [해설] [결산/재무제표]>[합계잔액시산표]에서 기간(11월 10일)을 입력하고 퇴직급여충당부채 계정의 잔액 10,000,000원을 확인한다.
   확정급여형을 선택한 경우에는 기업의 연금부담금을 퇴직연금운용자산으로 계상했으므로 퇴직금 지급시 퇴직연금운용자산을 감소시킨다.

문제3 매입매출전표입력

1. 9월 2일 : 유형(51.과세)/ 품목(원재료)/ 수량(500)/ 단가(50,000)/ 공급가액(25,000,000)/ 부가세(2,500,000)/ 공급처명(㈜제주)/ 전자(1 : 여)/ 분개(3.혼합)
   (차변) 135.부가세대급금   2,500,000
   (차변) 153.원재료   25,000,000
   (대변) 110.받을어음   10,000,000   (거래처 : ㈜마포)
   (대변) 251.외상매입금   17,500,000
   [해설] 받을어음의 거래처를 "㈜마포"로 변경한다.

2. 9월 4일 : 유형(11.과세)/ 품목(기계장치)/ 수량( )/ 단가( )/ 공급가액(8,000,000)/ 부가세(800,000)/ 공급처명(㈜민영기업)/ 전자(1 : 여)/ 분개(3.혼합)
   (대변) 255.부가세예수금   800,000
   (대변) 206.기계장치   20,000,000
   (차변) 207.감가상각누계액   9,000,000
   (차변) 103.보통예금   8,800,000
   (차변) 970.유형자산처분손실   3,000,000

3. 10월 31일 : 유형(57.카과)/ 품목(컴퓨터)/ 수량( )/ 단가( )/ 공급가액(1,980,000)/ 부가세(198,000)/ 공급처명(㈜프라엘전자)/ 신용카드사(비씨카드)/ 분개(3.혼합)
   (차변) 135.부가세대급금   198,000
   (차변) 212.비품   1,980,000
   (대변) 253.미지급금   2,178,000   (거래처 : 비씨카드)
   [해설] 공급가액란에 공급대가(2,178,000원)를 입력하면 공급가액과 세액이 자동으로 분리되어 입력된다. 미지급금의 거래처를 "비씨카드"로 변경한다.

4. 11월 10일 : 유형(11.과세)/ 품목(전자부품)/ 수량(150)/ 단가(100,000)/ 공급가액(15,000,000)/ 부가세(1,500,000)/ 공급처명(동해상사)/ 전자(1 : 여)/ 분개(3.혼합)
   (대변) 255.부가세예수금   1,500,000
   (대변) 404.제품매출   15,000,000
   (차변) 259.선수금   1,000,000
   (차변) 103.보통예금   15,500,000
   [해설] [일반전표입력] 8월 1일 전표에서 계약금 1,000,000원이 선수금으로 회계처리된 것을 확인한다.

5. 12월 1일 : 유형(14.건별)/ 품목(제품)/ 수량( )/ 단가( )/ 공급가액(80,000)/ 부가세(8,000)/ 공급처명(㈜우진)/ 분개(3.혼합)
   (대변) 255.부가세예수금   8,000
   (대변) 150.제품(적요 : 8.타계정으로 대체액) 50,000
   (차변) 813.접대비   58,000
   [해설] 간주공급의 과세표준은 시가이므로 공급가액란에는 80,000원을 입력되도록 해야 한다. 제품이 판매되지 않고 다른 용도로 사용되었으므로 반드시 적요(8)를 입력하고, 다른 용도로 사용된 제품의 원가를 장부에서 제거한다.

6. 12월 10일 : 유형(51.과세)/ 품목(통관수수료 외)/ 수량( )/ 단가( )/ 공급가액(470,000)/ 부가세(47,000)/ 공급처명(㈜에이스국제운송)/ 전자(1 : 여)/ 분개(1.현금)
   (출금) 135.부가세대급금   47,000
   (출금) 153.원재료   470,000
   [해설] 상단 툴바의 키를 이용하여 품목을 등록한다. 재고자산의 매입원가는 매입금액에 매입운임, 하역료 및 보험료 등 취득과정에서 정상적으로 발생한 부대원가를 가산한 금액이다.

문제4 오류수정

1. [전표입력]>[일반전표입력]에서 10월 25일 전표를 다음과 같이 수정 입력한다.
   수정 전 : (차) 817.세금과공과   3,000,000 / (대) 103.보통예금   3,000,000
                                                   (거래처 : 국민은행)

   수정 후 : (차) 208.차량운반구   3,000,000 / (대) 103.보통예금   3,000,000
                                                   (거래처 : 국민은행)
   [해설] 취득세는 취득과 직접 관련되는 원가이므로 자산의 원가에 가산한다.

2. [일반전표입력]에서 11월 2일 전표를 다음과 같이 수정 입력한다.
   수정 전 : (차) 114.단기대여금   3,000,000 / (대) 101.현금   3,000,000
            (거래처 : 박성실)

수정 후 : (차) 179.장기대여금   3,000,000   /   (대) 101.현금   3,000,000
           (거래처 : 박성실)

문제5 결산정리

1단계 [일반전표입력] 메뉴에서 수동분개

[전표입력]>[일반전표입력]에서 결산일자(12월 31일)로 수동분개를 한다.

12월 31일 : (차) 251.외상매입금   40,000   /   (대) 910.외화환산이익   40,000
           (거래처 : 만리상사)

[해설] 2,400,000 - ($2,000 × 1,180/$) = 40,000원(환산이익)

2단계 [결산자료입력] 메뉴에서 해당란에 입력

[결산/재무제표]>[결산자료입력]에서 기간(1월 ~ 12월)을 입력한다.

▶ 일반감가상각비 : [기계장치 9,200,000원] (제조경비)

▶ 감가상각비 : [차량운반구 2,100,000원] (판매비와일반관리비)

▶ 대손상각 : [외상매출금 2,072,600원] [받을어음 327,500원] (대손충당금)

[해설] [결산/재무제표]>[합계잔액시산표]에서 기간(12월 31일)을 입력하고 대손충당금 추가 설정액을 계산한다. 또는 상단 툴바의 F8 대손상각 을 클릭하여 입력할 수 도 있다.
① 외상매출금 : (277,260,000 × 1%) - 700,000 = 2,072,600원
② 받을어음 : (47,750,000 × 1%) - 150,000 = 327,500원

3단계 [일반전표입력] 메뉴에 결산분개 추가

입력이 완료되면 상단 툴바의 F3 전표추가 를 클릭하고 대화창에서 예(Y) 를 클릭하여, [일반전표입력]에 결산분개를 추가한다.

문제6 장부조회

1. [장부관리]>[매입매출장]에서 조회기간(1월 1일 ~ 6월 30일)/ 구분(3.매입)/ 유형(53.면세/ ⓪전체)을 입력하고 [공급가액]란의 누계를 확인한다.

 답안 : 800,000원

2. [일계표(월계표)]에서 『월계표』 탭을 선택하고 조회기간(6월 ~ 6월)을 입력하고 판매비및 일반관리비의 복리후생비 계정 차변 [현금]란의 금액을 확인한다.

> ◉ 답안 : 221,000원

3. [전표입력]>[매입매출전표입력]에서 『11.매출과세』 탭을 선택하고 기간(1월 ~ 3월)을 입력하고 [품목]란을 확인한다.

> ◉ 답안 : 12,000,000원

memo

제 87회 기출문제 (이론+실무)

- 회사코드 : 3870
- 회 사 명 : ㈜봉천산업
- 제한시간 : 60분

도전
21.89%
합격률

이 론 시 험

다음 문제를 보고 알맞은 것을 골라 [이론문제 답안작성] 메뉴에 입력하시오. (※ 객관식 문항당 2점)

01 다음 중 재무제표의 작성과 표시의 일반원칙에 관한 내용으로 틀린 것은?
① 재무제표의 작성과 표시에 대한 책임은 경영진에게 있다.
② 재무제표는 기업의 재무상태, 경영성과, 현금흐름 및 자본변동을 공정하게 표시하여야 한다.
③ 중요하지 않은 항목이라 할지라도 성격이나 기능이 유사한 항목과 통합하여 표시할 수 없다.
④ 주식회사의 잉여금은 자본잉여금과 이익잉여금으로 구분하여 표시하여야 한다.

02 다음 중 제조기업의 재무제표를 작성하는 순서로 가장 올바른 것은?

㉠ 제조원가명세서	㉡ 손익계산서
㉢ 이익잉여금처분계산서	㉣ 재무상태표

① ㉠ → ㉡ → ㉢ → ㉣
② ㉡ → ㉢ → ㉣ → ㉠
③ ㉢ → ㉣ → ㉠ → ㉡
④ ㉠ → ㉢ → ㉣ → ㉡

03 다음 중 재고자산의 평가방법에 대한 설명으로 가장 옳지 않은 것은?
① 후입선출법은 실제물량 흐름과 일치하는 평가방법이다.
② 선입선출법을 적용시 기말재고는 최근에 구입한 상품의 원가로 구성된다.
③ 물가가 상승하고 있을 때 선입선출법을 적용하면 평균법에 비해 일반적으로 매출원가가 적게 계상된다.
④ 총평균법은 기초재고자산과 당기에 매입한 상품에 대해 평균 단위당 원가로 기말재고자산가액을 계산하는 것이다.

04 다음은 ㈜서초의 신제품 개발을 위한 지출 내역이다. ㈜서초의 재무상태표에 계상될 개발비(무형자산)에 포함되지 않는 항목은?

```
가. 연구활동비
나. 생산 전 모형의 설계 및 제작비용
다. 개발활동에 사용할 기계장치의 취득원가
라. 개발활동에 사용하는 기계장치의 감가상각비
마. 새로운 제품에 대한 여러 대체안의 탐색, 평가비용
```

① 가, 라   ② 다, 라   ③ 가, 나, 마   ④ 가, 다, 마

05 다음 중 자본에 대한 설명으로 옳지 않은 것은?

① 자본금은 발행한 주식의 액면금액에 발행주식수를 곱하여 결정된다.
② 자본은 기업의 소유주인 주주의 몫으로 자산에서 채권자의 지분인 부채를 차감한 것이다.
③ 기타포괄손익누계액은 미실현손익의 성격을 가진 항목으로 당기순이익에 반영된다.
④ 이익잉여금은 법정적립금, 임의적립금 및 미처분이익잉여금으로 구분표시 한다.

06 다음 중 자본조정에 해당하지 않는 항목은?

① 자기주식   ② 매도가능증권평가손실
③ 주식(매수)선택권   ④ 주식할인발행차금

07 다음 중 손익계산서 작성기준에 대한 설명으로 가장 옳지 않은 것은?

① 수익은 실현주의를 기준으로 계상한다.
② 비용은 수익비용 대응의 원칙을 적용한다.
③ 수익과 비용은 순액으로 기재함을 원칙으로 한다.
④ 수익과 비용의 인식기준은 발생주의를 원칙으로 한다.

08 다음 자료를 이용하여 상품의 매출원가를 계산하면 얼마인가?

```
• 총 매입액 : 1,500,000원      • 매입시 운반비 : 50,000원
• 기초상품재고액 : 30,000원     • 기말상품재고액 : 10,000원
```

① 1,320,000원   ② 1,350,000원   ③ 1,460,000원   ④ 1,570,000원

09 다음 중 당기제품제조원가를 계산함에 있어서 옳지 않은 설명은?

① 당기제품제조원가는 원가 3요소에 기말재공품과 기초재공품을 반영하여 계산한다.
② 기말원재료가액이 기초원재료가액보다 작을 경우 직접재료비는 당기매입원재료비보다 커진다.
③ 기말재공품가액이 기초재공품가액보다 작을 경우 당기제품제조원가는 당기총제조원가보다 커진다.
④ 당기말 미지급급여가 전기말 미지급급여보다 작을 경우 당기 발생액은 당기 지급액보다 커진다.

10 다음 자료에 의하여 당기총제조원가를 구하면?

- 당기 원재료재고 증가액 : 200,000원
- 원재료 매입액 : 2,500,000원
- 제조간접비 : 1,800,000원
- 당기 재공품재고 감소액 : 150,000원
- 당기 직접노무비 : 1,200,000원

① 5,300,000원　② 5,450,000원　③ 5,500,000원　④ 5,600,000원

11 다음 중 종합원가계산의 특징으로 가장 옳은 것은?

① 직접원가와 간접원가로 나누어 계산한다.
② 단일 종류의 제품을 연속적으로 대량 생산하는 경우에 적용한다.
③ 고객의 주문이나 고객이 원하는 형태의 제품을 생산할 때 사용되는 방법이다.
④ 제조간접원가는 원가대상에 직접 추적할 수 없으므로 배부기준을 정하여 배부율을 계산하여야 한다.

12 보조부문원가의 배부방법 중 단계배부법에 대한 설명으로 틀린 것은?

① 최초 배부되는 부문의 경우 자신을 제외한 다른 모든 부문에 배부된다.
② 보조부문간의 배부순서에 따라 순차적으로 다른 보조부문과 제조부문에 배부하는 방법이다.
③ 보조부문의 배부순서에 따라 배부액이 달라질 수 있다.
④ 보조부문 상호 간의 용역수수를 완전히 고려하므로 이론적으로 가장 타당하다.

13 다음 중 부가가치세법상 세금계산서에 대한 설명으로 가장 옳지 않은 것은?

① 원칙적으로 재화 또는 용역의 공급시기에 발급하여야 한다.
② 일정한 경우에는 재화 또는 용역의 공급시기 전에도 세금계산서를 발급할 수 있다.
③ 월합계 세금계산서는 예외적으로 재화 또는 용역의 공급일이 속하는 달의 다음 달 14일까지 세금계산서를 발급할 수 있다.
④ 법인사업자는 전자세금계산서를 의무적으로 발급하여야 한다.

14 부가가치세법상 납세지 관할 세무서장은 조기 환급신고에 따른 환급세액을 신고 기한이 지난 후 몇일 이내에 환급해야 하는가?

① 10일   ② 15일   ③ 20일   ④ 25일

15 ㈜서초는 ×1년 11월 20일 ㈜중부에게 기계장치를 11,000,000원(부가가치세 포함)에 공급하고 어음을 교부받았다. 그런데 ×2년 2월 10일 ㈜중부에 부도가 발생하여 은행으로부터 부도확인을 받았다. ㈜중부의 재산에 대한 저당권 설정은 없다. ㈜서초가 대손세액공제를 받을 수 있는 부가가치세 신고시기와 공제대상 대손세액으로 가장 올바른 것은?

	공제시기	공제대상 대손세액
①	×2년 1기 예정신고	1,000,000원
②	×2년 1기 확정신고	1,100,000원
③	×2년 2기 예정신고	1,100,000원
④	×2년 2기 확정신고	1,000,000원

실 무 시 험

㈜봉천산업(회사코드 : 3870)은 자동차부품을 제조하여 판매하는 중소기업이며, 당기(제9기) 회계기간은 2022.1.1. ~ 2022.12.31.이다. 전산세무회계 수험용 프로그램을 이용하여 다음 물음에 답하시오.

문제1 다음은 기초정보관리 및 전기분 재무제표에 대한 자료이다. 각각의 요구사항에 대하여 답하시오. (10점)

1. 전기분 원가명세서(제조)의 수선비 3,300,000원 중 450,000원은 제조부문 설비의 수선비가 아니라 영업부문 비품의 수선비이다. 전기분 재무제표 중 이와 관련된 부분(전기분 원가명세서, 전기분 손익계산서, 전기분 이익잉여금처분계산서, 전기분 재무상태표)을 모두 수정하시오. (4점)

2. 다음은 신규 거래처이다. [거래처등록] 메뉴의 신용카드 탭에 추가 등록하시오. (3점)

- 거래처코드 : 99606
- 카드번호 : 9404-1004-4352-5200
- 결제계좌 : 수협은행 54-63352-5432-1
- 거래처명 : 수협카드
- 유형 : 매입
- 카드종류 : 사업용카드

3. 다음 계정과목에 대하여 적요를 추가적으로 등록하시오. (3점)

- 코드 : 506(제수당)
- 대체적요 : 6. 자격수당 지급   7. 직책수당 지급

문제2 다음 거래 자료를 [일반전표입력] 메뉴에 추가 입력하시오(일반전표입력의 모든 거래는 부가가치세를 고려하지 말 것). (18점)

1. 7월 2일 ㈜마진상사에 지급할 외상매입금 15,000,000원 중 50%는 3개월 만기 약속어음을 발행하여 지급하고 나머지는 면제받았다. (3점)

2. 10월 1일 회사는 10월 1일 개최된 이사회에서 현금배당 80,000원의 중간배당을 결의하였다. 단, 이익준비금은 고려하지 않는 것으로 한다. (3점)

3. 11월 12일 기업이 속한 한국자동차 판매자 협회(법으로 정한 단체에 해당함)에 일반회비 250,000원과 대한적십자에 대한 기부금 500,000원을 현금으로 납부하다. (3점)

4. 11월 28일 8월 1일에 선적하여 미국 Ace Co.에 수출한 제품에 대한 외상매출금을 회수하여 원화로 당사 보통예금계좌에 입금하였다. (3점)

   - 외상매출금 : $20,000
   - 8월 1일 환율 : 1,100원/$
   - 11월 28일 환율 : 1,070원/$

5. 12월 2일 본사 영업부 직원 김부장씨가 출장에서 돌아와 6월 25일에 회사에서 지급한 출장비(가지급금) 500,000원에 대해 실제 사용한 교통비 및 숙박비 475,000원과 정산하고 잔액은 현금으로 회수하였다. 단, 가지급금에 대한 거래처를 입력한다. (3점)

6. 12월 8일 회사가 보유중인 자기주식 모두를 12,000,000원에 처분하고 매각대금은 보통예금으로 입금 되었다. 처분시점의 장부가액은 13,250,000원이다(자기주식처분이익 잔액은 조회할 것). (3점)

문제3 다음 거래 자료를 [매입매출전표입력] 메뉴에 입력하시오. (18점)

1. 8월 17일 ㈜천마에 제품을 판매하고 다음과 같이 전자세금계산서를 발급하였다. 대금은 8월 2일에 받은 계약금 1,000,000원을 제외한 나머지 금액 중 50%는 동사발행 당좌수표로 받고, 50%는 2개월 후 받기로 하였다. (3점)

전자세금계산서						승인번호		xxxxxxxx	
공급자	등록번호	106-81-74624			공급받는자	등록번호	125-85-62258		
	상호(법인명)	㈜봉천산업	성명(대표자)	김종국		상호(법인명)	㈜천마	성명(대표자)	이천용
	사업장주소	서울 관악구 관악로 104(봉천동)				사업장주소	서울 영등포구 경인로 702		
	업태	제조 외	종목	자동차부품		업태	도매	종목	전자제품
	이메일					이메일			
작성일자	공급가액		세액		수정사유				
20□.08.17.	9,000,000		900,000						
월	일	품목	규격	수량	단가	공급가액	세액	비고	
8	17	Y제품		100	90,000	9,000,000	900,000		
합계금액	현금	수표	어음	외상미수금	이 금액을	영수 청구	함		
9,900,000	5,450,000			4,450,000					

2. 8월 20일 ㈜한국테크로부터 원재료(@2,000원, 1,000개, 부가가치세 별도)를 구입하고 전자세금계산서를 발급받았다. 대금 중 1,500,000원은 약속어음을 발행(만기 : 내년 11월 20일)했으며 나머지는 자기앞수표로 지급하였다. (3점)

전자세금계산서						승인번호		xxxxxxxx	
공급자	등록번호	105-81-23608			공급받는자	등록번호	106-81-74624		
	상호(법인명)	㈜한국테크	성명(대표자)	최한국		상호(법인명)	㈜봉천산업	성명(대표자)	김종국
	사업장주소	광주시 동구 학동 21				사업장주소	서울 관악구 관악로 104(봉천동)		
	업태	제조/도소매	종목	전자제품외		업태	제조 외	종목	자동차부품
	이메일					이메일			
작성일자	공급가액		세액		수정사유				
20□.08.20.	2,000,000		200,000						
월	일	품목	규격	수량	단가	공급가액	세액	비고	
8	20	부품		1,000	2,000	2,000,000	200,000		
합계금액	현금	수표	어음	외상미수금	이 금액을	영수 청구	함		
2,200,000	700,000		1,500,000						

3. 9월 3일 비사업자인 개인 최지유(720105-1254525)에게 제품을 330,000원(부가가치세 포함)에 현금으로 판매하고 주민등록번호로 전자세금계산서를 발급하였다. (3점)

4. 10월 1일 구매확인서에 의해 수출용 제품에 대한 원재료(공급가액 30,000,000원)를 ㈜봄날로부터 매입하고 영세율 전자세금계산서를 발급받았다. 매입대금 중 13,000,000원은 ㈜운천으로부터 받아 보관 중인 약속어음을 배서양도하고, 나머지 금액은 6개월 만기의 당사 발행 약속어음으로 지급하였다. (3점)

영세율 전자세금계산서						승인번호		xxxxxxxx	
공급자	등록번호	122-81-21323			공급받는자	등록번호	106-81-74624		
	상호(법인명)	㈜봄날	성명(대표자)	김하범		상호(법인명)	㈜봉천산업	성명(대표자)	김종국
	사업장주소	서울 관악구 봉천동 458				사업장주소	서울 관악구 관악로 104(봉천동)		
	업태	제조/도소매	종목	전자부품		업태	제조 외	종목	자동차부품
	이메일					이메일			
작성일자	공급가액		세액		수정사유				
20□.10.1.	30,000,000		0						
비고									

월	일	품목	규격	수량	단가	공급가액	세액	비고
10	1	부품				30,000,000	0	

합계금액	현금	수표	어음	외상미수금	이 금액을	영수/청구 함
30,000,000			13,000,000	17,000,000		

5. 10월 9일 영업부 직원의 교육을 위해 도서를 구입하면서 ㈜교보문고로부터 다음과 같은 현금영수증을 발급받았다. (3점)

```
              ㈜교보문고
         114-81-80641           이교문
     서울 송파구 문정동 101-2 TEL:3289-8085
     홈페이지 http://www.kyobo.or.kr
              현금(지출증빙)
   구매 20□/10/09/17:06   거래번호 : 0026-0107
       상품명              수량          금액
       업무처리해설서         1         80,000
       재고관리입문서         1        120,000
       급여지급지침서         1        100,000

       합   계                       300,000
       받은금액                      300,000
              현금          300,000
```

6. 10월 20일 매출거래처 ㈜경원으로부터 외상매출금 5,500,000원을 회수하면서 약정기일보다 10일 빠르게 회수되어 2%를 할인해 주고, (-)전자세금계산서를 발급하였다(외상매출금 회수 분개는 생략하고, (-)세금계산서 발급 부분만 매입매출전표에 입력하고 제품매출 계정에서 직접 차감하는 방식으로 분개할 것). (3점)

문제4 [일반전표입력] 및 [매입매출전표입력] 메뉴에 입력된 내용 중 다음과 같은 오류가 발견되었다. 입력된 내용을 확인하여 정정하시오. (6점)

1. 8월 10일 제조부서 공장건물의 유리창 교체작업을 한 후 400,000원(부가가치세 별도)을 ㈜다본다에 자기앞수표로 지급하고 전자세금계산서를 발급받았다. 본 작업은 수익적 지출에 해당하지만 자본적 지출로 잘못 처리하였다. (3점)

2. 12월 30일 12월 30일 현재 선적이 완료되어 운송 중인 원재료 20,000,000원이 있으며, 이에 대한 전표처리가 누락되어 있음을 발견하였다. 당 원재료의 수입계약은 AmaZon과의 선적지 인도조건이며 대금은 도착 후 1개월 이내에 지급하기로 하였다. (3점)

문제5 결산정리사항은 다음과 같다. 해당 메뉴에 입력하시오. (9점)

1. 국일은행으로부터 차입한 장기차입금 중 25,000,000원이 만기가 1년 미만으로 도래하였다. (3점)

2. 9월 1일에 1년분(당기 9월 1일 ~ 차기 8월 31일)의 판매관리비인 임차료 18,000,000원을 현금으로 지급하고 비용으로 처리하였다. 월할 계산하시오. (3점)

3. 기말 결산일 현재 현금과부족 계정의 원인을 발견하지 못하였다. (3점)

문제6 다음 사항을 조회하여 답안을 [이론문제 답안작성] 메뉴에 입력하시오. (9점)

1. 제1기 부가가치세 예정신고기간(1월 ~ 3월)의 부가가치세 매입세액 중 공제받지 못할 매입세액은 얼마인가? (3점)

2. 1월부터 3월까지의 누적현금지급액은 얼마인가? (3점)

3. 6월 현재 당좌자산은 전기말 당좌자산보다 얼마나 증감하였는가? (3점)

이론시험 답안 및 해설 (제87회)

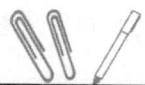

답안	1. ③	2. ①	3. ①	4. ④	5. ③
	6. ②	7. ③	8. ④	9. ④	10. ①
	11. ②	12. ④	13. ③	14. ②	15. ④

01 자산, 부채, 자본 중 중요한 항목은 재무상태표 본문에 별도 항목으로 구분하여 표시한다. 중요하지 않은 항목은 성격 또는 기능이 유사한 항목에 통합하여 표시할 수 있으며, 통합할 적절한 항목이 없는 경우에는 기타항목으로 통합할 수 있다. (일반기업회계기준 문단2.34)

02 재무제표 작성순서

   ㉠ 제조원가명세서에서 당기제품제조원가를 산출하여 손익계산서의 매출원가를 계산한다.

   ㉡ 손익계산서에서 당기순이익을 산출하여 이익잉여금처분계산서의 미처분이익잉여금을 계산한다.

   ㉢ 이익잉여금처분계산서에서 미처분이익잉여금을 산출하여 재무상태표의 이익잉여금을 계산한다.

03 선입선출법이 실제물량 흐름과 일치하는 평가방법이다.

   [해설] ③ 물가상승시 매출원가 크기 : 후입선출법 > 총평균법 > 이동평균법 > 선입선출법

04 프로젝트의 연구단계에서는 미래경제적효익을 창출할 무형자산이 존재한다는 것을 입증할 수 없기 때문에 연구단계에서 발생한 지출은 무형자산으로 인식할 수 없고 발생한 기간의 비용으로 인식한다. (일반기업회계기준 11.19)

   [해설] 일반기업회계기준 제11장 무형자산

   실11.13 연구단계에 속하는 활동의 일반적인 예는 다음과 같다.

   (1) 새로운 지식을 얻고자 하는 활동

   (2) 연구결과 또는 기타 지식을 탐색, 평가, 최종 선택 및 응용하는 활동

   (3) 재료, 장치, 제품, 공정, 시스템, 용역 등에 대한 여러 가지 대체안을 탐색하는 활동

   (4) 새롭거나 개선된 재료, 장치, 제품, 공정, 시스템, 용역 등에 대한 여러 가지 대체안을 제안, 설계, 평가 및 최종 선택하는 활동

   실11.14 개발단계에 속하는 활동의 일반적인 예는 다음과 같다.

   (1) 생산 전 또는 사용 전의 시작품과 모형을 설계, 제작 및 시험하는 활동

   (2) 새로운 기술과 관련된 공구, 금형, 주형 등을 설계하는 활동

   (3) 상업적 생산목적이 아닌 소규모의 시험공장을 설계, 건설 및 가동하는 활동

(4) 새롭거나 개선된 재료, 장치, 제품, 공정, 시스템 및 용역 등에 대하여 최종적으로 선정된 안을 설계, 제작 및 시험하는 활동

05 기타포괄손익누계액은 미실현손익의 성격을 가진 항목으로 당기순이익에 반영되지 않는다.

06 매도가능증권평가손실은 기타포괄손익누계액에 해당한다.

[해설] ③ 주식(매수)선택권이란 보유자에게 특정기간 고정가격 또는 결정가능한 가격으로 기업의 주식을 취득할 수 있는 권리를 부여하는 계약을 말한다. 주식(매수)선택권은 자본조정 항목에 해당한다.

07 수익과 비용은 총액으로 기재함을 원칙으로 한다.

08 기초상품재고액 + (총 매입액 + 매입시 운반비) − 기말상품재고액 = 매출원가
└ 30,000 + (1,500,000 + 50,000) − 10,000 = 1,570,000원

09 당월소비액 = 당월지급액 − 당월선급액 − 전월미지급액 + 전월선급액 + 당월미지급액
≒ 당기발생액(小) = 당기지급액(大) − 전기말미지급액(50) + 당기말미지급액(40)

따라서, 당기말 미지급급여가 전기말 미지급급여보다 작을 경우 당기발생액은 당기지급액보다 작아진다.

[해설] ① 원가 3요소(재료비, 노무비, 제조경비) + 기초재공품 − 기말재공품 = 당기제품제조원가
② 당기매입원재료(小) + 기초원재료(50) − 기말재재료(40) = 직접재료비(大)
③ 당기총제조원가(小) + 기초재공품(50) − 기말재공품(40) = 당기제품제조원가(大)

10 기초 원재료재고액 + 당기 원재료매입액 − 기말 원재료재고액 = 원재료비
당기 원재료매입액 + (기초 원재료재고액 − 기말 원재료재고액) = 원재료비
당기 원재료매입액 − 당기 원재료재고 증가액 = 원재료비
└ 2,500,000 − 200,000 = 2,300,000원

원재료비 + 당기 직접노무비 + 제조간접비 = 당기총제조원가
└ 2,300,000 + 1,200,000 + 1,800,000 = 5,300,000원

[해설] 당기 원재료재고가 200,000원 증가했다는 것은 기초원재료재고액 보다 기말원재료재고액이 200,000원 더 크다는 것이다.

11 종합원가계산은 단일 종류의 제품을 연속적으로 대량 생산하는 경우에 적용한다.

[해설] ①, ③, ④는 개별원가계산의 특징에 해당한다.

12 보조부문 상호 간의 용역수수를 완전히 고려하는 방법은 상호배부법이다.

13. 월합계 세금계산서는 예외적으로 재화 또는 용역의 공급일이 속하는 달의 다음 달 10일까지 세금계산서를 발급할 수 있다.

14. 조기환급에 따른 환급세액은 각 예정신고기간(또는 과세기간)별로 그 예정신고기한(또는 확정신고기한)이 지난 후 15일 이내에 사업자에게 환급하여야 한다.

15. 대손세액은 부도발생일(×2년 2월 10일)로부터 6개월이 경과한 날(×2년 8월 11일)이 속하는 과세기간의 확정신고기간의 매출세액에서 공제한다.

[해설] 대손세액공제 금액 : 대손금액(11,000,000) × 10/110 = 1,000,000원

실무시험 답안 및 해설 (제87회)

문제1 기초정보관리

1. **전기이월작업**
   ① [전기분재무제표]>[전기분원가명세서]에서 [520.수선비]란을 2,850,000원으로 수정 입력하고, [당기제품제조원가]란 291,959,000원을 확인한다.
   ② [전기분손익계산서]에서 [455.제품매출원가]란에 커서를 놓고 키보드의 키를 치고 「매출원가」 보조창의 [당기제품제조원가]란을 291,959,000원으로 수정 입력한다. 「매출원가」 보조창을 닫고 [820.수선비]란을 3,650,000원으로 수정 입력하고, [당기순이익]란 121,091,000원을 확인한다.
   ③ [전기분잉여금처분계산서]에서 상단 툴바의 를 클릭하고, [당기순이익]란 121,091,000원과 [미처분이익잉여금]란 145,591,000원을 확인한다.
   ④ [전기분재무상태표]에서 [375.이월이익잉여금]란 145,591,000원을 확인한다.

2. **거래처등록**
   [기초정보관리]>[거래처등록]에서 『신용카드』 탭을 선택하고, 코드 99606번으로 거래처를 등록한다.

3. **계정과목 및 적요등록**
   [계정과목및적요등록]에서 "506.제수당"를 선택하고, 화면 우측에
   ㉠ 적요No(6)/ 대체적요(자격수당 지급)를 입력하고,
   ㉡ 적요No(7)/ 대체적요(직책수당 지급)를 입력한다.

문제2 일반전표입력

1. 7월 2일 : (차) 251.외상매입금   15,000,000 / (대) 252.지급어음   7,500,000
        (거래처 : ㈜마진상사)   (거래처 : ㈜마진상사)
                                  (대) 918.채무면제이익   7,500,000

2. 10월 1일 : (차) 375.이월이익잉여금   80,000 / (대) 265.미지급배당금   80,000

3. 11월 12일 : (차) 817.세금과공과   250,000 / (대) 101.현금   750,000
         (차) 953.기부금   500,000

   [해설] 영업자가 조직한 단체에 대한 일반회비는 세금과공과금에, 특별회비는 기부금에 해당한다.

4. 11월 28일 : (차) 103.보통예금   21,400,000 / (대) 108.외상매출금   22,000,000
         (차) 952.외환차손   600,000   (거래처 : 미국 Ace Co.)

   [해설] 외상매출금 : $20,000×1,100/$ = 22,000,000원
        보통예금 : $20,000×1,070/$ = 21,400,000원

5. 12월 2일 : (차) 812.여비교통비   475,000 / (대) 134.가지급금   500,000
         (차) 101.현금   25,000   (거래처 : 김부장)

6. 12월 8일 : (차) 103.보통예금   12,000,000 / (대) 383.자기주식   13,250,000
         (차) 343.자기주식처분이익   250,000
         (차) 390.자기주식처분손실 1,000,000

   [해설] [결산/재무제표]>[합계잔액시산표]에서 기간(12월 8일)을 입력하고 자기주식처분이익 계정의 잔액 250,000원을 확인한다. 자기주식처분손실 발생시에 장부상 자기주식처분이익 계정 잔액이 존재하는 경우에는 자기주식처분이익의 범위내에서 자기주식처분이익과 우선 상계한다.

문제3 매입매출전표입력

1. 8월 17일 : 유형(11.과세)/ 품목(Y제품)/ 수량(100)/ 단가(90,000)/ 공급가액(9,000,000)/ 부가세(900,000)/ 공급처명(㈜천마)/ 전자(1 : 여)/ 분개(3.혼합)
   (대변) 255.부가세예수금   900,000
   (대변) 404.제품매출   9,000,000
   (차변) 259.선수금   1,000,000
   (차변) 101.현금   4,450,000
   (차변) 108.외상매출금   4,450,000

2. 8월 20일 : 유형(51.과세)/ 품목(부품)/ 수량(1,000)/ 단가(2,000)/ 공급가액(2,000,000)/ 부가세(200,000)/ 공급처명(㈜한국테크)/ 전자(1:여)/ 분개(3.혼합)
   (차변) 135.부가세대급금   200,000
   (차변) 153.원재료   2,000,000
   (대변) 252.지급어음   1,500,000
   (대변) 101.현금   700,000

3. 9월 3일 : 유형(11.과세)/ 품목(제품)/ 수량( )/ 단가( )/ 공급가액(300,000)/ 부가세(30,000)/ 공급처명(최지유)/ 전자(1:여)/ 분개(1.현금)
   (입금) 255.부가세예수금   30,000
   (입금) 404.제품매출   300,000

4. 10월 1일 : 유형(52.영세)/ 품목(부품)/ 수량( )/ 단가( )/ 공급가액(30,000,000)/ 부가세( )/ 공급처명(㈜봄날)/ 전자(1:여)/ 분개(3.혼합)
   (차변) 153.원재료   30,000,000
   (대변) 110.받을어음   13,000,000   (거래처 : ㈜운천)
   (대변) 252.지급어음   17,000,000
   [해설] 받을어음의 거래처를 "㈜운천"으로 변경한다.

5. 10월 9일 : 유형(62.현면)/ 품목(도서)/ 수량( )/ 단가( )/ 공급가액(300,000)/ 부가세( )/ 공급처명(㈜교보문고)/ 분개(1.현금)
   (출금) 826.도서인쇄비   300,000
      (또는 825.교육훈련비)
   [출제위원] 도서를 구입하고 현금영수증을 받았기 때문에 현면에 해당하는 "도서인쇄비(판)"로 처리하는 것으로 출제하였으나 앞부분의 직원 교육을 위해 도서를 구입하였다면 포괄적인 "교육훈련비(판)"로도 처리가 가능할 것으로 보입니다. 따라서 도서인쇄비와 교육훈련비를 모두 정답으로 인정합니다.

6. 10월 20일 : 유형(11.과세)/ 품목( )/ 수량( )/ 단가( )/ 공급가액(-100,000)/ 부가세(-10,000)/ 공급처명(㈜경원)/ 전자(1:여)/ 분개(2.외상)
   (차변) 108.외상매출금   -110,000
   (대변) 255.부가세예수금   -10,000
   (대변) 404.제품매출   -100,000

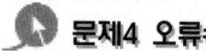 문제4 오류수정

1. [전표입력]>[매입매출전표입력]에서 8월 10일 전표를 다음과 같이 수정 입력한다.
   수정 전 : 유형(51.과세)/ 품목(유리창 교체작업)/ 수량( )/ 단가( )/ 공급가액(400,000)/ 부가세(40,000)/ 공급처명(㈜다본다)/ 전자(1:여)/ 분개(3.혼합)

(차변) 135.부가세대급금　　　　　40,000
(차변) 202.건물　　　　　　　　400,000
(대변) 101.현금　　　　　　　　　　　　　　440,000

수정 후 : 유형(51.과세)/ 품목(유리창 교체작업)/ 수량( )/ 단가( )/ 공급가액(400,000)/ 부가세(40,000)/ 공급처명(㈜다본다)/ 전자(1 : 여)/ 분개(3.혼합)
(차변) 135.부가세대급금　　　　　40,000
(차변) 520.수선비　　　　　　　400,000
(대변) 101.현금　　　　　　　　　　　　　　440,000

2. [일반전표입력]에서 12월 30일에 다음과 같이 추가 입력한다.
　12월 30일 : (차) 153.원재료　　20,000,000　/　(대) 251.외상매입금　20,000,000
　　　　　　　　(또는 168.미착품)　　　　　　　　　　(거래처 : AmaZon)

문제5 결산정리

1단계 [일반전표입력] 메뉴에서 수동분개

[전표입력]>[일반전표입력]에서 결산일자(12월 31일)로 수동분개를 한다.

1. 12월 31일 : (차) 293.장기차입금　25,000,000　/　(대) 264.유동성장기부채　25,000,000
　　　　　　　　(거래처 : 국일은행)　　　　　　　　(거래처 : 국일은행)

2. 12월 31일 : (차) 133.선급비용　12,000,000　/　(대) 819.임차료　12,000,000
　[해설] 임차료 선급분 : 18,000,000 × (차기 8개월/총 12개월) = 12,000,000원

3. 12월 31일 : (차) 141.현금과부족　370,000　/　(대) 930.잡이익　370,000
　[해설] [결산/재무제표]>[합계잔액시산표]에서 기간(12월 31일)을 입력하고 현금과부족 계정의 차변 잔액 −370,000원(대변 잔액을 의미함)을 확인한다.

2단계 [결산자료입력] 메뉴에서 해당란에 입력
− 입력할 내용은 없음 −

3단계 [일반전표입력] 메뉴에 결산분개 추가

입력이 완료되면 상단 툴바의 를 클릭하고 대화창에서 [예(Y)]를 클릭하여, [일반전표입력]에 결산분개를 추가한다.

　[해설] [결산자료입력] 메뉴에 추가로 입력할 내용이 없는 경우 2단계와 3단계는 채점대상이 아니므로 생략가능하다.

문제6 장부조회

1. [부가가치]>[신고서/부속명세]>[부가가치세신고서]에서 『일반과세』 탭을 선택하고 조회기간(1월 1일 ~ 3월 31일)을 입력하고, 매입세액 [공제받지못할매입세액(16)]란의 세액을 확인한다.

   ● 답안 : 800,000원

2. [회계관리]>[장부관리]>[현금출납장]에서 『전체』 탭을 선택하고 기간(1월 1일 ~ 3월 31일)을 입력하고 출금의 [누계]란의 금액을 확인한다.

   ● 답안 : 70,527,200원

3. [결산/재무제표]>[재무상태표]에서 기간(6월)을 입력하고 제 9(당)기와 제 8(전)기의 [당좌자산]란의 금액을 확인한다.

   ● 답안 : 340,213,400원

   [해설] 당기 당좌자산(786,213,400) - 전기 당좌자산(446,000,000) = 340,213,400원

제 86회 기출문제 (이론+실무)

도전
26.50%
합격률

- 회사코드 : 3860
- 회 사 명 : ㈜나라전자
- 제한시간 : 60분

이 론 시 험

다음 문제를 보고 알맞은 것을 골라 [이론문제 답안작성] 메뉴에 입력하시오. (※ 객관식 문항당 2점)

01 다음은 이론상 회계순환과정의 일부이다. 순서가 가장 옳은 것은?

① 수정후시산표 ⇨ 기말수정분개 ⇨ 수익·비용계정 마감 ⇨ 집합손익계정 마감 ⇨ 자산·부채·자본계정 마감 ⇨ 재무제표 작성
② 수정후시산표 ⇨ 기말수정분개 ⇨ 자산·부채·자본계정 마감 ⇨ 수익·비용계정 마감 ⇨ 집합손익계정 마감 ⇨ 재무제표 작성
③ 기말수정분개 ⇨ 수정후시산표 ⇨ 수익·비용계정 마감 ⇨ 집합손익계정 마감 ⇨ 자산·부채·자본계정 마감 ⇨ 재무제표 작성
④ 기말수정분개 ⇨ 수정후시산표 ⇨ 자산·부채·자본계정 마감 ⇨ 집합손익계정 마감 ⇨ 수익·비용계정 마감 ⇨ 재무제표 작성

02 다음 중 유가증권의 취득원가와 평가에 대한 설명으로 가장 옳지 않은 것은?

① 단기매매증권의 취득원가는 취득을 위하여 제공한 대가의 시장가격에 취득시 발생한 부대비용을 포함한 가액으로 측정한다.
② 매도가능증권평가손익은 기타포괄손익누계액으로 재무상태표에 반영된다.
③ 유가증권 처분시 발생하는 증권거래 수수료 등의 부대비용은 처분가액에서 차감하여 회계처리 한다.
④ 만기보유증권은 기말에 상각후 원가법으로 평가한다.

03 다음 매출채권에 관한 설명 중 가장 잘못된 것은?

① 매출채권은 일반적인 상거래에서 발생한 외상매출금과 받을어음을 말한다.
② 매출채권과 관련된 대손충당금은 대손이 발생 전에 사전적으로 설정하여야 한다.
③ 매출채권은 재무상태표에 대손충당금을 표시하여 회수가능한 금액으로 표시할 수 있다.
④ 상거래에서 발생한 매출채권과 기타 채권에서 발생한 대손상각비 모두 판매비와관리비로 처리한다.

04 다음은 회계상 거래의 결합관계를 표시한 것이다. 옳지 않은 것은?

거 래	거래의 결합관계
① 대형 가습기를 150만원에 현금 구입하였다.	자산의 증가 - 자산의 감소
② 주식발행으로 2억원을 현금 조달하였다.	자산의 증가 - 자본의 증가
③ 제품을 30만원에 현금으로 매출하였다.	자산의 증가 - 비용의 감소
④ 관리부 직원의 출산 축의금 10만원을 현금 지급하였다.	비용의 발생 - 자산의 감소

05 다음 중 사채에 대한 설명으로 틀린 것은?
① 유효이자율법 적용시 사채할인발행차금 상각액은 매년 감소한다.
② 사채할인발행차금은 당해 사채의 액면가액에서 차감하는 형식으로 기재한다.
③ 인쇄비, 수수료등 사채발행비용은 사채의 발행가액에서 차감한다.
④ 사채할인발행차금은 유효이자율법으로 상각하고 그 금액을 사채이자에 포함한다.

06 다음 중 부채로 분류할 수 없는 계정과목은?
① 당좌차월   ② 외상매입금
③ 대손충당금   ④ 미지급비용

07 자본금 10,000,000원인 회사가 현금배당(자본금의 10%)과 주식배당(자본금의 10%)을 각각 실시하는 경우, 이 회사가 적립해야 할 이익준비금의 최소 금액은 얼마인가? (현재 재무상태표상 이익준비금 잔액은 500,000원이다.)

① 50,000원   ② 100,000원   ③ 150,000원   ④ 200,000원

08 다음 중 일반기업회계기준에 의한 수익인식기준으로 틀린 것은?
① 위탁판매 : 수탁자가 제3자에게 판매한 시점
② 반품조건부판매(시용판매) : 구매자가 인수를 수락한 시점 또는 반품기간의 종료시점
③ 상품권판매 : 상품권을 판매한 날
④ 할부판매 : 재화가 인도되는 시점

09 다음 중 원가에 대한 설명으로 가장 옳은 것은?

① 직접노무비는 기초원가에 포함되지만 가공원가에 포함되지는 않는다.
② 직접재료비는 기초원가와 가공원가 모두 해당된다.
③ 매몰원가는 의사결정과정에 영향을 미치는 원가를 말한다.
④ 제조활동과 직접 관련없는 판매활동과 일반관리활동에서 발생하는 원가를 비제조원가라 한다.

10 다음 자료를 기초로 당기제품제조원가를 계산하면?

- 기초제품재고액 : 250,000원
- 기말제품재고액 : 120,000원
- 매출원가 : 840,000원

① 370,000원　② 710,000원　③ 960,000원　④ 1,210,000원

11 다음 중 보조부문원가 배부방법에 대한 설명으로 옳지 않은 것은?

① 상호배부법은 단계배부법에 비해 순이익을 높게 계상하는 배부방법이다.
② 보조부문원가 배부방법 중 가장 정확성이 높은 방법은 상호배부법이다.
③ 보조부문원가 배부방법 중 배부순위를 고려하여 배부하는 것은 단계배부법이다.
④ 보조부문원가 배부방법 중 직접배부법이 가장 단순한 방법이며, 배부순위도 고려하지 않는다.

12 개별원가계산과 종합원가계산의 차이점을 설명한 것 중 틀린 것은?

① 종합원가계산은 동종제품을 연속적으로 대량 생산하는 업종에 적합한 방법이다.
② 개별원가계산은 종합원가계산에 비해 제품별 정확한 원가계산이 가능하다.
③ 개별원가계산은 직접비, 간접비의 구분과 제조간접비의 배부가 중요한 방식이다.
④ 종합원가계산은 작업원가표에 의해 원가를 배부한다.

13 다음 중 부가가치세법에 대한 설명으로 옳지 않은 것은?

① 부가가치세는 일반소비세이며 간접세에 해당한다.
② 현행 부가가치세는 전단계거래액공제법을 채택하고 있다.
③ 부가가치세의 역진성을 완화하기 위하여 면세제도를 두고 있다.
④ 소비지국과세원칙을 채택하여 수출재화 등에 영세율이 적용된다.

14 다음 중 부가가치세법상 재화의 간주공급에 해당되지 않는 것은?

① 사업상 증여   ② 현물출자
③ 폐업시 잔존재화   ④ 개인적 공급

15 부가가치세법상 사업자가 행하는 다음의 거래 중 부가가치세가 과세되는 것은?

① 상가에 부수되는 토지의 임대   ② 주택의 임대
③ 국민주택 규모 이하의 주택의 공급   ④ 토지의 공급

실 무 시 험

㈜나라전자(회사코드 : 3860)은 전자제품을 제조하여 판매하는 중소기업이며, 당기(제11기) 회계기간은 2022.1.1. ~ 2022.12.31.이다. 전산세무회계 수험용 프로그램을 이용하여 다음 물음에 답하시오.

문제1 다음은 기초정보관리와 전기분 재무제표에 대한 자료이다. 각각의 요구사항에 대하여 답하시오. (10점)

1. 전기분 재무상태표에서 다음과 같은 오류를 확인하였다. 관련된 전기분 재무제표를 적절히 수정하시오. (4점)

> 원재료 재고액은 9,500,000원이나 7,000,000원으로 잘못 입력된 것을 확인하였다.

2. 다음 전기분 거래처별 채권잔액을 참고하여 해당 메뉴에 수정 입력하시오. (3점)

계정과목	거래처	금액	합계
단기대여금	㈜세움상사	5,000,000원	9,800,000원
	㈜사랑상사	4,800,000원	
외상매입금	㈜미래엔상사	2,500,000원	6,800,000원
	㈜아이필	4,300,000원	

3. 회사가 사용하는 다음의 법인카드를 기초정보등록의 [거래처등록] 메뉴에서 거래처(신용카드)에 입력하시오. (3점)

- 코드번호 : 99600
- 유형 : 매입
- 카드종류(매입) : 사업용카드
- 상호 : 해피카드
- 카드번호 : 4500-1101-0052-6668

문제2 다음 거래 자료를 [일반전표입력] 메뉴에 추가 입력하시오(일반전표입력의 모든 거래는 부가가치세를 고려하지 말 것). (18점)

1. 7월 14일 단기매매차익을 목적으로 상장회사인 ㈜세무의 주식 100주를 주당 35,000원(액면가액 25,000원)에 구입하고 100주에 대한 매입수수료 5,000원을 포함하여 당사의 보통예금계좌에서 지급하였다(매입수수료는 영업외비용으로 처리할 것). (3점)

2. 7월 31일 ㈜금호전자의 부도로 외상매출금 잔액 2,700,000원이 회수불가능하여 대손처리 하였다(단, 대손처리하기 전 재무상태표상 대손충당금잔액을 조회하여 회계처리 할 것). (3점)

3. 9월 11일 일본 홋카이상사로부터 ¥400,000을 2년 후 상환조건으로 차입하고, 대구은행의 보통예금계좌에 예입하였다. 단, 9월 11일 현재 대고객매입율은 ¥100=1,100원이고 외화의 장기차입인 경우에도 장기차입금 계정을 사용하기로 한다. (3점)

4. 9월 25일 공장 신축용 토지를 취득하였으며, 취득대가로 당사의 주식 100주(주당 액면금액 5,000원)를 신규 발행하여 교부하였다. 취득 당시 토지의 공정가치는 1,000,000원이다. (3점)

5. 10월 2일 동아전자에 대한 외상매출금 15,000,000원에 대하여 다음의 약속어음을 배서양도 받고, 나머지 금액은 동점 발행 당좌수표로 받았다. (3점)

```
약 속 어 음
동아전자 귀하
금 ₩ 10,000,000원
위의 금액을 귀하 또는 귀하의 지시인에게 이 약속어음과 상환하여 지급하겠습니다.

지급기일 : 당기 11.02.         발행일 : 당기 09.02.
지급지   ****************     발행지 ********************
지급장소 **************       주소   ********************
                              발행인 (주)평화산업
```

6. 11월 14일 영업직 직원에 대한 일본뇌염 예방접종을 세계로병원에서 실시하고, 접종 비용 2,500,000원을 법인카드인 신한카드로 결제하였다. 단, 미지급금으로 회계처리 한다. (3점)

문제3 다음 거래 자료를 [매입매출전표입력] 메뉴에 입력하시오. (18점)

1. 8월 1일 ㈜진영상사에 당사의 제품을 판매한 것과 관련된 아래의 전자세금계산서를 보고 [매입매출전표입력] 메뉴에 입력하시오. (3점)

전자세금계산서								승인번호		xxxxxxxxx	
공급자	등록번호	104 - 81 - 51358				공급받는자	등록번호	217 - 81 -16055			
	상호(법인명)	㈜나라전자	성명(대표자)		김나라		상호(법인명)	㈜진영상사	성명(대표자)		홍진영
	사업장주소	서울시 강남구 강남대로 494					사업장주소	서울시 강남구 밤고개로1길 10			
	업태	제조, 도소매	종목		전자제품		업태	도소매	종목		컴퓨터
	이메일						이메일				
작성일자		공급가액		세액			수정사유				
20□. 08. 01.		15,000,000		1,500,000							
월	일	품목	규격	수량	단가		공급가액	세액		비고	
8	1	마이크		300	50,000		15,000,000	1,500,000			
합계금액		현금	수표		어음		외상미수금	이 금액을	영수	함	
16,500,000		2,200,000					14,300,000		청구		

2. 8월 20일 공장에서 사용할 1톤 화물차를 기현자동차로부터 구입하고 전자세금계산서를 교부받았으며, 대금은 1개월 후 지급하기로 하다. (3점)

전자세금계산서								승인번호		xxxxxxxxx	
공급자	등록번호	137 - 81 - 56538				공급받는자	등록번호	104 - 81 - 51358			
	상호(법인명)	㈜기현자동차	성명(대표자)		최현기		상호(법인명)	㈜나라전자	성명(대표자)		김나라
	사업장주소	서울 영등포구 여의로길 23					사업장주소	서울시 강남구 강남대로 494			
	업태	제조, 판매	종목		자동차		업태	제조, 도소매	종목		전자제품
	이메일						이메일				
작성일자		공급가액		세액			수정사유				
20□. 08. 20.		19,000,000		1,900,000							
월	일	품목	규격	수량	단가		공급가액	세액		비고	
8	20	화물차					19,000,000	1,900,000			
합계금액		현금	수표		어음		외상미수금	이 금액을	영수	함	
20,900,000							20,900,000		청구		

3. 10월 10일 공장 신축을 위해 ㈜방배로부터 건물이 있는 토지를 취득하였으며 토지가액은 10,000,000원, 건물가액은 1,000,000원이다(부가세 별도). 건물 취득에 대하여 전자세금계산서를 수취하고 대금은 당좌수표를 발행하여 결제하였으며 동 건물은 철거예정이다(단, 전자세금계산서 수취분에 대해서만 매입매출전표에 입력하고 분개할 것). (3점)

4. 10월 18일 영업부서에서 사용할 소모성 물품을 일반과세자인 ㈜슬라임에서 현금으로 구입하고, 다음의 현금영수증(지출증빙)을 수령하였다(단, 자산으로 처리할 것). (3점)

```
            ㈜슬라임
    208-81-56451              최서우
 서울 송파구 문정동 99-2 TEL : 3489-8076
 홈페이지 http : //www.kacpta.or.kr

          현금(지출증빙)
 구매 20□/10/18/14 : 06 거래번호 : 0029-0177
    상품명        수량           금액
    물품대         10          55,000원

              과세물품가액       50,000원
              부  가  세        5,000원
   합   계                     55,000원
   받은금액                    55,000원
```

5. 11월 2일 ㈜정연에 수출관련 구매확인서에 근거하여 제품(공급가액 22,000,000원)을 공급하고 영세율 전자세금계산서를 발급하였다. 기 수령한 계약금 3,000,000원을 제외한 대금은 외상으로 하였다. (3점)

6. 11월 28일 영업부에서 매출 거래처 접대목적으로 제공할 물품을 ㈜동양마트에서 300,000원(부가가치세 별도, 전자세금계산서 교부받음)에 구입하고 대금은 현금으로 지급하였다. (3점)

전자세금계산서						승인번호		xxxxxxxx	
공급자	등록번호	105 - 81 - 23608			공급받는자	등록번호	104 - 81 - 51358		
	상 호 (법인명)	㈜동양마트	성 명 (대표자)	박동양		상 호 (법인명)	㈜나라전자	성 명 (대표자)	김나라
	사업장주소	대구시 수성구 대흥동 21				사업장주소	서울시 강남구 강남대로 494		
	업 태	도소매	종목	식품 등		업 태	제조, 도소매	종 목	전자제품
	이메일					이메일			
작성일자		공 급 가 액		세 액		수정사유			
20□. 11. 28.		300,000		30,000					
월	일	품 목	규격	수량	단 가	공 급 가 액	세 액	비 고	
11	28	음료 등				300,000	30,000		
합계금액		현 금		수 표		어 음	외상미수금	이 금액을	영수 함 청구
330,000		330,000							

문제4 [일반전표입력] 및 [매입매출전표입력] 메뉴에 입력된 내용 중 다음과 같은 오류가 발견되었다. 입력된 내용을 확인하여 정정하시오. (6점)

1. 11월 10일 업무에 사용 중인 공장화물차에 대해 ㈜오일정유에서 주유하면서 330,000원(부가세 포함)을 법인카드(축협카드)로 결제하였다. 회계담당자는 매입매출전표입력에서 매입세액을 공제받지 못한 것으로 처리하였다. (3점)

2. 11월 23일 회사는 확정급여형(DB형)퇴직연금에 가입하고, 11월 23일 처음으로 당월분 퇴직연금 1,500,000원을 보통예금에서 지급하였다. 회사가 은행에 지급한 퇴직연금에 대해서 아래와 같이 회계처리 하였다. (3점)

(차) 퇴직급여(판매관리비)	1,500,000원	/	(대) 보통예금	1,500,000원

문제5 결산정리사항은 다음과 같다. 해당 메뉴에 입력하시오. (9점)

1. 결산일 현재 당기에 계상 될 감가상각비는 다음과 같다. (3점)

- 기계장치 감가상각비(생산부) : 2,000,000원
- 비품 감가상각비(영업부) : 450,000원
- 개발비 상각비 : 300,000원

2. 당기 법인세비용은 12,500,000원이다. 기중에 납부한 중간예납세액 및 원천징수세액이 6,000,000원이 있다. (3점)

3. 매출채권(외상매출금, 받을어음) 잔액에 대하여 보충법을 사용하여 대손충당금을 설정한다. 단, 대손설정률은 1%이라고 가정한다. (3점)

문제6 다음 사항을 조회하여 답안을 [이론문제 답안작성] 메뉴에 입력하시오. (9점)

1. 1기 확정(4월 ~ 6월) 부가가치세 신고기간 중 카드로 매출된 공급대가는 얼마인가? (3점)

2. 1기 확정(4월 ~ 6월) 부가가치세 신고기간 중 신용카드로 매입한 사업용 고정자산의 금액은 얼마인가? (3점)

3. 6월말 차량운반구의 장부금액은 얼마인가? (3점)

이론시험 답안 및 해설 (제86회)

답안	1. ③	2. ①	3. ④	4. ③	5. ①
	6. ③	7. ②	8. ③	9. ④	10. ②
	11. ①	12. ④	13. ②	14. ②	15. ①

01 결산 예비절차(시산표 작성 → 결산정리분개 → 수정후시산표 작성) ⇨ 결산 본절차(집합손익 계정의 설정 → 수익·비용계정의 마감 → 자산·부채·자본 계정의 마감) ⇨ 결산보고서 작성(재무제표 작성)

02 단기매매증권의 취득원가는 공정가치(취득을 위하여 제공한 대가의 시장가격)로 측정하며, 취득 시 발생한 부대비용은 공정가치에 가산하지 않고 당기비용으로 처리한다.

[해설] ④ 만기보유증권은 상각후원가로 평가하여 재무상태표에 표시한다. 만기보유증권을 상각후원가로 측정할 때에는 장부금액과 만기액면금액의 차이를 상환기간에 걸쳐 유효이자율법에 의하여 상각하여 취득원가와 이자수익에 가감한다. (일반기업회계기준 문단 6.29)

[예시] 액면금액 100,000원, 액면이자율 8%, 유효이자율 10%, 취득원가 96,529원인 경우
- 취 득 시 : (차) 만기보유증권   96,529 / (대) 현금   96,529
- 이자수취시 : (차) 현금   8,000 / (대) 이자수익   9,653
             만기보유증권   1,653
- 이자수취시 : (차) 현금   8,000 / (대) 이자수익   9,818
             만기보유증권   1,818
- 만 기 일 : (차) 현금   100,000 / (대) 만기보유증권 100,000

03 상거래에서 발생한 매출채권에 대한 대손상각비는 판매비와관리비로 처리하고, 기타채권에서 발생한 대손상각비는 영업외비용(기타의대손상각비)으로 처리한다.

04 제품을 30만원에 현금으로 매출하였다. : 자산의 증가 - 수익의 발생

05 유효이자율법 적용시 사채할인발행차금 상각액은 매년 증가한다.

[해설] ④ 사채할인발행차금 상각액은 이자비용에 가산된다.

06 대손충당금은 수취채권의 평가계정으로서 수취채권의 장부금액을 나타내기 위해 수취채권으로부터 차감하는 형식으로 표시한다.

07 이익준비금은 상법규정에 따라 적립된 법정적립금으로서 상법에서는 "회사는 그 자본의 2분의 1 이 될 때까지 매 결산기에 이익배당액(현금배당 등의 금전배당)의 10분의 1 이상의 금액을 이익준비금으로 적립하여야 한다.

[해설] 현금배당(1,000,000) × 최소 10% = 100,000원

08 상품권 판매의 매출수익은 물품 등을 제공 또는 판매하여 상품권을 회수한 때에 인식하며, 상품권 판매시는 선수금으로 처리한다.

09 ① 직접노무비 + 제조간접비 = 가공원가(전환원가)
② 직접재료비 + 직접노무비 = 기초원가(기본원가)
③ 매몰원가는 과거의 의사결정으로부터 이미 발생한 원가로서 현재 또는 미래에 어떤 의사결정을 하더라도 회수할 수 없는 원가를 말한다. 매몰원가는 의사결정에 고려할 필요가 없다.

10 기초제품재고액 + 당기제품제조원가 - 기말제품재고액 = 매출원가
└ (250,000 + 당기제품제조원가 - 120,000) = 840,000원
∴ 당기제품제조원가는 710,000원

11 어떤 배부방법을 선택해도 순이익은 동일한 것이다.

12 종합원가계산은 제조원가보고서를 작성하여 공정별 원가자료 및 생산량을 파악하여 이를 토대로 당월 완성품원가와 월말 재공품원가를 계산한다. 개별원가계산은 작업원가표에 의해 제조간접비를 부과한다.

13 현행 부가가치세는 전단계세액공제법을 채택하고 있다.

14 경매, 수용, 현물출자와 그 밖의 계약상 또는 법률상의 원인에 따라 재화를 인도하거나 양도하는 것은 재화의 실질적인 공급에 해당한다.

[해설] 재화의 공급의제
(1) 자기공급
㉮ 면세사업에의 전용
㉯ 비영업용소형승용자동차 또는 그 유지에의 전용
㉰ 판매목적 타사업장 반출
(2) 개인적 공급
(3) 사업상 증여
(4) 폐업시 잔존재화

15 주택과 이에 부수되는 토지의 임대용역은 면세되지만, 사업용 건물(상가)과 그 부수토지의 임대용역은 부가가치세가 과세된다.

실무시험 답안 및 해설 (제86회)

문제1 기초정보관리

1. **전기이월작업**
   ① [전기분재무제표]>[전기분재무상태표]에서 [153.원재료]란을 9,500,000원으로 수정 입력한다.
   ② [전기분원가명세서]에서 [501.원재료비]란에 커서를 놓고 키보드의 [Enter↵] 키를 치고 「원재료」 보조창의 [기말원재료재고액]란 9,500,000원을 확인한다. 「원재료」 보조창을 닫고 화면 우측 [당기제품제조원가]란 158,501,000원을 확인한다.
   ③ [전기분손익계산서]에서 [455.제품매출원가]란에 커서를 놓고 키보드의 [Enter↵] 키를 치고 「매출원가」 보조창의 [당기제품제조원가]란을 158,501,000원으로 수정 입력한다. 「매출원가」 보조창을 닫고 [당기순이익]란 47,874,000원을 확인한다.
   ④ [전기분잉여금처분계산서]에서 상단 툴바의 [F6 불러오기]를 클릭하고, [당기순이익]란 47,874,000원과 [미처분이익잉여금]란 49,074,000원을 확인한다.
   ⑤ [전기분재무상태표]에서 [375.이월이익잉여금]란을 49,074,000원으로 수정 입력한다.

2. **거래처별 초기이월**
   [거래처별초기이월]에서 화면 좌측에 "단기대여금·외상매입금"을 각각 선택하고, 화면 우측에 다음과 같이 입력한다.
   ① 단기대여금 : 1500.㈜세움상사 500,000원 → 5,000,000원으로 수정 입력
   　　　　　　　　1600.㈜사랑상사 4,800,000원 추가 입력
   ② 외상매입금 : 1016.㈜미래엔상사 4,300,000원 → 2,500,000원으로 수정 입력
   　　　　　　　　1400.㈜아이필 2,500,000원 → 4,300,000원으로 수정 입력

3. **거래처등록**
   [기초정보관리]>[거래처등록]에서 『신용카드』 탭을 선택하고, 코드 99600번으로 거래처를 등록한다.

문제2 일반전표입력

1. 7월 14일 : (차) 107.단기매매증권   3,500,000 / (대) 103.보통예금   3,505,000
         (차) 984.수수료비용   5,000

2. 7월 31일 : (차) 109.대손충당금   2,700,000 / (대) 108.외상매출금   2,700,000
                                        (거래처 : ㈜금호전자)

[해설] [결산/재무제표]>[합계잔액시산표]에서 기간(7월 31일)을 입력하고 대손충당금 계정의 잔액 6,400,000원을 확인한다.

3. 9월 11일 : (차) 103.보통예금   4,400,000 / (대) 293.장기차입금   4,400,000
                                        (거래처 : 홋카이상사)

[해설] ¥400,000 × (1,100/¥100) = 4,400,000원

4. 9월 25일 : (차) 201.토지   1,000,000 / (대) 331.자본금   500,000
                                        (대) 341.주식발행초과금   500,000

[해설] 현물출자, 증여, 기타 무상으로 취득한 유형자산의 가액은 공정가액을 취득원가로 한다.

5. 10월 2일 : (차) 110.받을어음   10,000,000 / (대) 108.외상매출금   15,000,000
         (거래처 : ㈜평화산업)   (거래처 : 동아전자)
         (차) 101.현금   5,000,000

[해설] 받을어음의 거래처를 "㈜평화산업"으로 변경하는 기출문제 답안을 따르기로 한다.

6. 11월 14일 : (차) 811.복리후생비   2,500,000 / (대) 253.미지급금   2,500,000
                                        (거래처 : 신한카드)

문제3 매입매출전표입력

1. 8월 1일 : 유형(11.과세)/ 품목(마이크)/ 수량(300)/ 단가(50,000)/ 공급가액(15,000,000)/ 부가세(1,500,000)/ 공급처명(㈜진영상사)/ 전자(1 : 여)/ 분개(3.혼합)
  (대변) 255.부가세예수금   1,500,000
  (대변) 404.제품매출   15,000,000
  (차변) 101.현금   2,200,000
  (차변) 108.외상매출금   14,300,000

2. 8월 20일 : 유형(51.과세)/ 품목(화물차)/ 수량( )/ 단가( )/ 공급가액(19,000,000)/ 부가세(1,900,000)/ 공급처명(㈜기현자동차)/ 전자(1 : 여)/ 분개(3.혼합)

(차변) 135.부가세대급금　　1,900,000
(차변) 208.차량운반구　　19,000,000
(대변) 253.미지급금　　　　　　　　20,900,000

③. 10월 10일 : 유형(54.불공)/ 품목(건물)/ 수량( )/ 단가( )/ 공급가액(1,000,000)/ 부가세(100,000)/ 공급처명(㈜방배)/ 전자(1 : 여)/ 불공제사유(6)/ 분개(3.혼합)
(차변) 201.토지　　1,100,000
(대변) 102.당좌예금　　　　　　　1,100,000

[해설] 기존 건물이 있는 토지를 구입하여 철거한 후 건물을 신축하는 경우라면, 이 경우는 토지와 건물을 일괄 구입한 것이 아니라 토지를 구입한 것이므로 건물의 원가는 없다.
토지 조성 등을 위한 자본적 지출에 관련된 매입세액으로서 다음 중 어느 하나에 해당하는 것은 공제되지 않는다.
① 토지의 취득 및 형질변경, 공장부지 및 택지의 조성 등에 관련된 매입세액
② 건축물이 있는 토지를 취득하여 그 건축물을 철거하고 토지만을 사용하는 경우에는 철거한 건축물의 취득 및 철거비용에 관련된 매입세액
③ 토지의 가치를 현실적으로 증가시켜 토지의 취득원가를 구성하는 비용에 관련된 매입세액

④. 10월 18일 : 유형(61.현과)/ 품목(물품대)/ 수량(10)/ 단가(55,000)/ 공급가액(50,000)/ 부가세(5,000)/ 공급처명(㈜슬라임)/ 분개(1.현금)
(출금) 135.부가세대급금　　5,000
(출금) 173.소모품　　　　　　50,000

⑤. 11월 2일 : 유형(12.영세)/ 품목(제품)/ 수량( )/ 단가( )/ 공급가액(22,000,000)/ 부가세( )/ 공급처명(㈜정연)/ 전자(1 : 여)/ 영세율구분(3)/ 분개(3.혼합)
(대변) 404.제품매출　　　　　　22,000,000
(차변) 259.선수금　　3,000,000
(차변) 108.외상매출금　　19,000,000

⑥. 11월 28일 : 유형(54.불공)/ 품목(음료 등)/ 수량( )/ 단가( )/ 공급가액(300,000)/ 부가세(30,000)/ 공급처명(㈜동양마트)/ 전자(1 : 여)/ 불공제사유(4)/ 분개(1.현금)
(출금) 813.접대비　　330,000
[해설] 접대비 및 이와 유사한 비용과 관련된 매입세액은 공제되지 않는다.

문제4 오류수정

1. [전표입력]>[매입매출전표입력]에서 11월 10일 전표를 다음과 같이 수정 입력한다.
수정 전 : 유형(58.카면)/ 품목(주유)/ 수량( )/ 단가( )/ 공급가액(330,000)/ 부가세( )/ 공급처명(㈜오일정유)/ 분개(4.카드)

(대변) 253.미지급금　　　　　　　　　　　　　330,000　　　(거래처 : 축협카드)
(차변) 522.차량유지비　　　　　　330,000

수정 후 : 유형(57.카과)/ 품목(주유)/ 수량( )/ 단가( )/ 공급가액(300,000)/ 부가세(30,000)/
공급처명(㈜오일정유)/ 신용카드사(축협카드)/ 분개(4.카드)
(차변) 135.부가세대급금　　　　　30,000
(차변) 522.차량유지비　　　　　　300,000
(대변) 253.미지급금　　　　　　　　　　　　　330,000　　　(거래처 : 축협카드)

2. [일반전표입력]에서 11월 23일 전표를 다음과 같이 수정한다.

수정 전 : (차) 806.퇴직급여　　　1,500,000　/　(대) 103.보통예금　　1,500,000

수정 후 : (차) 186.퇴직연금운용자산　1,500,000　/　(대) 103.보통예금　　1,500,000

문제5 결산정리

1단계 [일반전표입력] 메뉴에서 수동분개

[전표입력]>[일반전표입력]에서 결산일자(12월 31일)로 수동분개를 한다.

12월 31일 : (차) 109.대손충당금　　　394,000　/　(대) 851.대손충당금환입　514,000
　　　　　　(차) 111.대손충당금　　　120,000

 [결산/재무제표]>[합계잔액시산표]에서 기간(12월 31일)을 입력하고 대손충당금 추가 설정액을 계산한다.
① 외상매출금 : (330,600,000 × 1%) − 3,700,000 = −394,000원
② 받을어음 : (138,000,000 × 1%) − 1,500,000 = −120,000원

2단계 [결산자료입력] 메뉴에서 해당란에 입력

[결산/재무제표]>[결산자료입력]에서 기간(1월 ~ 12월)을 입력한다.

▶ 일반감가상각비 : [기계장치 2,000,000원] ☞(제조경비)

▶ 감가상각비 : [비품 450,000원] ☞(판매비와일반관리비)

▶ 무형자산상각비 : [개발비 300,000원]

▶ 법인세등 : [선납세금 6,000,000원] [추가계상액 6,500,000원]

3단계 [일반전표입력] 메뉴에 결산분개 추가

입력이 완료되면 상단 툴바의 F3전표추가 를 클릭하고 대화창에서 예(Y) 를 클릭하여, [일반전표입력]에 결산분개를 추가한다.

문제6 장부조회

1. [장부관리]>[매입매출장]에서 조회기간(4월 1일 ~ 6월 30일)/ 구분(2.매출)/ 유형(17.카과)을 입력하고 [합계]란의 분기누계를 확인한다.

   > 답안 : 13,200,000원

   [해설] 유형(18.카면)과 (19.카영)도 조회해야 하지만 해당 자료는 없다.

2. [부가가치]>[신고서/부속명세]>[부가가치세신고서]에서 『일반과세』 탭을 선택하고 조회기간(4월 1일 ~ 6월 30일)을 입력하고, 14.그 밖의 공제매입세액 [신용카드매출수령금액합계표/ 고정매입(42)]란의 금액을 확인한다.

   > 답안 : 2,400,000원

3. [회계관리]>[결산/재무제표]>[재무상태표]에서 기간(6월)을 입력하고 제 11(당)기의 차량운반구와 차량운반구의 감가상각누계액을 확인한다.

   > 답안 : 85,000,000원

   [해설] 차량운반구(110,000,000) - 감가상각누계액(25,000,000) = 85,000,000원

- ■ 편 저 자　　　　최남규

- ■ 주 요 약 력　　　　광주고등학교 졸업
　　　　　　　　　　조선대학교 경영학과 졸업
　　　　　　　　　　홍익대학교 세무대학원 졸업
　　　　　　　　　　前 세무사 오기현 사무소
　　　　　　　　　　　　㈜더존디지털웨어 강남지점 세무회계팀
　　　　　　　　　　　　㈜더존디지털웨어 강사
　　　　　　　　　　　　신구대학 세무회계과 겸임교수
　　　　　　　　　　現 ㈜유비온 금융교육팀 교수

- ■ 출 간 목 록　　　　최대리 전산회계 2급(실기+필기)　　(도서출판 最大利)
　　　　　　　　　　최대리 전산회계 1급(실기+필기)　　(도서출판 最大利)
　　　　　　　　　　최대리 전산세무 2급(실기+필기)　　(도서출판 最大利)
　　　　　　　　　　최대리 전산세무 2급(기출문제)　　　(도서출판 最大利)
　　　　　　　　　　최대리 전산세무 1급(실기+필기)　　(도서출판 最大利)
　　　　　　　　　　최대리 전산세무 1급(법인조정)　　　(도서출판 最大利)

- ■ 네이버 카페　　　　http://cafe.naver.com/choidairi (최대리 전산회계)
- ■ 온라인 강좌　　　　http://www.wowpass.com (와우패스)
- ■ 홈 페 이 지　　　　http://www.choidairi.co.kr (도서출판 최대리)
- ■ 문 의 전 화　　　　(031) 942-4596　　　　FAX : (031) 943-4598

최대리 전산회계1급 (기출문제)

2005년 9월 16일 초판 1쇄 펴냄 2022년 2월 3일 18판 1쇄 펴냄	편저자　최남규 발행인　최남규 발행처　도서출판 최대리 반송처　경기도 일산동구 장항동 856-2 　　　　파크프라자 903호 등　록　2005.4.1(등록번호 제313-2005-60호) 학습문의　http : //cafe.naver.com/choidairi
저자와의 합의하에 인지를 생략함	

ISBN 978-89-93465-95-2　13320　　　　　　　　　정가 15,000원

본서의 독창적인 부분에 대한 무단 인용·전재·복제를 금합니다.
이 책에 실려 있는 내용은 모두 저자에게 저작권이 있습니다. 저자의 서면 허락 없이 이 책의 내용의 일부 또는 전부를 무단 인용·전재복제하면 저작권 침해로서 5년 이하의 징역 또는 5천만원 이하의 벌금에 처하거나 이를 병과할 수 있습니다.